教育部人文社会科学研究
一 般 项 目 资 助

外国文学研究丛书

文明与生物

潘志明 著

进化论对20世纪之交美国女性小说的影响研究

外语教学与研究出版社
FOREIGN LANGUAGE TEACHING AND RESEARCH PRESS
北京 BEIJING

图书在版编目（CIP）数据

文明与生物：进化论对20世纪之交美国女性小说的影响研究／潘志明著. -- 北京：外语教学与研究出版社，2017.10
（外国文学研究丛书）
ISBN 978-7-5135-9518-6

Ⅰ. ①文… Ⅱ. ①潘… Ⅲ. ①妇女文学－小说研究－美国－20世纪
Ⅳ. ①I712.074

中国版本图书馆CIP数据核字（2017）第257179号

出 版 人　蔡剑峰
责任编辑　李旭洁
装帧设计　奇文云海
出版发行　外语教学与研究出版社
社　　址　北京市西三环北路19号（100089）
网　　址　http://www.fltrp.com
印　　刷　三河市北燕印装有限公司
开　　本　650×980　1/16
印　　张　22
版　　次　2017年11月第1版　2017年11月第1次印刷
书　　号　ISBN 978-7-5135-9518-6
定　　价　56.00元

购书咨询：（010）88819926　电子邮箱：club@fltrp.com
外研书店：https://waiyants.tmall.com
凡印刷、装订质量问题，请联系我社印制部
联系电话：（010）61207896　电子邮箱：zhijian@fltrp.com
凡侵权、盗版书籍线索，请联系我社法律事务部
举报电话：（010）88817519　电子邮箱：banquan@fltrp.com
法律顾问：立方律师事务所　刘旭东律师
　　　　　中咨律师事务所　殷　斌律师
物料号：295180001

“外国文学研究丛书”编委会

丛书总序

由北京外国语大学王佐良外国文学高等研究院策划、外语教学与研究出版社出版的“外国文学研究丛书”就要与读者见面了。近年来，我国外国文学界同仁一直在积极探索有效途径，提升我们的学术研究水平，增强我国学者的国际学术话语权。王佐良外国文学高等研究院专门策划了这套外国文学研究丛书，旨在将我国学者在外国文学研究领域取得的最新优异成果及时介绍给国内学者，也希望以此丛书，促进我国学者与世界同领域学者的学术对话，借此提升我国外国文学学科在世界学术界的影响力。

“外国文学研究丛书”定位于国内具有影响力的学者以中文撰写的外国文学研究专著。这是一套开放性丛书，范围包括以下五个方向的内容：外国文学理论与批评研究、经典作品与作家批评、比较文学理论与批评、外国文学史研究、文化批评研究。高等研究院邀请了国内知名学者加入编委会，向我国外国文学界学者征集研究书稿并参与审稿。

近年来我国外国文学学者中学术造诣深湛之人很多，他们为我国外国文学研究倾注了大量心血，在外国文学作品与作家、理论与思潮、历史与文化等方面做出了精到的解读。在世界文学格局不断发生变化的今天，他们的研究为我们了解外国文学的发展进程打开了一个窗口。我们希望通过这样一套丛书，展示他们在外国文学研究领域取得的成就，也为广大的研究者提供一个学习、对话、交流的平台。相信他们的著作将为读者带来思想的震撼、精神的启迪和阅读的快感。

这套丛书的出版，得到了我国诸多外国文学学者的鼎力相助和大力支持，也得到了外语教学与研究出版社的全力配合，特此表示衷心的感谢！

北京外国语大学　金莉

2017年7月18日

本书序言

潘志明于2004年考入北京外国语大学，在我的指导下攻读“美国小说”研究方向的博士学位。他肯读书，会读书，读书快，读得细，读得多，往往是超额完成课程要求的读书数量，还能写出几十页的“小论文”，这一点在我的博士生群体里是人所共知的，也是大家所羡慕和敬佩的。2007年他如期毕业，获得了博士学位，并在激烈的竞争中脱颖而出，得以留在北外英语学院任教，2009年晋升为教授，2013年又获得了博士生指导教师资格，可谓勤奋好学，学有所成。在认真完成教学任务的同时他也发表了不少高质量的学术论文，“进化论对20世纪之交美国女性小说的影响研究”获得了教育部的科研立项并已顺利结项。

一天晚饭后，志明拿着300多页的一沓书稿来敲我家的门，说他的“小书”即将付梓，想请我写个序言。我接过书稿一看书名是《文明与生物》，知道这是他数年奋斗终于完成的教育部科研项目的结项成果，作为他曾经的导师、现在的同事和邻居，看到他又有新的研究成果问世，我自然高兴，于是欣然接受。

志明的《文明与生物》研究的是进化论对20世纪之交美国女性小说

的影响。说到进化论对美国小说的影响，我们通常想到的是美国的自然主义小说，想到美国自然主义小说中的悲观情绪和控制底层民众生活的环境、遗传、本能、巧合等非道德力量。就美国自然主义小说而言，这样的理解基本符合事实。不过，就进化论的影响而论，这样的理解就不无问题了。首先，就其本质而论，美国自然主义小说的两个进化论源头分别是达尔文的进化论和赫伯特·斯宾塞的社会达尔文主义，但它与两者之间似乎并不是直接对应的关系。实际上，达尔文的进化论并不否认道德在自然选择过程中所发挥的作用，而社会达尔文主义对人类文明的前景也并不悲观。其次，进化论对于美国的影响十分深远，对美国小说的影响也绝不仅限于自然主义小说。尽管美国主流社会和学术话语对达尔文的进化理论在很大程度上抱有怀疑和抵制的态度，但达尔文的进化论最终通过斯宾塞的社会达尔文主义和高尔顿的优生学影响到了20世纪之交的美国社会，也广泛地反映到了美国文学之中。其实，进化论之于美国小说的影响远远超出了美国自然主义文学，即使是那些通常不属于自然主义文学范畴的小说作品也有着进化论的成分，而且这样的成分往往并不逊色于美国自然主义小说中的进化论成分。再者，进化论之于美国小说的影响并非简单的影响与被影响的关系，其中往往既有接受和肯定，又有质疑和回应。实际上，对有些小说家来说，进化论只是为他们提供了审视美国社会现实的一个视角，并不一定代表着他们就是进化论的信奉者，也不一定说明他们有意通过作品倡导或宣扬进化论世界观。

《文明与生物》聚焦于20世纪之交的美国女性小说，审视进化论——主要是达尔文进化论——对朱厄特、华顿、格拉斯哥的影响。这三位女性作家都不是传统意义上的自然主义作家，但三者都使用了进化论的视角观察和分析她们笔下的人物和社会。朱厄特的作品文笔温馨，虽然没有自然主义作品的悲观和宿命色彩，但也充满着相互冲突的进化论观念和视角。无论是其从进化论遗传和变异的角度所描写的个人、家庭和性别问题，还是其从种族化遗传的角度对社群、地域、民族、国家所作的剖析，都包含着肯定和质疑的声音。华顿的作品整体上所描写的大多是上流社会的风尚变迁。她把上流社会成员视为人类文明进化进程中的部落群体，关注进化论道德观之于这个群体以及群体成员的意义，批判的是上流社会轻浮和虚伪的道德观，因而完全不同于自然主义小说的非道德观。格拉斯哥的作品大多从进化论遗传观的角度考察人物和社会，但她把自然主义称为文学唯名主义，并不认可自然主义文学描写现实的手法。在格拉斯哥看来，人必须在人性和人类之间取得平衡，既不应放纵人性，使人成为为生物学属性所主宰的动物，又不应超越人类的进化进程而过分强调人类和文明。

在《文明与生物》中，作者穿梭于社会现实、历史语境、作者生平和作品文本之间，杪芒微会，细心求证，每每于字里行间有惊喜的发现和独到的见解。例如，在第一章第二节中，作者不仅从朱厄特《尖枞树之乡》中的细节描写中解读出不同的宗族和种族观念之间的冲突，而且还从作为外来者的叙事人融入伯顿家族聚会的事实中发现超越宗族和种族的可能性，从而以充分的文本证据修正了一个时期以来研究者对朱厄特种族观念的批评。再如，在第二章第三节中，作者为了廓清华顿的种族观念，重新解读了华顿的盖茨比信件，证明华顿虽然在信中把《了不起的盖茨比》中的犹太人沃尔夫谢姆称为菲茨杰拉德的“完美的犹太人”，但这并非真正的赞美。接着，作者详细分析了达尔文的人类种族同源论，并以此为依据深入解读《欢乐之家》的情节安排、人物刻画、叙事视角之中所隐含的种族观念，从而令人信服地说明华顿并非反犹主义作家。还有，第三章第二节在讨论《生活与加布里埃拉》时，论及女主人公位于纽约西二十三街的住所，并在注释中指出富甲一方的华顿的娘家就位于这条街上，且格拉斯哥还在作品中提到这条街上住着“一位著名却并不流行的小说家”。借助于这个并不起眼的注释，作者清楚地说明了女主人公人生的成功和经济状况的极大改观。

《文明与生物》缘起于志明的博士学位论文《作为策略的罗曼司》中的一个注释，可以说是对那个注释的注释，所以作者称之为“小书”似乎也无不可。不过，这本书的撰写花了他近6年的心血，涉及大量的作品和文献，其实是一个浩大的工程。尤其是，志明习惯于从小处入手，梳篦文字，簪别要义，个中的辛苦当然也就可想而知了。教书、读书、写书，艰辛尽人皆知，对于读书细、细读书、重考据、爱较真的潘志明来说更是不言而喻！在撰写《文明与生物》这本“小书”的6年里，其中有两年志明是住在远离学校的北六环的一个小区里，从住处到北外来回一趟有时需要4—5个小时，风里来雨里去，披星戴月，这无疑又为这部专著增添了些许奇异的色彩。

志明是个闲不住的人，也是个爱钻研的人，《文明与生物》是他近几年来为美国文学学界奉献的一个阶段性成果，也是他在科研道路上另一个阶段的开始，我期待着他下一个成果的出现，届时我还乐意为他作序。

北京外国语大学　郭棲庆

2016年12月26日

目　录

绪　论

1859年，达尔文（Charles Darwin 1809–1882）发表《物种起源》（*On the Origin of Species*）。在该书绪论的最后，达尔文说："虽然许多问题至今还说不清，而且还将长期说不清，但经过我能做到的深思熟虑的研究和冷静的判断，我毫无疑虑地认为，多数博物学家所持的观点以及我从前所持的观点——每一物种都是独立被创造出来的观点——是错误的。"接着，他提出了新观点："我完全相信物种并非不变的；我们所谓的同属物种是某一其他已经普遍灭绝的物种的直系后代，正如任何人们公认的物种的变种乃是该物种的后代一样。再者，我相信，自然选择是变异的主要但又并非唯一的途径。"（*Origin* 6）[1]

对于达尔文来说，《物种起源》所提出的自然选择的进化法则已经足以说明多种起源论、神创论等生物学或宗教有关世界和物种起源的观点是"错误的"。所以，他认为没有必要再出版他多年来一直收集的有关人类起源的笔记。在他看来，出版这些笔记只会增加人们对其观点

---

1. 本书所有译文如无特殊说明，都为作者所译。

的“偏见”。然而，1871年，他还是出版了《人类的由来》（*The Descent of Man*）一书。对于其中的原因，达尔文的说法是，虽然“为数不少的博物学家”已经接受了自然选择法则，但“更多的人”认为他“过于夸大了其重要性”，而“自然科学界老一代受人尊敬的泰斗们”之中仍然有许多人“反对任何形式的进化学说”。达尔文说，“考虑到大多数博物学家现在所持的观点”，而这样的观点“就像任何事例一样”，“会有人追捧”，所以他才“把收集的笔记整合起来”，以检验《物种起源》中得出的结论到底在多大程度上可能“运用到人类身上”（*Descent*，vol. 1: 1–2）。从“为数不少的”、“更多的”、“许多”等词语看，“大多数博物学家现在所持的观点”应当是反对自然选择法则的观点。换言之，达尔文之所以出版《人类的由来》一书，原因在于大多数人反对他提出的自然选择法则，特别是这些人认为这一法则无法解释人类的起源问题。这就解释了《人类的由来》一书的标题与其内容的不一致。按理说，“人类的由来”这一标题指的应当是人类的起源，但该书的核心内容实际上是人类文明的起源问题。这就是为什么达尔文反其道而行之，在该书第一卷中首先讨论人类的智力、道德、种族的起源，而在第二卷中才通过观察从低到高的生物形态，解释性选择在人类种族的起源中所发挥的作用。

在身处21世纪初的人们看来，达尔文有关自然选择的话也许没有什么值得大惊小怪的，而他为出版《人类的由来》所提出的理由也大可不必。今天的人们已经处于一个量子、纳米、黑洞、引力波的时代，很难想象自然选择的进化法则之于维多利亚时代的革命性意义，很难想象基于自然选择的进化论对神创论、设计论证、目的论世界观的冲击，难以理解达尔文的进化理论何以会引起那么多令人眼花缭乱的论争，也很少去考虑这一理论何以在其后长达半个多世纪的时间里以或正或反的方式深刻影响人类生活，改写人类历史。实际上，对于当今直接或间接受过达尔文进化论理论熏陶的人们来说，已经很难重新构建达尔文的自然选择进化法则提出之前西方社会看待世界的方式，因为他的进化理论已经彻底地改变了人类对于自身以及周围世界的认识。

今天的人们也许不再纠结于自然选择的法则对于我们的意义。然而，对于1859年之后近一个世纪的人们来说，自然选择的法则意味着许多超出我们想象的影响。这一法则及其推论意味着人类不是上帝创造的，意味着人类文明的进程并不一定是进步的，意味着自然和社会就是物种的竞技场，意味着人生就是一场生存斗争，意味着世界是由强者主宰的，意味着弱者是要被消灭的，意味着胜败与道德、善良、美丽、公平、正义无关，意味着地衣说不定是比人类还要顽强的生存者。虽然达尔文在《人类的由来》中把道德情感以及同情心引入到有关人类进化的讨论中来，从而在一定程度上修正了自然选择法则之于人类文明的意义，但这并没有从根本上改变人类所处的这个世界的生物学/动物性本质。这一点我们可以清楚地从《人类的由来》的结论中看到："人类为达到了生物进化的巅峰而感到有点自豪，即使并非通过其自身努力，那也情有可原……在我看来，我们必须承认，尽管人具有其所有的高贵品质，具有对最低下者的同情心，具有惠及他人及最卑微生物的仁爱之心，具有神一般洞悉太阳系运动和构成的智慧，具有所有这一切为人赞叹的能力，但人的躯体上仍然带有其低级起源不可磨灭的印记。"事实上，尽管达尔文承认人类的道德品质不仅仅是自然选择的产物，但他仍然相信人类之所以能达到这么高的水平，原因还在于"随着迅速繁殖而来的生存斗争"。按照这一逻辑，人类如果要达到更高的水平，就不能通过“任何手段”降低人口的“自然增长速度”（*Descent*，vol. 2：403–405）。

尽管达尔文的自然选择进化法则引起了各方面人士的论争和抵制，但它也很快通过斯宾塞（Herbert Spencer 1820–1903）的社会达尔文主义和高尔顿（Francis Galton 1822–1911）的优生学影响到19世纪下半叶和20世纪初的西方社会。斯宾塞把自然选择的法则改造成适者生存的经济和社会理论，反对人为干预自由竞争。受达尔文进化论的启发，高尔顿提出了优生学，认为人的优秀品质是可以遗传给下一代的。这一理论在20世纪初对一些国家的人口和种族政策——特别是美国的优生学实践和移民政策——影响深刻。

由于美国的种族特殊性，美国学术界和政界对达尔文的进化论本身总体上抱着抵制的态度。从19世纪中叶开始，美国考古学、人类学、生物学界流行的是人类种族多源论，因而对达尔文进化论所坚持的人类种族同源论一直持怀疑和抵制的态度。比如，哈佛大学教授阿加西兹（Louis Agassiz 1807–1873）坚持神创论，反对达尔文的进化理论，认为人类各种族的起源并不相同；在他看来，《圣经》只是以犹太人为参照讲述了上帝创造白人的故事。部分地由于阿加西兹的巨大影响，直到1925年美国主流社会仍然不认可达尔文的进化论。这一点我们可以从同年的“猴子审判案”看出来。

值得注意的是，虽然美国学术界和主流社会反对达尔文的进化理论，但这一理论最终通过优生学对美国社会产生了重大的影响。一方面由于由来已久的种族歧视，另一方面也由于19世纪80年代开始的大量少数族裔的涌入，以及同一时期美国经济的萧条和白人女性生育率的下降，优生学的人口主张很快被美国主流社会和学术界接受，形成优生学运动，并进而在20世纪初从两个方面反映出来。一是对囚犯等不适合人群的强制性绝育措施；这期间，先后有33个州通过优生法令，造成6万人被强制绝育（“Image Archive”）。二是控制少数族裔移民和禁止白人种族与少数族裔人群间的通婚；其高潮则是1924年通过的移民法。美国的优生学理论和实践继而传播到纳粹德国，成为推动纳粹德国种族清洗的重要原因。

美国文学与达尔文进化论及以此为基础的推论之间的互动则主要反映在美国自然主义文学之中。在达尔文进化论、社会达尔主义以及左拉（Émile Zola 1840–1902）的自然主义文学观念影响下，美国文学在1890–1930年间呈现出明显的自然主义倾向，产生了克莱恩（Stephen Crane 1871–1900）、诺里斯（Frank Norris 1870–1902）、德莱塞（Theodore Dreiser 1871–1945）、杰克·伦敦（Jack London 1876–1916）等自然主义作家。这些作家虽然各有特点，但总体上往往以冷峻的笔触和悲观的色调描写非道德的力量和人物的本能冲动，展示宿命和巧合因素在中下层阶级人物行为和命运中的作用。

以传统的标准来衡量，20世纪之交的美国女性小说家及其作品也许并不属于自然主义文学的范畴，但包括达尔文在内的进化论学者们对这一时期美国女性小说的影响确实不容忽视。事实上，已经有不少研究者试图把这一时期的一些美国女性小说与自然主义文学联系起来。例如，沃克（Nancy Walker）认为，虽然艾伦·格拉斯哥（Ellen Glasgow 1873–1945）并不喜欢人们把她与自然主义文学相提并论，但其早期作品《后代》（*The Descendant*，1897）和《劣等星球相位》（*Phases of an Inferior Planet*，1898）“呈现出［她］与19世纪90年代其他自然主义作家之间明显的联姻关系”（134）。类似地，坎贝尔（Donna Campbell）也认为我们只要对现有的自然主义理论“稍作重新定义”，就可以把华顿（Edith Wharton 1862–1937）、格拉斯哥、凯瑟（Willa Cather 1873–1947）、肖邦（Kate Chopin 1850–1904）等美国女性作家归入自然主义文学的范畴。（167）

从总体上看，各种进化理论与20世纪之交的美国女性作家之间确实存在着影响和互动关系。吉尔曼（Charlotte Perkins Gilman 1860–1935）虽然不一定读过达尔文的著作，[1] 甚至都没有在《女性与经济》（*Women and Economics*，1898）中提及达尔文的名字，但她一再使用进化论术语阐述其性别经济理论。比如，吉尔曼在该书中论及自我保护和种族保护之间的区别时说：“在自我保护方面，自然选择作用于个人，培养起那些使之能够在‘生存竞争’中成功的特征，并使之通过使用促进那些有益于其自身的器官和功能。在种族保护方面，性选择作用于个人，培养那些使之能……在‘为了他者的生存竞争’中成功的特征，并使之通过使用而增强那些直接或间接有益于其后代的器官和功能。”（34–35）不管吉尔曼是否读过达尔文的原著，这两句话中的核心概念——“自然选择”、“性选择”、“生存竞争”、“使用”——都源自《物种起源》和《人类的由来》。在很大程度上，吉尔曼只是把达尔文的理论运用到对女性社会地位的讨论之中，为女性争取平等的权利。与之相比，优生学和美国主流种族话语对吉尔曼的影响要负面得多。通过家谱研究，她认为她自己是英国王室的后代，因为其祖先可以追溯到征服者威廉，（Weinbaum 275–276）并强调她“首先是盎格鲁–撒克逊人”（Davis 228）。此外，她还断

1．戴维斯（Cynthia Davis）认为，吉尔曼的“进化论知识大多是从他人那里得来的”，因为她不是直接“阅读达尔文的著作”，而是通过阅读其他人的著作了解进化论的。（189）

言，“大多数观察者认为欧亚裔的结合通常是不幸的”。在她看来，“美国人作为一个种族血统主要是英国人的后代，尽管其中夹杂着与之紧密相关的条顿人和斯堪的那维亚人的血统”（Weinbaum 280）；言下之意是，亚洲和东南欧移民对美国的种族纯洁性构成了威胁。

吉尔曼的例子表明，20世纪之交美国女性小说与各种进化理论之间存在着复杂的互动关系。这样的互动关系与女性作家的家庭、所处的地域、交往关系、个人经历、种族背景密切相关，更离不开女性作家所处的具体的历史语境和主流话语。例如，与吉尔曼不同，温妮弗蕾德·伊顿（Winnifred Eaton 1875–1954）就对以进化论为基础的文化、种族和性别话语提出了质疑。本质上，伊顿正是吉尔曼不看好的欧亚裔婚姻的产物；其父亲是英国人，母亲是华人，而她本人出生于加拿大蒙特利尔，但其作品大都在美国发表。伊顿以“小野渡名”（Onoto Watanna）的笔名发表了众多中短篇日美传奇作品。这些作品与后期以其本名发表的以加拿大阿尔伯塔农场为背景的作品一起，介入美国和加拿大有关种族问题的讨论之中，一方面反映了当时的种族主义理论和实践，另一方面又试图切断人与其生物学属性之间的关系，嘲讽美国的优生学理论和实践，批判种族自杀的逻辑。

本书所关注的三位美国女性小说家——朱厄特（Sarah Orne Jewett 1849–1909）、华顿、格拉斯哥——都不同程度地受到达尔文进化理论的影响。朱厄特出身于新英格兰小镇的医生之家，华顿来自大都市纽约的上流社会，格拉斯哥则来自弗吉尼亚中等城市里士满的中产人家；三者从北到南，代表着美国东部的乡村、大都市和中等城市。朱厄特所处的时代略早于华顿和格拉斯哥，且其文学创作生涯也比后两者早了20年左右。由于她的家乡南伯威克处于较为偏僻、落后的缅因州，因而其早期作品中基本看不到明显的进化论因素。然而，从19世纪70年代中期开始，进化论遗传观逐步反映到其作品之中，先后成为其作品审视个人、家族、种族问题的视角。华顿的创作年代基本与1890年至1930年的美国自然主义文学的发生时代平行，而这一时期也正是以进化论为基础的美国种族话语盛行的时代。不过，不同于自然主义文学，华顿的作品大多描写的不是中下层民众，而是上流社会和新富阶层。华顿对进化论的了解较为全面，但她并没有把人的生物学属性作为主导人物行为的本质力量。事实上，华顿的作品大多描写的是19世纪70年代到20世纪初纽约上流社会的风尚变迁，而进化论为她审视这一变迁中的道德因素提供了切入点。格拉斯哥对各种进化理论的了解也许并不亚于华顿，但不同于华顿通过进化论的棱镜观察道德问题，格拉斯哥透过进化论的视角检视的是美国南方社会的经济问题，特别是经济与性别、阶级、种族之间的关系。进化论之于格拉斯哥的意义也不同于进化论之于自然主义的关系。如果说人在美国自然主义文学中总体上受制于进化论的逻辑，那么格拉斯哥在其作品中考察的主要是进化论所代表的人性与人类文明之间的关系与冲突。对于格拉斯哥来说，弗吉尼亚所代表的南方的历史和问题可以从生物学和进化论的角度加以解读和解决，但这并不意味着文明应当让位于人性，而应当在人性与文明之间取得平衡。

本书有关进化论对朱厄特、华顿、格拉斯哥小说的影响研究以学术界现有的研究为基础，但在总体上也有所不同。就朱厄特而言，研究者很少注意其作品与进化论之间的关系。至今为止，只有本达（Bert Bender）考察过其《乡村医生》（*A Country Doctor*，1884）与达尔文的变异理论之间的关系。实际上，与进化论相关的朱厄特作品远不止这一部。除了一些早期作品之外，朱厄特的多数作品都使用了比较明显的进化论视角。对于朱厄特来说，文学作品就是关于人性的文献，而她所谓的人性的文献主要指的是遗传与个人、家族、种族之间的关系。正因为如此，她在19世纪80年代中期到90年代早期的很多作品中从家族遗传的角度审视作品人物，关注家族遗传和个人变异之间的关系，而在90年代中期则开始把重点转移到遗传与种族之间的关系上来。

学术界对华顿作品和进化论之间的关系研究比较丰富。本达把华顿置于进化论与美国文学的影响传统之中，认为华顿1904–1912年间的作品是对达尔文进化论的回应。欧勒（Paul J. Ohler）则认为华顿把进化论运用到她那些与老纽约相关的作品之中，使得这些作品与进化论之间在主题、语言等方面有了共同之处。鲍尔（Dale M. Bauer）认为华顿的晚期小说作品是文化对话，而这样的对话涉及了优生学以及“正在兴起的意大利法西斯主义和德国民族主义”（xiv）。在鲍尔看来，华顿对“优生学运动和社会控制或工程的其他法西斯主义手段”的拒斥显示出“她的政治勇气”（6）。从总体上看，研究者对进化论之于华顿作品的深刻影响已经有了较为全面的认识，但在具体问题上还存在着一定的偏颇。这一点较为明显地表现在如何看待其作品所关注的道德问题上。研究者往往对华顿作品中不同道德观念之中进化论的主导作用认识不足，从而导致研究者在一定程度上不够重视华顿的道德立场与上流社会道德观念之间的冲突。

相比较而言，研究者对格拉斯哥作品中进化论因素的研究还不够全面。莱柏（J. R. Raper）在《无处藏身》（*Without Shelter*）一书中讨论了进化论对格拉斯哥早期作品的影响，但他并没有按原计划在《来自坍塌的花园》（*From the Sunken Garden*）一书中讨论进化论对格拉斯哥中晚期作品的影响，而是把视线转移到了这些作品的心理层面上。[1] 确实，格拉斯哥认为其小说得益于荣格和弗洛伊德的“新心理学”，并声称她自己虽然从来不是心理学的“信徒”，但她是“南方第一个”发现心理学方法“令人兴奋的效果”的人之一（*Woman* 269）。不过，我们不能因为格拉斯哥对心理学的兴趣而无视其中晚期作品中的进化论内容。事实上，格拉斯哥从来就没有抛弃其进化论视角。相反，在其中晚期作品中，无论是《贫瘠之地》（*Barren Ground*，1925）这样的乡村小说，还是《庇护下的生活》（*The Sheltered Life*，1932）这样的城市小说，都可以视为格拉斯哥对南方社会的生物学阐释。

由于学术界有关进化论对朱厄特、华顿和格拉斯哥的研究的现状不同，本书各章内容也有所不同。考虑到学术界对朱厄特与进化论之间的关系研究较少，本书将在第一章中以遗传为线索，按照时间顺序梳理朱厄特的作品，以期展示其中从家族遗传到种族遗传的发展脉络，揭示朱厄特在遗传和变异问题上对进化论的回应。不同于第一章，第二章重点考察华顿作品中进化论阐释者以及进化论道德观与其主要作品——《欢乐之家》（*The House of Mirth*，1905）、《国家风俗》（*The Custom of the Country*，1913）、《纯真年代》（*The Age of Innocence*，1920）——之间的关系。同时，本章还试图从进化论的角度重新审视现有研究中有关华顿种族观念的讨论。第三章则试图在现有研究的基础上尽量全面地展现格拉斯哥不同时期作品对进化论的关注。虽然我们可以从整体上把格拉斯哥的作品视作文明与生物学属性所代表的人性之间矛盾的冲突，但其焦

---

1. 按照莱柏的说法，他本来“完全打算”在《来自坍塌的花园》中使用《无处藏身》中所用的“批评方法”，结果却发现格拉斯哥没能逃脱“现代心理学的影响”，所以就把注意力转向了格拉斯哥中晚期作品中的心理学因素。（Raper，*Sunken Garden* xi）

点并不在道德，而在于经济或经济关系。对于格拉斯哥来说，无论是性别问题，还是种族问题，或者是婚姻问题，一切都必须通过经济反映出来；经济决定了人到底偏向人性的一边还是文明的一边。

本书有关进化论对三位作家的影响的讨论主要以达尔文的进化论为标准。达尔文进化论与其他的进化理论以及相关推论之间相互交叉，三位作家对各种进化理论的了解程度也各不相同，但其中最为核心的毫无疑问是达尔文的进化理论。所以，除非所讨论的作品涉及不同于达尔文的进化理论，本书在一般性讨论中都以达尔文的著作为主。

另外，本书有关朱厄特和华顿的部分内容曾经作为项目研究的中期成果发表，特此说明。[1]

---

1. 其中包括《遗传·变异·性别——朱厄特小说中的达尔文进化论》（《外国文学》，2013年第3期）以及《伊迪丝·华顿是种族主义者吗？——以〈欢乐之家〉为例》（《外国文学评论》，2016年第3期）。

第一章

关于人性的文献：朱厄特小说中的遗传和变异

研究者很少注意到朱厄特作品和进化论之间的关系。至今为此，只有本达注意到了朱厄特长篇小说《乡村医生》中的“达尔文思想语境”，认为该作品中“吸引”朱厄特的是达尔文《动物和植物在家养下的变异》（*The Variation of Animals and Plants under Domestication*，1868）一书中有关“遗传的神奇本质”的论述，而不是《物种起源》和《人类的由来》。（*Descent* 174–175）进化论之于朱厄特的影响当然并不止《乡村医生》这一部作品，而她对达尔文思想的了解也不局限于《动物和植物在家养下的变异》一书，吸引她的更不只是达尔文有关遗传的学说。

朱厄特的创作时期从19世纪60年代末延续到20世纪初，而这正是达尔文进化论和社会达尔文主义对美国社会和学术话语产生重大影响的时期。正如本达所说，在这一时期的美国，“从人类学到心理学和政治科学的所有学科都被迫在某种进化理论中建立新的基础”（“Darwin” 380）。在文学领域，创刊于1857年的《大西洋月刊》最初以“一份文学、艺术和政治杂志”为副题，但从1865年7月号开始，这一副题之中多了“科学”一词，成了“一份文学、科学、艺术和政治杂志”。这一改变标志着《大西洋月刊》向"科学"的转变，由此也就出现了为数不少的科学文章，其中包括路易·阿加西兹发表的21篇文章。阿加西兹对达尔文进化论抱着怀疑的态度，这一点可以从他1874年1月发表于该杂志的《进化和类型永恒性》（"Evolution and Permanence of Type"）一文看出来。在他看来，达尔文及其追随者略去了进化过程的"过渡环节"，是"推卸提出证据的责任"（96）。同样，1881年至1890年间任该杂志编辑的奥德里奇（Thomas Bailey Aldrich，1836–1907）也对达尔文进化论表示怀疑。例如，他在1873年1月9日致泰勒（Bayard Taylor）的信中就讥讽"达尔文把亚当和夏娃藏了起来，又给了我们一双截然不同的父母"（Greenslet 103）。从总体上看，《大西洋月刊》并不是一份十分支持达尔文进化论的杂志。尽管如此，该杂志在1857年至1901年期间先后发表了32篇论及"查尔斯·达尔文"的文章，其中以"达尔文"为标题内容的就有9篇之多，而这些文章之中还包括1882年6月号上由费斯克（John Fiske）撰写的长达10多页的纪念文章《查尔斯·达尔文》（"Charles Darwin"）。朱厄特本人不仅在《大西洋月刊》上先后发表了大约60篇/部作品，而且还与该杂志的主编费尔兹（James Thomas Fields，1817–1881）、豪威尔斯（William Dean Howells，1837–1920）、奥德里奇、斯卡达（Horace Elisha Scudder，1838–1902）、佩奇（Walter Hines Page，1855–1918）等保持着良好的私人关系。[1] 其中，豪威尔斯的作品《萍水相逢》（*A Chance Acquaintance*）、《现代例证》（*A*

1. 1859年，费尔兹和底格诺（William Davis Ticknor，1810–1864）共同出资10万美元购下了《大西洋月刊》，其后费尔兹于1861年5月开始从洛厄尔（James Russell Lowell，1819–1891）手中接过主编职位，直到他1871年把这一职位交给豪威尔斯。1881年奥德里奇接任该刊主编，其后相继由斯卡达和佩奇接任。

Modern Instance）与达尔文的进化论有很大的关联性。[1] 我们虽然无法从中判断朱厄特对进化论究竟抱有什么样的态度，但她与《大西洋月刊》的关系以及她与该杂志主编们之间的私人交往说明她对达尔文进化论有所了解应当在情理之中。

朱厄特还有可能通过与《大西洋月刊》及其编辑的关系接触了另外一些与进化有关的人物，特别是费尔兹的妻子安妮·费尔兹（Annie Fields）和法国文学评论家布鲁奈弟艾（Ferdinand Brunetière）。安妮·费尔兹在1873年撰写的一篇文章中记录了桑莫纳（Charles Sumner）、霍姆斯（Oliver Wendell Holmes）、亨特（Henry Hunt）、费斯克等人对阿加西兹和达尔文的不同看法。前两者支持阿加西兹，认为达尔文的进化论"不过是一个假设"；后两者则支持达尔文，认为阿加西兹"不愿理会达尔文的理论"，是"科学道路上的障碍"。（Howe 48）布鲁奈弟艾则以达尔文进化论的观点审视文学史；1897年，他曾应邀到霍普金斯大学和哈佛大学讲学。朱厄特在1897年3月18日致斯卡达的信中提到她与安妮·费尔兹谈及有意约布鲁奈弟艾写文章之事。（*SOJ Letters* 80–81）由此可见，朱厄特一定对布鲁奈弟艾的达尔文进化论倾向是了解的。

从现有资料看，达尔文的名字在朱厄特作品中出现过两次。第一次出现在1890年发表的短篇小说《新玛士撒拉》（"The New Methuselah"）中。作品主人公阿萨·波特比认为现代人类的生活偏离了"自然的条件"，否则人类就能像《圣经·创世记》中的玛士撒拉一样长寿。在他看来，果真如此的话，"达尔文这样的学者从事研究和发现的时间就不是50年，而

---

1. 关于《萍水相逢》和《现代例证》与达尔文进化论之间的关联，参阅Bender, *Descent* 33–106。

可能是100年了"（515）。6年之后，也即1896年，达尔文的名字再次出现在其代表作《尖枞树之乡》（*The Country of the Pointed Firs*）中。作品叙事人在评价一位名叫利特尔佩奇的老船长时提及达尔文对船长们的评价："他五官端正，威风凛凛，遗传了新英格兰古老神职人家的风范。但是，正如达尔文在其自传中所说，'国王岂能与航海的船长相比，他比国王和学校老师还要伟大'。"（23）其中的引文其实并非出自达尔文的自传，而是出自其1834年7月23日致惠特利（Charles Thomas Whitley）的信。该信收录在《查尔斯·达尔文生平和书信》（*The Life and Letters of Charles Darwin*，1887）一书中，原文是"军舰的船长们是最伟大的男性，比国王或学校老师要伟大得多"（vol. 1：254）。虽然叙事人的转述与达尔文的原话之间有一定的出入，但两者的主要内容大致相同。由此判断，朱厄特应该读过这本书，熟悉其内容。

朱厄特是否阅读过达尔文和其他进化论学者的著作，[1] 我们不得而知，但她至少是认同达尔文的进化论遗传学说的。这一点我们可以从她的随笔和信札中有关疾病、情感、爱好、语言、知识等的观点中看出来。1873年，她在《医生和病人》（"Doctors and Patients"）一文中第一次提到遗传问题，认为"很多人身体不好是由于遗传的原因，或者受到从前患过的某种疾病的影响"（3）。1879年，她在其父亲（Theodore Herman Jewett）的讣告中提及她伯父死于肺痨，所以家人担心这一疾

1. 进化论之于朱厄特的影响并不完全局限于达尔文的进化论。从她1873年发表的《鸟巢》（"Birds' Nests"）看，她对与达尔文同时代的英国生物学家华莱士（Alfred Russel Wallace 1823—1913）的进化理论不无了解。她在文章中讨论本能与习得问题时论及华莱士1867年发表的一篇题为《鸟巢的哲学》（"The Philosophy of Birds' Nests"）的文章，认为鸟类筑巢不一定完全依靠其本能，而是有理性地根据环境的改变而改进鸟巢，而这与"人类的建筑思想"是相似的。（3）

病“也遗传给了”她父亲（681）。[1] 1883年的《优秀的遗传》（“A Good Inheritance”）一文则试图说明人们的喜好也能遗传给后代。她在文中说，她童年时对劳伦斯·斯特恩（Lawrence Sterne 1713–1768）的《感伤之旅》（*A Sentimental Journey Through France and Italy*，1768）情有独钟，但后来发现这本书竟然也是她父亲少年时的最爱，而这“明摆着是遗传”造成的（855）。[2] 1899年6月11日，她在致撒克斯特（John Thaxter）的信中评论后者的作品时说：“我在作品中不时发现你从令堂那里遗传而来的表述事物的天赋。”[3] 她还在一封1903年左右写给道格拉斯（David Douglas）的信中说：“有些人花钱时没有遗传而来的理智或辨别能力……人性中低劣的倾向往往糟蹋了家族遗传中好的一面。”（*Letters of SOJ* 186–187）1901年，鲍登学院授予朱厄特荣誉文学博士学位。对此，她感到十分高兴，并在同年7月10日写给吉尔曼（Alice Dunlap Gilman）的信中解释说：“当然我为学位感到高兴、自豪和快乐，哪怕仅仅是因为这能让父亲感到十分高兴也就足了。你知道，他一直对这所学院很有感情，而我又自然地遗传了那一感情的一部分。”[4] 此外，朱厄特还认为知识也可以通过遗传而来。比如，她在1892年的《回忆少女时代》（“Looking Back on Girlhood”）一文中说，她的父亲从她祖父那里“遗传了令人惊

---

1. 该讣告以“Theodore Herman Jewett, M.D. of South Berwick”为题，署名为J. W. Beede, M.D.，但根据卡利（Richard Cary）的研究，这一讣告实际上出自朱厄特之手（“Bibliographic Ghosts” 140）。
2. 该文发表于《大西洋月刊》1883年12月号上，是一篇没有署名的文章，但卡利认为这是朱厄特的作品（“Bibliographic Ghosts” 141）。
3. “Sarah Orne Jewett Letters.” Richard Cary, ed. 17 Jan. 2013 <http://www.public.coe.edu/~theller/soj/let/cary2. html>.
4. “Sarah Orne Jewett Letters.” Richard Cary, ed. 17 Jan. 2013 <http://www.public. coe. edu/~theller/soj/let/cary2. html>.

叹的关于人性的知识，从［她祖母］的法国血统中遗传了被人称为快乐之心的独特的法国品质”。同时，她还说，“我也许遗传了一些父亲和祖父对人性的知识，但父亲总是不失时机地教我观察［事物］。”（759–760）对朱厄特来说，虽然我们可以通过“观察”而习得知识，但人性中的更多东西是由遗传而继承下来的；她不仅认为我们可以从遗传中继承感情、理智和语言表达的天赋，而且还认为知识本身也可以遗传给后代。

“关于人性的知识”在很大程度上就是进化论有关人的生物属性的知识，其核心——在朱厄特看来——就是人的遗传特征。她在1893年为《人性的文献》（*Human Documents*）一书所作的序言中说：“一系列的肖像就是一份真实的人性文献，只要瞥上一眼，也许就会发现人的进步、萎缩或者成熟的人格和人物的历史。”她认为，“从遗传的角度”看，我们每个人都有个性化的长相，但“当我们进入人生的秋季，我们就会失去大部分个性化面相，越发成为我们的家族成员”。在她看来，人性的文献包括“种族的模样、家族的模样、如印章一样刻写在人们身上的职业模样”，等等。她相信，“如果我们能读懂一个人的脸，上面不仅铭刻着这个人的历史，而且还铭刻着人性本身的历史。”值得注意的是，虽然朱厄特在序言中误把出自左拉《实验小说》（*The Experimental Novel*）的“人性的文献”一词说成是“都德的说法”，但她对遗传的看法与左拉的观点不谋而合。（vi）在《实验小说》中，左拉所倡导的正是以人性的文献为“坚实基础”的自然主义小说，而遗传之于人性的文献有着重要作用：“遗传问题对人的知识和激情的表现有着巨大的影响”（400，19）。在此，朱厄特把进化论的遗传观点发挥到极致，把个人、个性、家庭、种族、历史、人性统统纳入到进化论遗传理论的框架之中。

从总体情况看，朱厄特的作品明显受到进化论的影响。在进化论遗传理论的影响下，《诺曼人的故事》（*The Story of the Normans*，1887）、《托利党恋人》（*The Tory Lover*，1901）、《乡村医生》以及《尖枞树之乡》的部分章节所展现的实际上是进化论遗传观主导下的家庭、社会、种族历史，反映了遗传在社会、文化、文明和历史发展中的决定性作用。在这些作品中，遗传被转换成传统、血统、遗产因素，左右着个人、社群、民族、种族、国家的命运，影响着社会、文化、文明的进程和发展方向。就此而言，朱厄特不仅受到进化论的影响，而且接受了进化论的遗传观，毫无疑问地表现出种族优越观，尽管这样的倾向比较温和，也并不完全等同于种族主义观念。进化论也同样影响到朱厄特作品的性别观，但她试图调和进化论可能引发的男优女劣的观念，以文学想象的形象抵制其对女性不利的伦理价值观。在一些女权主义者看来，达尔文进化论就是一场对女性的战争，因为达尔文不仅在《人类的由来》中根据其进化理论推导出"男性最终变得比女性优越"的观点，而且还依据高尔顿的观点，认为"如果男性在许多领域能够决定性地超越女性，那么男性的平均智力就一定在女性之上"（vol. 2：327–328）。朱厄特并没有全盘接受达尔文在《人类的由来》中所强调的性选择，但她同样也没有全盘否认进化论对于女性地位的生物学解释。在《深港》（*Deephaven*，1877）、《乡村医生》以及《尖枞树之乡》等作品中，我们看到的不是男女关系的对立，而是作者和作品人物试图突破生物学特征的限制，从社会环境和个人性格方面调和男女关系。从总体上看，朱厄特对进化论并不是简单的肯定或否定，而是根据自己的理解和观察作出回应，而这样的回应是复杂的、多层面的，需要依据作品的主题内容作具体分析。

一、关于人性的知识

在其文学创作的初期，朱厄特并没把她所描写的世界与进化论联系起来。1868年，朱厄特发表其第一篇作品《珍妮·加罗的情人们》（"Jenny Garrow's Lovers"），此时距1859年达尔文发表《物种起源》已经过去了9年，但进化论的影响直到1877年的《深港》之中才显现出来。这其中也许有一定的个人原因，因为1868年时她才19岁，文学创作上还是一个学徒，再说她的家乡南伯威克并非大城市，因而也许并没感受到达尔文进化论的影响。实际上，直到1873年，也即《人类的由来》发表后两年，朱厄特才首次在《医生和病人》一文中论及遗传与健康之间的关系，而这样的影响到底来自《动物和植物在家养下的变异》还是《人类的由来》，我们不得而知。不过，有一点是肯定的，遗传一词在此基本上还只是生物学问题，并不涉及个人、家族或社会问题。

不同于其随笔和信札中表达的对进化论的肯定，朱厄特的文学作品中以遗传为核心的人性的文献在很大程度上反映了当时有关进化论的争论。其中的一个明显特征是，作品中往往既有赞成的一方，又有反对的一方。就此而言，她的第一部长篇小说《深港》是一个比较典型的例子。这是进化论遗传观第一次出现在她的作品中，也是她第一次在作品中反映美国社会有关进化论的争论。

对《深港》的主人公凯特·兰开斯特和叙事人海伦·丹尼斯来说，她们的深港之旅就是一次生物学田野考察。她们从波士顿来到新英格兰的偏僻小镇深港，住进了凯特的姨奶奶凯瑟琳·布兰顿小姐留给凯特母亲的房子，一边操持家务，一边观察深港的人情世故。两者的深港之旅的经历虽然一致，但她们从中得出的结论却截然相反。凯特的结论是，人生“并非巧合”，而是“选择的结果”，过什么样的生活完全取决于“我们教育自己所作的选择”。所谓人生“并非巧合”，明显是对达尔文自然选择的质疑和对先天遗传及生物属性的否定，而“选择”、“教育”则是人的意志和社会属性的反映。（244–245）与凯特不同，作品中包括海伦在内的人物似乎都是进化论的潜在信徒。他们眼里的遗传既是个人的重要标志，又是社会关系的纽带。作品中，曾经受惠于布兰顿小姐的深港居民佩顿夫人对凯特说：“不管我在哪里见到你，我应当知道你是布兰顿家的人。你有着真正布兰顿家族的长相。”（46）这话无疑把遗传当作了凯特个人及其家族的标志。类似地，布兰顿小姐的朋友们以凯特与布兰顿小姐之间的血缘关系为依据，自称她们是“凯特通过遗传而来的朋友”（41）。同样，海伦也从遗传的角度看待她所接触的人。在她的眼里，凯特有着“显著的兰开斯特家族的肤色”（36），而深港的水手们“神情古老”，说明他们要么年龄“大得超乎自然”，要么是“其历史悠久的祖先的精确翻版”。前者当然是假设，而后者则肯定了遗传的作用，把深港居民当成其祖先的复制品。事实上，海伦由此所作的判断——“几乎完美地复制人的特征和表情也许并非不可能的事”（78–79）——明确表达了她对进化论遗传观的认同态度。与上一句话中的“精确翻版”一样，这句话中的“复制”（reproduce）指的正是通过繁殖把遗传特征传给后代。在此，海伦俨然成了一位准达尔文主义者，而小镇居民的生物学特征则为她验证进化论遗传理论提供了依据。

海伦有关遗传的判断方式——“也许并非不可能的事”——之中其实不无怀疑的成分，而这也在某种程度上透露出朱厄特自己对进化论并非持毫不怀疑的态度。如果我们把海伦和凯特视为19世纪下半叶美国有关进化论争论的两个不同阵营，那么作者总体上站在了海伦一边，对进化论持肯定的态度。这一点，朱厄特的随笔和信札可以作为佐证。然而，作品在细节描写上也流露出作者对进化论的怀疑。凯特和海伦在拜访深港灯塔守护人时遇到了一群来自波士顿的游客，而其中的一位游客误把凯特当作了灯塔守护人的女儿，这就暗示着凯特的遗传特征并非其社会地位的可靠标志。类似地，佩顿夫人拜访凯特时，差一点把为她开门的海伦认作凯特："'是兰开斯特小姐吗？'她怀疑地问道"（46），这说明佩顿夫人并不像她所说的那样，能够凭借凯特的长相判断她是布兰顿家族的后人。

在《深港》之后，直到1884年《乡村医生》发表之前，朱厄特在遗传问题上的态度仍然摇摆不定。这可以从《渡口夫人》（"Lady Ferry"，1879）和《深色地毯》（"A Dark Carpet"，1883）这两篇短篇小说中看出来。《渡口夫人》通过百岁老人渡口夫人的故事把遗传的力量置于绝对的地位。这位夫人生活在幻想之中，几乎不与他人交往，但她竟然凭着一位中年来客讲话的声音就认定他是一个名叫杰克·麦克阿利斯特的船长。实际上，这只是一场误会，因为这个船长早在70多年前就已经在航海途中丧命，而来客只是其孙子约翰·麦克阿利斯特。然而，作品恰恰借助于这一误会以超越时空和人际关系的方式揭示了遗传的力量，因为麦克阿利斯特祖孙两人长相和讲话声音完全一样，甚至于名字也相同（英语中"杰克"是"约翰"的昵称）。与《渡口夫人》截然相反，《深色地毯》否定了遗传对于人的决定性影响。作品中，原本殷实的韦斯顿一家因为韦斯顿先生去世而生活拮据，其子女们不得不为更换一块地毯而费尽心思。在此，作品试图通过更换地毯这件事贬低遗传的作用，强调后天努力的重要性。正如作品在评论韦斯顿夫人时所说，"她不一定明白，她的儿女们正在为他们自己赢得比任何通过遗传传给他们的更好的财富"，因为“如果这些孩子有了足够的钱，他们取得的成就也许就不及一半了”（59）。

从总体上看，至此为此，朱厄特文学作品中的遗传观主要还是美国社会在此问题上的反映，作者本人的态度仍然摇摆不定，还没有形成自己的观点。正因为如此，遗传在她这一时期的作品中主要是人、家族以及社会地位和关系的静态标志，还没有与进化论的变异理论结合起来成为推动作品发展的动力。这一情形直到1884年出版的《乡村医生》之中才有了根本改变。

《乡村医生》既是进化论遗传和变异法则的综合演绎，又是对进化论的回应，其中既有肯定又有质疑。达尔文在《物种起源》最后一章的结束段中说：

> 凝视一处植物缠绕的河岸，上面长满了数量和种类繁多的植物，鸟儿在植物丛中鸣唱，各式的昆虫四处飞舞，蠕虫在潮湿的泥土中穿行，再默想一下，这些构造精巧的生命形态彼此间差别巨大，以极其复杂的方式相互依存，却都产生于我们周围起作用的法则，那是多么富有趣味啊。从最大处讲，这些法则包括伴随繁殖的生长，几乎隐含于繁殖之中的遗传，因生命外部条件直接或间接影响以及因是否使用而造成的变异，高增长比例导致的生存竞争以及随之而来的自然选择，其中包括性状分歧和长进不足的生命形式的灭绝。于是，我们所能想象到的、最令人称道的对象也就直接产生于自然之战以及饥饿和死亡，而这也就是高等动物的产生。这一生命观的灿烂辉煌之处在于，几种或一种生命形式最初就这样获得了生命，获得了生

命的多种力量，在于这个星球按照引力的不变法则周而复始，从如此简单的始初中进化出并且还在进化着最为优美、最为神奇的生命形式。（489–490）

这段文字以乐观而又浪漫的笔触描绘了一幅进化的图景。我们不知道朱厄特是否熟悉这段文字，但其中涉及的进化法则和形象化语言似乎经朱厄特改造之后被一一纳入到《乡村医生》之中，成了作品女主人公南·普林斯由孤儿成长为乡村医生的人生历程的写照。实际上，《乡村医生》几乎就是一项社会学版本的进化论个案研究。作品中，南·普林斯的母亲阿德琳不顾家人的反对，嫁给了城里人杰克·普林斯，生下了南，并在杰克死后带着南逃回家乡沃德费尔兹。由于阿德琳和其母亲撒切夫人相继离世，南是在当地乡村医生莱斯利的监护和抚养之下长大成人的。在莱斯利医生的培养下，南拒绝走相夫教子的传统女性的生活之路，而是决定做一名乡村医生。

在南的故事中，朱厄特精心设计了一个观察人的生物学特性的语境。这其中，既有实验对象、主人公南、南的监护人莱斯利医生以及他的朋友费利斯医生，又有有利于生物学观察的封闭环境“古田”沃德费尔兹（Oldfields），还有沃德费尔兹附近一群习惯于用遗传的眼光观察世事人情的居民——南的母亲阿德琳、父亲杰克·普林斯、姑姑南希·普林斯和外婆撒切夫人。这其中，最为重要的当属南、莱斯利以及费利斯。

莱斯利和费利斯可以说是作者依据英国科学史所塑造的两个进化论学者。奈勒（Simon Naylor）在研究18、19世纪英国科学史时指出，当时的博物学学者中很多都是医生、律师以及神职人员，因为这些人既有“研究自然和人类历史的训练和技能”，又有“进行这些探索所需要的闲暇时间”（14）。以达尔文为例，他原来是爱丁堡大学的医科学生，因为对医学不感兴趣才转到了剑桥大学，但他的专业并非生物学，而是神学。在《乡村医生》中，朱厄特把《物种起源》中“凝视”和“默想”河岸景象的达尔文分拆为莱斯利和费利斯两个人，通过他们的对话和行为展示达尔文的进化学说。费利斯信奉进化论，并把进化的法则运用到医学上，认为医生的职责是医治“因使用不当、遗传或无知而造成的”病痛。（109）在此，他依据的是达尔文进化理论中的两个法则：一个是遗传，另一个则是改造自达尔文所说的是否使用。前者是先天的，后者则涉及与变异相关的环境和习得。费利斯特别关心环境和习得所造成的变异，并把它用到自己身上。他在论及其印度经历时对莱斯利说：“我万一变得像那儿的人似的，过一两年你也许就会在茶盘上看到我的肖像了。”（104）这话看似有些自嘲的成分，但作品叙事人的观察从侧面证实了其中所隐含的环境与人之间的关系：“他的长相已经跟外国人似的了，长时间生活在东方国家的人常常就是这样。”（107）这一观察是对达尔文变异理论的旁证。尽管达尔文在《人类的由来》中总体上否定了种族与环境之间的关系，但他也承认，就个体而言，“生命的条件，诸如丰富的食物和总体的物质条件，直接影响到身体结构，并且其结果能遗传给后代。”（vol. 1：246）

莱斯利医生几乎就是达尔文及其理论的化身。与费利斯相比，他不仅是进化论的信奉者，更是进化论的实践者。他集医生和博物学家两重身份于一身，一边审视人世沧桑，一边用其“丰富的人性的知识”（33）治病救人。这里所谓的“人性的知识”（knowledge of human nature），与朱厄特在《回顾少女时代》和《人性的文献》的序言中所说的“人性的知识”和“人性的文献”一样，强调的仍然是人的生物属性。在莱斯利看来，“儿童在七八岁之前不过是一堆遗传［特征］的集合而已”（102），而人生就犹如生物进化的“生存的战场”（33）；在这个“冷酷而又冷酷的世界”上，人们必须证明自己“有用”才能在“生存大战”（152）中立于不败之地。其中，莱斯利所说的生存大战与达尔文的生存之战如出一辙。达尔文在《物种起源》中一再把物种进化的进程与“生命的伟大战场”、“伟大而复杂的生命战场”、“战场法则”、“为了生存的伟大战场”（76，80，88，128–129）相联系。莱斯利眼中的生存之战很显然就是达尔的自然选择法则。在莱斯利眼里，南是展示自然选择法则的绝佳案例，而他自己作为南的监护人正好成了自然选择法则的观察者和实践者。他眼里的南是“一个又一个祖先的品性特征”，“一个前所未有的没有受到妨碍的人”（102）。在他看来，作为南的监护人，他的职责就是“顺其自然”，使之成为“一个有用而又有智慧的人”（106）。所谓“顺其自然”，实际上就是按照自然选择法则培养南，使之“像一棵植物一样自然长大，既不因修剪而萎缩，又不被迫朝着不自然的方向发展”（102），确保其成为“自然进程和变异的结果”（335）。

为了确保南成为“自然进程和变异的结果”，朱厄特把南塑造成了一个游离于社会规约之外的纯生物学意义上的生命个体。作品伊始，南几乎就是一个与其家庭成员相分离的孤儿。她的父亲杰克·普林斯早在作品情节开始前就已经命丧西部。南的母亲阿德琳在作品第一章中带着襁褓之中的南从丈夫家逃回娘家，并于当晚去世。于是，抚养南的重任就落到了阿德琳的母亲撒切夫人身上，但撒切夫人不久也离开了人世。随着其家人的纷纷离世，童年的南就成了一个没有家庭和社会关系的生物个体，几乎完全受制于遗传和环境、无异于动物的生命体。事实上，作品经常把南与动物和野性相联系，说她“野得跟老鹰似的”（60），“与野生动物没有二致”（61），“整日里就像一只狐狸似的乱跑”（62），甚至于连鸟儿都觉得她是“假扮成人类模样的”“朋友”（165）。无独有偶，莱斯利也认为南的“行为与鸟儿一样”，“不在乎各种社会约束，不在乎没人同情，甚至不在乎为众人取笑”（334）。此外，作品还为了突出南的自然属性而把她与植物联系起来，把她比作“人们常常在田野角落里见到的一团团植物”（the tangles which one often sees in field-corners，269–270），而这一说法似乎化用了达尔文在《物种起源》中所说的“一处植物缠绕的河岸”（an entangled bank）。由此可见，《乡村医生》在一定意义上可以说是对《物种起源》最后一段所描述的进化图景的阐释，只是朱厄特以“田野角落”和“古田”沃德费尔兹替代了达尔文的“河岸”，用南取代了河岸上缠绕的植物和鸣唱的鸟儿，从而把达尔文笔下的进化图景改写成了“古田”沃德费尔兹这一现代地域中南的自然进化进程。

南自然进化进程的显著标志之一是其遗传特征。剥离了社会性之后，南确实成了“一堆遗传的集合”，受制于其父母亲家族遗传的控制。在其母亲一边，撒切家族的人张狂、不安分、酗酒。按照撒切夫人邻居的看法，阿德琳和她的曾祖父是“一个坯子里拓出来的”，都有酗酒的“坏品性”（27）。莱斯利也认为阿德琳“对烈酒的酷爱”遗传自其祖辈，因为“她的祖辈当中不止一位深受其害”（33）。在其父亲一边，普林斯家族的人“有着坚定的意志和决心”，性格“硬得像铁一样”，“轻易不为他人的意见所动摇”（236）。作品中，南的父亲不听姐姐南希的劝阻，执意娶了阿德琳，而南希本人则因为抱住“一个血心来潮的念头”（320）不放而最终与恋人分手，落得一辈子单身。另外，作者还为了突出普林斯家族一脉相承的遗传特征，再次采用《渡口夫人》中使用过的手法，在人物名字上做文章，为南和南希取了同一个名字“安娜·普林斯”，而南的父亲和祖父的名字都是“杰克·普林斯”。就南而言，她虽然没有遗传撒切家族酗酒的品性，但作品通过人物的视角让读者看到，她既秉承了母亲的张狂和不安分，又遗传了父亲的长相、固执以及医学天赋。撒切夫人发现童年的南与阿德琳一样是“一个淘气包”（71），难以管束；莱斯利在南的身上看到了阿德琳性格中“渴望成就大事的那种不安分、不耐烦、不高兴”（171）；南希则因为南遗传了普林斯家族的长相而与之相认同。当她第一次见到成年的南时，最初只是“不太热情地”说了一句“我想这就是安娜了”，但当她看清南的长相时，态度瞬间发生了变化：“你长得真像我母亲和杰克……我还以为见到你我会不高兴呢”（218-219）。南希之所以突然改变对南的态度，原因在于南“清楚地展示了”她与南希的“由来是一样的，是普林斯家族的人”（245）。值得注意的是，此处的“由来”（descent）一词套用了《人类的由来》的书名，既说明南希对南的认同是以遗传特征为基础的，又显示了进化论对朱厄特的影响。

遗传同样也是南人生选择的重要参照。本达认为南之所以从医，原因有三：一是来自其父亲家族的“与生俱来的航海和医学意识”，二是来自其母亲家族的“与生俱来的狂野”，三是她“与莱斯利医生一起生活的新条件下所获得的有关有用的训练”（Bender，*Descent* 179）。其中，第三个原因与环境相关，属于变异的范畴，而前两个原因则分别与南从其父亲和母亲家族遗传而来的生物学特征相关。在莱斯利医生的训练和影响下，南也从遗传的角度观察自己的生活，并以此为依据安排自己的人生道路。在她看来，她可能继承了撒切家族张狂而又不安分的“不良遗传”（317），而这正是其母亲婚姻不幸的根源。为此，她决定单身。用她自己的话来说，如果结婚的话，“我就会毁了我的生活，也会毁了别人的生活”（320）。这一判断无疑呼应了莱斯利以及达尔文有关遗传和婚姻的观点。莱斯利认为，有些人浑浑噩噩地把体质不好的后代带到这个世界上，于是世界上就有了大量“挫败、不健全、无以成事而又实在无用的生命”，并最终通过遗传“成千倍地复制自身”，造成“无穷无尽的可怕的后果”（185–186）。这样的观点显然源自达尔文《人类的由来》中的相关论述。达尔文认为，无论是男性还是女人，“如果身体或精神方面存在明显的不足”，就“应当避开婚姻”；这不仅因为“草率的婚姻往往会加剧贫困”，而且还因为如果“谨慎的人不愿结婚，而草率的人结婚的话，那么卑劣的社会成员就会排挤掉更好的社会成员”，而这不利于“推进人类的福祉”（vol. 2：403）。南在婚姻问题上的抉择只是个人的人生选择，并没有像达尔文和莱斯利那样把这一问题上升到人类利益的高度，但其选择同样基于对进化论遗传观的认同，是进化论的实际运用。

如果说南拒绝婚姻的决定是以进化论遗传观为依据的，那么其从医的选择则更多的是变异的结果。关于变异，达尔文在《物种起源》和《人类的由来》中都有论述。他在《物种起源》中说，“对巨大而复杂的生存之战有用的变异”使得生物具有“最好的生存和繁衍其种类的机会”（80–81）。对此，他在《人类的由来》中进一步解释说，人类的早期祖先与其他动物一样会过量繁殖，因而就会造成生存竞争。按照他的理论，“有利的变异”使得强者“偶然地或者习惯性地”在这场竞争中“保存下来”，而“有害的变异”则会被“消灭”。（vol. 1：136）从达尔文的角度来看，过量繁殖对人类的进化是一件好事，因为它赋予具有有利变异的强者更多的生存机会，从而提高人类的整体素质。《乡村医生》也把人物的生存比作战场。阿德琳在莱斯利医生的眼里在“人生的战场上”“被打败了”（33）；杰克·普林斯“在家里掀起了一场大战”（98）之后离家出走，至死都没回家；南则被描写为面临着“一场人生大战”（152），处于“战场上”（226），甚至于她抵御爱情的经历和努力也被视为“观念之战”（299）、“激烈的战斗”（322）、“一场大战”（337）。在生存之战中，南的父母杰克和阿德琳仅仅受遗传的控制，而没有变异，结果走向灭亡。南则不同于其父母，因为她最终借变异摆脱了遗传的控制。不过，《乡村医生》正是在这一点上超越了达尔文进化论的生物学环境，进入到社会和文明领域，从而与传统和传统的性别分工联系起来。虽然作品中莱斯利医生以类似于达尔文的方式理解变异，但他看重的不是生存之战，也不是生存之战对于整个人类文明或进化所具有的积极意义，更不是生存之战如何消灭那些生存的弱者，而是过量繁殖给个人的发展所带来的机会。在他的理解中，由于过量繁殖，“保护种族不再是唯一重要的问题”，因而人们就“可以越来越多地考虑个人的福祉”。按照莱斯利的说法，“女性已经在各个文明社会中占据了多数地位”，因此“就可以根据天性把有些女性留作他用或让她们去做其他的事情，而不必结婚了”（336）。换言之，他认为人类的过量繁殖引起了女性社会角色的变异，使她们有可能从生儿育女、相夫教子的分工中解脱出来，进入男性的职业领域。南在女性职业选择上的观点与莱斯利相类似，但她似乎更强调性别平等。在她看来，人应当“顺应自然的伟大法则，而不是逆之而动”（283）；既然上帝给了男性和女人“同样的天赋”（282），女人就可以像男性一样有其职业追求。所谓“自然的伟大法则”，也即达尔文在《物种起源》中论及的生物进化的“两个伟大的法则”：“类型一致律”和“生存条件律”。前者与遗传相关，强调同类型生物之间的相似性；后者与变异相关，强调生物在自然选择过程中适应环境的能力。在达尔文看来，生存条件律比类型一致律“更高一等”，因为前者在遗传祖辈的变异的过程中已经包含了后者。（206）在南的人生选择中，她并不否认遗传的作用，但她认为要在遵从遗传的条件下，不为之控制，拒绝成为遗传的受害者。对于她来说，重要的并不在于她从祖先那里获得的遗传特征，而在于她应当在自然进程和变异中比其祖先“更高一等”，这才是真正有意义的进化和变异。

在今天看来，南以及莱斯利有关女性职业选择的观点显得极其温和，但这样的观点涉及女性传统角色的转变和性别分工问题，因而对当时的读者来说其实已经相当激进。这也正是南的选择何以招致来自其父亲所在城市的居民的反对。其实，朱厄特并没有一味强调进化论理论层面的依据，而是试图把南和莱斯利的立场建立在扎实的社会语境之上，一方面考虑到南的职业选择之于整个女性的意义，但另一方面又避免把这样的职业选择作为整个女性的选择。对莱斯利医生和南来说，南的选择首先是个人的选择，其次才是女性的选择。更为重要的是，两者的立场还与新英格兰乡村的人口相关。南和莱斯利医生之所以认为女性可以从为人妻为人母的传统社会分工出解放出来，根本的原因还于19世纪下半叶新英格兰乡村衰落之后女性人口的数量超过了男性人口。正因为如此，南才认为她这样不适合结婚的女性可以从事原来由男性承担的职业。

值得注意的是，朱厄特在《乡村医生》中虽然把遗传和变异的进化理论运用到南的身上，但她并没有完全照搬达尔文的进化理论。南强调男性和女性具有“同样的天赋”，但这并非达尔文进化论的内容。事实上，尽管进化论所关注的人的自然属性和变异理论为破解传统性别分工的难题提供了可能性，但它同时也为性别平等设置了难以逾越的障碍。达尔文在《人类的由来》中论及男女的智力差别时说，自然选择和性选择决定了“男性最终优于女性”。他认为，虽然女性在直觉、知觉和模仿等"低等动物和过去的低等文明的特征"上胜过男性，但女性在诗歌、绘画、雕塑、音乐、历史、科学、哲学等方面表现出来的思想、理性、想象的智力水平与男性"不可同日而语"，而这就证明了"男性的平均智力一定高于女性"。他承认，文明社会中性选择的法则已经不再适用，但男性仍然需要"为维持其自身和家庭的生计而经受严酷的竞争，而这将会保持或者提高其智力，其结果就有了两性之间今天的不平等"（vol. 2: 326–328）。

朱厄特显然并不认同达尔文的性别观，并试图对它加以修正，以祛除其中对女性的不利内容。为此，她一方面通过南的视角，悄然改变达尔文进化论的性别内涵，赋予男性和女性"同样的天赋"，另一方面又通过莱斯利和费利斯的一段对话，搬出英国历史学家巴克尔（Henry Thomas Buckle 1821–1862）的观点，挑战达尔文进化论的性别内涵。对话中，费利斯对莱斯利说："巴克尔讲得十分精彩，女性的才智更高，世界上的天才具有女性的才智，还记得吗？直觉的天赋直达真理，只有演绎推理才能展翅高飞，达到更高境界的生命和必然性。"（112）巴克尔的话源自1858年3月19日他在英国皇家学院所作的题为《女性对知识进步的影响》（"The Influence of Women on the Progress of Knowledge"）的演讲。他认为，那些出类拔萃的"天才男性""从母亲那里获得的远远多于从父亲那里获得的"，他们成功的关键在于他们有"出色的母亲"。按照巴克尔的论证，男性的思维是归纳性的，女性的思维是演绎性的，这就造成了以归纳为主要方法的科学研究缓慢而低效。在他看来，女性对于知识的影响正来自其演绎的思维特性，因为她们无意中鼓励了男性在科学研究中使用演绎的方法，从而加速了知识发展的进程；要不是因为女性的影响，"从事科学研究的男性就会过于依赖归纳，从而阻碍知识的进程”。（17，8）从时间上来说，巴克尔的观点先于达尔文的观点，所以达尔文的观点应当是对巴克尔观点的纠正。然而，朱厄特却在作品中颠倒了两者的关系，以巴克尔的观点修正达尔文进化论的性别含义，以消解性别歧视的进化论基础。

在朱厄特的所有作品中，《乡村医生》最为集中地运用了达尔文的进化理论，同时也是对达尔文进化理论的最直接回应。这不仅在于作品把南的故事完全置于遗传与变异的进化论框架之中加以考察，使之成为进化的结果，而且还在于她通过南的故事介入到有关进化论的讨论之中，回应了达尔文进化论有关女性的观点。尽管有研究者认为朱厄特“从来没有在其虚构作品中成为任何学说的辩护者”（Bishop 246），但这样的观点至少就《乡村医生》而论是有问题的。朱厄特/莱斯利医生把遗传和变异的进化法则运用到南的身上，从而在很大程度上肯定了达尔文的进化理论。同时，南的故事所展示的人性的文献或知识显然也挑战了达尔文进化论的性别内涵，使南有可能在职业和婚姻两方面突破传统的女性社会分工。

在《乡村医生》之后发表的一系列作品中，朱厄特继续关注进化论之于个人、家族、性别的意义。其中，有些作品仅仅在人物描写中提及遗传之于人物的关系，但并没有上升到主题层面。例如，《生意人》（“A Business Man”，1886）中纽约商人约翰·克雷文是家族“自豪的继承者”。他遗传了“贪图财富”、“喜爱获取”的“克雷文家族血统”（152），一辈子只顾经营赚钱，直到退休之后才体会到帮助他人的乐趣。在《巴米尔斯的奥斯古德夫人》（“Mrs. Osgood of Bar Mills”，1893）中，奥斯古德夫人出身于“十分慷慨而又真心好客的世家”，而她作为“父母的女儿”，与父母一样“遗传了优秀的品格”，“不太可能会自私、狭隘”。[1]在《玛莎的女主人》（“Martha's Lady”，1897）中，派恩法官的最后一位后人哈里特小姐过着单调而乏味的生活；她才37岁，却没有了其祖母“从殖民地时期遗传而来的愉快、入世的快乐心情”（137）。描写爱尔兰移民经历的《诺拉在哪里？》（“Where's Nora?”，1899）在人物刻画中也同样使用了遗传的视角。作品中，初到美国的新移民诺拉第一次见到舅舅时就对他说：“你的长相也和俺娘一个样？”（82）而诺拉回到爱尔兰时，一直抱着儿子不放，因为他“遗传了其母亲好动的性格，脚一着地就会像蜘蛛一样立即逃走”（113）。

在另一些作品中，遗传与变异虽然不像《乡村医生》中那样是显性主题，也没有明显的论争性，却被朱厄特不露声色地化解在作品之中，成为与作品的主题紧密相关的内容。在《两个布朗》（“Two Browns”，1886）中，约翰尼·本尼迪克特·布朗出身“律师世家”（226），是“布朗家族第四代律师”，并且还期待着刚刚出生的儿子约翰尼成为第五代律师。布朗的妻子为丈夫的律师职业而感到自豪，周围的人也认为他“出身好人家”（215），前途无量。不过，他本人却更钟情于工程学，对律师职业并不十分热心。他虽然在父亲的逼迫下学了法律，开起了律师事务所，暗地里却与一位中学同学一起办了一家生产电动土豆播种机的公司。因此，布朗成了遗传和变异的结合体：作为律师的布朗显然代表着家族的遗传，而作为企业家的布朗则代表着变异。虽然周围的人都看重布朗遗传的一面，但作品本身似乎更强调其变异的一面，因为律师的社会地位只是面子而

1.《巴米尔斯的奥斯古德夫人》是发表在 *Portland Transcript* [March 22, 1893 (56:51)] 上的一篇人物速描，并没有什么故事情节，因此算不上小说作品。参见<http://www.public.coe.edu/~theller/soj/una/osgood.htm> 31 June 2016。

已，而支撑这一地位的却是来自其企业的财富："不过，不管怎么说，一个布朗好心好意为另一个布朗赚了钱。"（254）相比之下，《达勒姆的女士们》（"The Dulham Ladies"，1886）对坚持传统和家族遗传的讽刺要尖刻得多。作品中的多宾小姐和露辛达小姐就像她们家里的那些"家私古董"（128），已经过时了。她们固守习俗，拒斥时代变化，以母亲多宾夫人的波士顿贵族出身为荣，放不下父亲曾经拥有过的"牧师的尊严"（127），结果在不知不觉中成了老处女。姐妹俩一个遗传了父亲的头发，另一个则是母亲一边"海特利家族头发的继承者"。当她们意识到自己已经不再年轻时，便试图通过带假发"找回其失去的优势"（135），结果却因为她们所买的刘海已经过时而成为邻居们的笑柄。

《风景房间》（"The Landscape Chamber"，1887）则在哥特式小说的氛围中把遗传问题推向荒唐且疯狂的境地。作品中女叙事人在骑马旅行的途中因为马蹄受伤而来到乡间一处"漂亮的殖民地时期的宅第"（86）。这座宅子和其曾经的主人们有过辉煌的历史，而今宅子却几近颓圮，摇摇欲坠。宅子的主人虽然遗传了祖先们的"高贵血统"，却没有了"任何奢华和社会地位"（91–92）。他过着极度节俭而吝啬的生活，禁止女儿与人交往，不接待任何来客，因为——按照其女儿的说法——"他是偏执狂；这是他从我祖父那里遗传来的"（100）。这里所谓的偏执狂，其实就是他吝啬到了偏执的地步，而正是其偏执的吝啬使得宅第年久失修，只剩下一张画提醒人们其曾经的风采。在他的女儿看来，他们为"某种悲惨的厄运"（105）所摆布，而父亲没有勇气与厄运抗争，只能认命。按照宅子主人的解释，其家族的厄运源自他的"一位祖先"。这位祖先"为了财富而出卖了灵魂"，"失去了使用［财富］的能力"，在地狱里眼看着他的"一代又一代"后人"因为他的过错"而遭受折磨。在宅子主人看来，其家族成员都因为遗传而成了这位祖先的受害者："不管他在哪里，他知道我们都因为他的吝啬成了吝啬鬼。他把自己卑鄙的精神印记烙在了我们身上。……感谢上帝，现在只剩我们两个了"。（112–113）宅子主人显然是进化论遗传理论的信奉者。他希望通过禁止女儿与外人来往而中断家族的繁衍，阻断流淌在家族血液中的低劣的遗传成分。这篇小说在基调和主题内容上类似于霍桑和爱伦·坡的小说，[1] 所不同的是朱厄特在作品中从遗传的角度审视新英格兰清教的原罪观念和禁欲思想。就此而言，宅子的主人象征着原罪和禁欲控制之下的极端文化传统的遗风，而即将颓倾的宅子本身就是这一遗风的体现。正因为如此，作品中那座宅第虽然是一个极端的例子，但也并非绝无仅有。实际上，朱厄特一方面说新英格兰地区找不出"另一处能与之匹敌的宅第"（105），另一方面又一再说该地区偏僻的村庄还有"众多与之类似的宅子"（89）、"众多奇怪的家庭"（105），以此显示作品审视的历史文化和家族遗传具有普遍的意义。

《新玛士撒拉》（1890）几乎颠倒了《乡村医生》的情节和主题，却又不无《风景房间》的荒唐。作品中的阿萨·波特比博士与莱斯利医生不无相似之处，是一个有着科学精神和进化论观念的学者形象。不过，不同于莱斯利医生的是，他耽于空想，缺乏务实精神，被描写为"没有成型的艺术大师，没有行过医的医生"。波特比博士与莱斯利医生之间的

---

1. 特利·海勒（Terry Heller）在这篇小说的校注中指出作品中的一些表达与霍桑的《利己主义或胸中的蛇》（"Egotism; or, The Bosom Serpent"）、《古屋青苔》（*The House of the Seven Gables*）、《红字》（*The Scarlet Letter*）以及爱伦·坡的《厄舍古屋的倒塌》（"The Fall of the House of Usher"）等作品之间有关联。海勒的校注参见Sarah Orne Jewett, "The Landscape Chamber", <http://www.public.coe.edu/~theller/soj/kfi/landscp.htm#dignified>。

区别还在于后者关心的是人如何尊重自然法则，通过变异摆脱遗传的缺陷，而波特比反其道而行之，试图摆脱变异恢复遗传，借助于返祖现象回归到原始状态。他潜心研究“一切与遗传问题相关的著作”，认为“不适合的空气、服装、食物的不断干扰”以及“严酷的社会竞争造成的各种痛苦焦虑”“把人的平均寿命缩短到了目前这么可怜的地步”。由于“惧怕阐释其思想”，他把研究手稿束之高阁，转而“把精力投入到建构其生命计划的完美例证之中”。他从孤儿院领养了一个名叫托马斯的男婴，准备按照其长寿理论培养这个孩子。为了实现这一“伟大的科学实验”，他建立了“一个永久的基金”，并且还“精心挑选了一个执行董事会”。他按照《圣经》中活了900岁的玛士撒拉的名字，把托马斯称为“新玛士撒拉”，希望托马斯在“没有常人生活的磨难”的情况下受到“朴实秘方的滋养”，使其“至少活到其［生命的］第二个世纪的后半叶”（514–515）。不料，小托马斯最后因为溜到花园里偷食了一个青苹果而噎死，仅仅活了19个月多一点。托马斯偷食苹果这一情节与《圣经·创世记》中亚当和夏娃偷食智慧之果的故事相呼应，显然是对波特比博士背离人性知识、颠倒进化论遗传和变异理论之行为的讽刺。

进化论视角也是《沼泽岛》（*A Marsh Island*，1885）的隐性视角。研究者很少关注这部比《乡村医生》晚一年发表的作品，更没有研究者论及其进化论内涵，原因很可能在于作品表层看不出进化论遗传观的影子。实际上，虽然这部作品表面上没有《乡村医生》之中那样明显的进化论痕迹，但它所讲述的乡村姑娘多里丝·欧文的故事仍然与之紧密相关。作品中，沼泽岛上的姑娘多里丝与邻居小伙子丹·莱斯特情投意合，但他们的感情因为一位名叫里查德·戴尔的年轻画家的到来而被打乱了。戴尔来到沼泽岛写生，由于意外而来到多里丝父亲伊斯雷尔的农场借宿，结果因为伤了脚踝而滞留农场。伊斯雷尔对戴尔颇有好感，因为他的长相与其在内战中阵亡的儿子有几分相像，而多里丝的母亲玛莎心底里厌倦了小岛生活，有意无意之中希望多里丝能和戴尔走到一起。多里丝自己对戴尔也不无好感，所以莱斯特把戴尔视为情敌。戴尔虽然也对多里丝爱慕有加，但他是“一个姑娘似的家伙”（8），一直没有表白的勇气。最终，当莱斯特决定出海打鱼之时，多里丝出于担心而投入了他的怀抱。就其故事情节而言，多里丝的故事主要是婚恋故事，这显然有别于《乡村医生》中南拒绝婚姻的故事，但主导多里丝婚姻/性选择的仍然是与遗传和变异相关的进化理论。

《沼泽岛》与《乡村医生》在遗传和变异问题上有着显著区别。就作品内容而言，南·普林斯的故事重点在于变异，而《沼泽岛》中多里丝的故事侧重于遗传。就主题表现方式而论，南的故事之中的进化论视角是显性的，而在多里斯的故事之中，这一视角是隐性的。沼泽岛上与世隔绝的环境之中的多里丝其实与身处“古田”的南不无相似之处，都是遗传因素和自然环境造就的生物体。多里丝的自然属性明显体现在她完全与沼泽岛难以分割，已经与其生存环境融为一体，是自然的一部分。作品中，戴尔从一开始就把多里丝和自然联系在一起，把她比作“优秀而又古老的植株上的花朵”（20），称之为“生长在田野里的一株观赏之花”（22），是“一个没有灵魂的生物”，“看上去如小鹿般美丽，如鲜花般自然”（72）。在戴尔看来，多里丝就是“沼泽岛美丽风景的一部分”，与柳树之间只有“度的不同”，（118–119）并无本质区别，而多里丝也一度觉得自己“仿佛是一头野生动物”（272）。多里丝自然属性的另一鲜明特征是她的生活很大程度上受制于遗传因素。戴尔之所以把多里丝称为“优秀而又古老的植株上的花朵”，是因为他把欧文家族比作植株，希望多里丝遗传了其父亲的优秀品质，而这正是朱厄特在多里丝这一人物刻画中所要传达的特征。多里丝不仅集合了其父母的遗传特征，而且其故事也反映了遗传理论的逻辑。在其母亲看来，多里丝遗传了她的品格，做事向来有始有终："多里丝是一个做事不喜欢拖拉的人，就跟我一样。"（14）不过，作品中一再强调的是她遗传了其父亲的品格。她不仅"生来就像父亲"，有着"古老殖民地时期先辈们的绅士血统和崇高追求"（112），而且还"永远会像她父亲一样"（116）没有什么艺术天赋。此外，她还"像她的父亲一样"，能够"通过某种灵活而不同寻常的方式""洞悉人性"，而这说明"父女两个的天性之中都有着十分罕见的禀赋"（181）。再者，朱厄特还通过人物的姓名和农场上的摆设从文化传统上辅助强化作品的进化论遗传观内涵。按照伊斯雷尔的说法，他之所以为女儿取名"多里丝"，是因为"这是一个好名字"，且他的母亲和祖母都叫这个名字。相比之下，多里丝父亲和哥哥的名字"伊斯雷尔"历史更为悠久。多里丝的父亲在提及儿子时说："农场上近200年来一直就有一个叫伊斯雷尔·欧文的，从今往后就再也没有了。"（89）值得注意的是，这句话把取名的风俗与遗传、家族联系起来，使之成为家族生物学存在的标志，从而把生物学意义赋予给了这一名字。比名字更具有象征意义的是伊斯雷尔的农庄所传达出来的遗传和传统的内涵。与名字一样，伊斯雷尔农场上的房子以及室内众多的家具、用品也具有历史传承的意义。虽然多里丝的母亲对这些东西不以为然，但戴尔深知"这些不受重视的珍宝"（23）的历史和艺术价值。在这些东西中，最具有象征意义的是农庄"钟室"里那座被称为"君主"的大钟（19）。不同于戴尔那块在作品一开始就"令人绝望地停止不动了的手表"，这座钟贯穿作品始终，忠实地记载时间，承载历史，为周围邻居提供标准的时间，而"钟室”更是欧文家族以及邻近居民的聚集场所和信息交流中心。就此而言，这座钟不仅象征着时间和传统，更与多里丝一起体现着欧文家族不变的遗传特征，与邻居家那些不准确的钟和戴尔那块停止不走的手表形成了鲜明的对照。

就其内容而言，《沼泽岛》与《乡村医生》之间的最大区别正在于遗传。在《乡村医生》中，南是遗传的产物，只是最终因为有了莱斯利医生的引导而通过变异摆脱了遗传的弱点。在《沼泽岛》中，多里丝则通过抵制戴尔所代表的变异而坚守了遗传的优势。造成两者之间这一区别的原因并不在多里丝和南的身上，而在于莱斯利医生和戴尔身上，因为她们本质上都差不多，都是自然进程和遗传的结果。作为进化论的支持者，莱斯利医生尊重南的遗传，但又强调变异，并进而影响其成长。与之相反，作为一个闯入沼泽岛的艺术家，戴尔缺乏男子气概，甚至还有点女性气质，根本不足以影响并改变多里丝的生活，不足以使之产生变异。其实，戴尔一开始就不是一个强者形象。在作品开始之前，他已经因为“从马背上摔下来”而“有点瘸”（15）。在他来到伊斯雷尔的当晚，他甚至想到过借“稍微崴一下脚而好好在农场上待一个星期”（24）。第二天早上，他在试图阻止受惊的马伤及多里丝的过程中“丢人现眼地摔倒了”（68），结果还是多里丝设法把他带回了农场。这件事虽然让戴尔达到了滞留农场的目的，但它也颠倒了英雄救美故事中男女主人公的角色，证明戴尔远非生活的强者。就此而论，他最终在多里丝的性选择中败给了莱斯特也就在情理之中了。实际上，如果说在《乡村医生》中南成为强者是因为她通过变异进入男性的职业领域，《沼泽岛》中的戴尔成为弱者则是因为他通过变异而具有了女性化特征。这也正是作品何以在这一人物的刻画过程中一再突出其身上的女性气质的原因所在。（8，230）

其实，虽然戴尔似乎不是莱斯利医生那样坚定的进化论信奉者，但他也并非全然没有进化论的观念。他与莱斯利医生的本质区别在于后者寄希望于变异，而前者更相信遗传。作品中，在戴尔与朋友布雷迪什一起回顾其在沼泽岛的经历时，出现了作品中唯一一处具有明显进化论色彩的表述："不管怎么说，我过了一段实实在在的生活。看一看农场上那样的亘古不变的制度和居民是一件好事。我一直觉得［自己的生活］是一个偶然事件，是一种转瞬即逝的存在，但我现在相信我们都是一种有移动能力的两茎植物，但我们不应该过度使用这种能力。"（289）在此，戴尔把伊斯雷尔的农场和居民比作不变的遗传，而他自己则代表着变异。此外，他还把人比作长了两条腿且能移动的植物（"有移动能力的两茎植物"），认为人们不应过多地使用其移动能力。其中，"移动能力"（a power of locomotion）有着鲜明的进化论寓意。达尔文在《动物和植物在家养下的变异》中论及机械压力可能导致的动物形体变化时说，鸟类肾脏的形状"取决于其骨盆的形状"，而骨盆的形状又"无疑与其移动能力相关"（vol. 2：344）。另外，达尔文还在《人类的由来》中说灵长类动物前肢的功能抵不上"狗腿的移动功能"，而人的手和手臂"如果习惯性地用于移动的话"，就"几乎不可能达到制造武器或精确地掷石头或矛的完美水平"（vol. 1：139，141）。在《沼泽岛》中，戴尔虽然不一定是达尔文进化论的支持者，但他对移动能力的理解与达尔文的观点基本一致。在他看来，如果人类过分地使用移动能力，就会有损遗传特征，造成变异。然而，戴尔有关移动能力的说法只是作品中难得一现的进化论视角。尽管进化论与作品的内容有着诸多契合之处——作品中的诸多巧合、多里丝身上的遗传特征以及朱厄特为其安排的人生轨迹等，都与作品背后的进化论视角相关，但大多数情况下进化论观念只是化解在作品故事和人物刻画背后的理念，并没有以理论的形式浮现到作品的表面。

达尔文进化论虽然分别以显性和隐性的形式出现在《乡村医生》和《沼泽岛》中，却传达了两种截然相反的理念。在《乡村医生》中，南和莱斯利医生赞成的是变异，而南通过变异抵制婚姻，同时也突破了传统的性别分工。与之相反，《沼泽岛》则支持遗传和传统，反对变异，所以从一开始就把闯入者戴尔描写为变异的弱者，并且在情节安排上让多里丝最终选择了婚姻，选择了莱斯特。如果我们跳出作品，忽视作品处理进化论的方式，我们可以把两部作品故事情节上所体现的不同观念视作女性人物的两种选择。这样的选择既可能是朱厄特在进化论视角的影响下对人性的探索，又可能体现了她对进化论遗传和变异理论的回应。

二、种族化的遗传

从1885年开始，特别是进入19世纪90年代之后，朱厄特的作品开始超越进化论之于个人、家族和性别的关系，拓展到遗传之于种族、国家、历史的影响。这些作品主要包括短篇小说《为情所困的小女佣》（“A Little Captive Maid”，1891）、《战争孽债》（“A War Debt”，1895），长篇历史故事《诺曼人的故事》，长篇历史小说《托利党恋人》以及长篇速描作品《尖枞树之乡》。值得注意的是，无论在个人、家族、性别问题上，还是在种族、国家、历史问题上，进化论只是为朱厄特审视人和社会提供了一个视角。这一视角之下所呈现出来的进化论观点反映了进化论对19世纪下半叶美国社会的影响，同时也代表着朱厄特本人对进化论及其相关话语的回应。

与《诺拉在哪里？》一样，《为情所困的小女佣》描写的是爱尔兰移民的故事，且作品的女主人公都叫诺拉。不过，两篇作品差别巨大，特别是两者讲述的爱尔兰移民故事在取向上截然相反。《诺拉在哪里？》中的诺拉到美国之后，很快取得成功，结婚生子，是一个成功的移民故事；而《为情所困的小女佣》中的诺拉尽管得到了其美国主人的遗赠，最终还是离开美国，回到了爱尔兰恋人的身边。不过，就进化论遗传观而言，两部作品的区别还在于《为情所困的小女佣》把《诺拉在哪里？》的个人和家族的特征上升为民族和国家的特征，从而把作品人物的经历转变为民族体验。尽管《诺拉在哪里？》为诺拉的舅舅起了一个典型的爱尔兰名字“帕特里克”，并在作品伊始就把他描写成“一个神情严肃的小个子爱尔兰老人”，是“那些几乎从来没人称其为帕特的帕特里克之一”（73），但作品中的诺拉本质上只是一个个人，充其量不过是其家族遗传的代表。与之相反，《为情所困的小女佣》讲述的诺拉的故事则与爱尔兰民族紧紧联系在一起，几乎无涉诺拉的家族遗传。作品中，诺拉父母双亡，与姑妈一起生活，但后者嫌弃诺拉的恋人约翰尼家境贫寒，以她去美国为由把两人拆散。不过，诺拉答应约翰尼挣到100英镑之后就回爱尔兰与他团聚。到了美国之后，诺拉成了年迈的波尔福船长的女佣。波尔福船长闷闷不乐，因为他虽然家境殷实，生意红火，却突然间因为中风而失去了行动能力。诺拉的到来令波尔福船长心情愉快，其健康状态也因之而有所改善，因此诺拉也赢得了船长的青睐和信任。与此同时，诺拉却越来越思念家乡和恋人，而挣100英镑的计划却遥遥无期。为此，她鼓动波尔福船长到她的家乡去疗养，并希望借此可以陪着他回到家乡去。最终，波尔福船长之死使诺拉回爱尔兰的希望成为泡影，但所幸的是船长在其遗嘱的附件中为她留了5000美元（相当于100英镑），使之能够回到爱尔兰与约翰尼团聚。

更重要的是，《为情所困的小女佣》与《诺拉在哪里？》之间的区别还体现在朱厄特对作品的种族化处理上。作品开篇在描写了诺拉移民美国前夕与其恋人分别的场景之后，立即把诺拉的移民经历置于种族化框架之中，突出其爱尔兰移民的普遍性："贫穷而心碎的爱尔兰人让他们的年轻儿女离开他们来到美国，我们当中哪一个曾经停留片刻，想一想他们的悲伤，以示同情？"（257）在此，作者一方面把诺拉的经历作为爱尔兰人因为贫穷而移民美国的集体经历，提醒美国人对爱尔兰移民表示关注，给予同情，另一方面又把随后描写的诺拉的移民经历和波尔福船长对诺拉的遗赠当作了爱尔兰人悲伤的移民经历和美国人的同情的范本，不断强化诺拉及其经历的爱尔兰民族特性。在诺拉离开家乡的那个早上，天下起了"寒冷的雨"，"好像爱尔兰自己在为其背井离乡的儿女而哭泣。可怜的爱尔兰啊，它把精英给了海外那些强大而又繁忙的国度，渴望着有朝一日它自己会富裕、繁忙，把年轻人留在家乡，在城镇和乡村过上幸福的生活。"（258–259）在诺拉到了美国之后，作品又把爱尔兰称作"古老国度"，而诺拉则被描写为这一"古老国度忠诚的孩子"（306，263）。从此开始，"爱尔兰"成了诺拉个人的民族和种族标志："可爱的爱尔兰腔调"（264）、"诺拉纯朴而可爱的爱尔兰脸庞"（266）、"年轻的爱尔兰姑娘"、"她那灰色的爱尔兰眼睛"（298）、"可怜而年少的爱尔兰诺拉"（302），而其笑容则犹如"五月中旬阵雨之后温暖的爱尔兰阳光"（286）。同样，诺拉生活中一切美好的人事景物也都以爱尔兰为主要特征：诺拉"习惯于爱尔兰微风"（281），其眼里的"爱尔兰是一个美丽的国度"（275），其回忆中的父亲感觉好得"像任何爱尔兰老爷似的"（279），而思乡时她脑海里所呈现的则是"遥远的爱尔兰海岸深深的色彩"（305）。类似地，诺拉的恋人约翰尼仅仅被描写为"在爱尔兰土地上

［争取］自立”的“一个高个子爱尔兰小伙子”（307，306）；波尔福船长的另一个女佣纳什夫人为“爱尔兰北部出身”，其第一任丈夫则仅仅被描写为“一个美国人”（302）；当地神父的宅第则因为没有受到“躁动不安的美国精神”的破坏而保持着“殖民地时期的雅致”（296）。作品中种族化描写最显著的一个例证出现在对诺拉的歌声的描写之中。诺拉第一次见到波尔福船长时就提及其母亲曾经是当地颇有名气的歌手，而她自己也靠唱歌排遣思乡之情，并借此安抚心神不宁的波尔福船长。她“吟唱古老而熟悉的爱情和战争”，有时是“单调、幽怨的节奏”，有时则是“明快的曲调”，犹如“清晨旷野里绿茵茵的草地上鸟儿对着配偶在啁啾”。不过，这里重要的并非诺拉“动人而异乎寻常的歌儿”多么打动人心，也不是她遗传了母亲的歌唱天赋，而是这些歌曲代表着“古老的爱尔兰人民”，勾起人们“依稀的记忆”，而这样的记忆是“不折不扣从远古的祖先那里一代又一代遗传下来的与生俱来的记忆”，“只能源自凯尔特人血统的遗传”（300–301）。很明显，诺拉的歌声超出了个人和家族的遗传，甚至于超越了爱尔兰民族文化的范畴，成了包括爱尔兰人在内的凯尔特民族的种族特征，是种族化遗传的标志。

《为情所困的小女佣》有关诺拉的种族化遗传叙事有一个非常突出的特点，那就是朱厄特在处理种族这一微妙而棘手的主题时显得相当自如，似乎完全是直抒胸臆，既无太多的顾忌，也缺乏自我保护意识。究其原因，这也许是因为作品采用了同情爱尔兰人的立场，因而不用担心其中的种族化叙事会落入种族主义的泥淖。不过，在实际操作中，有关遗传的种族化叙事往往难以与种族主义区分开来，因而需要在处理上注意平衡种族关系。就此而言，1894年的《古镇伯威克》（“The Old Town of Berwick”）就是一个典型的例子。

《古镇伯威克》只是一篇勾勒朱厄特的故乡缅因州南伯威克镇历史的文章，本质上并非一篇文学作品，但文章的两个不同版本之间的差异对我们理解朱厄特文学作品中的种族化遗传观念有着不容忽视的作用。该文最初发表于1894年7月的《新英格兰杂志》（*New England Magazine*）上，但后来拉斯特（Marion Rust）根据朱厄特的手稿进行了整理，重新发表在2000年3月第73期的《新英格兰季刊》（*New England Quarterly*）上。从拉斯特整理的版本看，由于伯威克的历史涉及印第安人、法国人、英国人，甚至还有黑人，因而朱厄特在文章中显得尤为谨慎，远没有《为情所困的小女佣》中的那份从容。事实上，正如拉斯特在该文的编者按中所说，朱厄特试图在“由来已久的包容和排斥的舞蹈中”“取得平衡”。（“Berwick” 123）[1]

其实，朱厄特的包容和平衡在文章的标题之中已经显现出来。从手稿看，朱厄特划掉了文章原来的标题“古伯威克及伯威克学院”（Old Berwick and Berwick Academy），把它改为“古镇伯威克”。这个新标题看似干净利索，却把文章所讲述的伯威克历史的两个主要的核心内容——作者的母校伯威克学院以及与之相关的她的家乡南伯威克——隐藏了起来。就后者而言，朱厄特十分清楚伯威克是由伯威克、南伯威克、北伯威克三个部分组成；其中，后两者分别在1814年和1831年从原来的伯威克分裂出来。客观地看，朱厄特所讲述的伯威克历史虽然涉及三者，但其中重点突出的主要还是南伯威克的历史，而南伯威克历史中最重要的内容又是伯威克学院。

---

1. 以上所依据的是拉斯特所整理的《古镇伯威克》。以下涉及该文的引文也都出自这一版本。关于这一版本，详见Jewett,“The Old Town of Berwick”, Marion Rust ed., 122–158。

与文章标题对伯威克学院和南伯威克的处理相类似，朱厄特在种族化遗传观念上也试图采取包容和平衡的态度，结果有时表现出——用拉斯特的话来说——“模棱两可的姿态”（124）。在叙述伯威克的历史时，朱厄特明显地站在英国殖民者的立场上，因为她所讲述的伯威克历史毕竟就是颂扬英国殖民者在当地的创业史。同时，这样的创业史又不可避免地要涉及英国殖民者与印第安人以及法国殖民者之间的冲突。如此一来，她就面临着如何客观、公正地对待印第安人、英国殖民者和法国殖民者的问题。无疑，英国殖民者的创业史占据了文章的叙事中心，而印第安人、法国殖民者以及黑人则处于叙事的边缘。不过，朱厄特在处理处于叙事边缘地位的其他族裔时十分谨慎地设法避免敌对和带有种族偏见的语言和观念。文章以交代伯威克的第一位英国殖民者马丁·普林开始，不过随即就把这片土地原来的主人印第安人以及印第安人对一些地名的称呼引入到文章中来，描写印第安首领与英国殖民者之间的关系。朱厄特在手稿中说，“文献记载说，[英国殖民者]普林在海岸附近的村子里找不到居民，除了几个老人；他从老人们那里得知，人们都到河上游的部落首领捕鱼之地去了”，并在“村子”一词前插入了中性的“印第安人的”（Indian）一词。（125）“文献记载说”使这句话显得权威而客观，而“几个老人”的说法并没指出这些人的印第安人身份，似乎有意要抹除印第安老人们与英国殖民者之间的种族差异。此外，这句话还试图在伯威克这片土地的归属问题上平衡关系。一方面，句子把“除了几个老人”置后，好像他们不在当地“居民”之列，给人的印象是伯威克是一块无主之地。由此，英国殖民者把伯威克据为已有也就顺理成章了。另一方面，“部落首领捕鱼之地”以及“村子”之前后加上去的“印第安人的”一词点明了伯威克是印第安人的土地，而以普林为首的英国殖民者是这片土地的入侵者。在同一段落中，有关印第安人与英国殖民者的关系的描写也采用了类似的平衡手段："在对面的河岸上……是部落首领们的屋子。他们是'熊的孩子'的代表，而'熊的孩子'是这一国度中这一大片土地的大酋长。继他之后则是'愉快的呼吸'以及另外几个儿子。'熊的孩子'命令他的儿子们要像他自己一样善待白人。今天，河岸高高的绿茵坡地上还能看到他们大屋的两个地窖。"[1] 在手稿中，朱厄特划去了"白人"之中的"白"（white）字，把它改成较为客观的"英国的"（English），结果把"白人"变成了"英国人"。除此以外，朱厄特还为这几句话加了一个注释。在注释中，朱厄特作了两方面补充。一是早在1629年，为了对付缅因北部的另一个印第安部落，"熊的孩子"和另外三位部落首领达成"盟约"，"表达让英国人加入他们的愿望，希望加强自身的力量以对抗他们的敌人塔拉泰因人"。为此，他们给了英国定居者"某些权利"［指土地］，同时又"保留了［在这些土地上］捕鱼、狩猎和种植的权利"。二是新罕布什尔州州长贝尔（Charles H. Bell）在对该州历史学会发表的演讲中所说的话："幸存下来的丰富的证据表明，白人在皮斯卡塔瓦坐下来后的100年之后，他们所占有的每一寸土地都是从其印第安拥有者手上公平购得且已诚实付讫了的。"（125–126）从措词上看，这两点补充一者依据的是印第安部落酋长和首领之间的盟约，一者引证的是历史研究，所以显得客观公正。这一注释的内容实际上与文章内容并不完全相关，但朱厄特明显想借此表达两层意思：第一，印第安人为了其自身的利益与英国殖民者保持着友好的关系——这一点与文章中被

1. "愉快的呼吸"（印第安语"Wonalancet"）是"熊的孩子"（印第安语"Passaconaway"）的第二个儿子。有关这两位印第安酋长，详见Beals，*Passaconaway in the White Mountains* 11–76。

注释的内容相关；第二，更为重要的是，无论是印第安人为了自身的利益而用土地与英国殖民者作交易，还是英国殖民者通过购买而从印第安人手上获得土地，英国殖民者所占有的土地都是合法的。

朱厄特的手稿也表明她试图克服种族偏见。上文提及的把“白人”改成“英国人”就是这方面的一个显著例子，而这样的例子在手稿中并不少见。在描写早期英国殖民者在尼威卡瓦诺克的定居点时，朱厄特说定居者汉弗莱·查德伯恩及其后人建立了“相距很近的驻防宅第”，而这表明英国殖民者不再像开始时那样“与友好的亚伯纳基部落之间保持着和睦的邻里关系”，不得不“武装防御多疑而野蛮的印第安敌人”（132）。其中，“友好的亚伯纳基部落”本身与驻防宅第并没有什么关系；作者把它放在这里显然是为了抵消“多疑而野蛮的印第安敌人”一语所包含的负面的种族内涵。即便如此，朱厄特只是把“野蛮的”（savage）一词作为“印第安敌人”的修饰语，而不是直接用“野蛮人”（savages）指代不友好的印第安人。事实上，朱厄特的手稿在随后描写早期皮茨卡它库河上的种植园时，还说“野蛮人最初的敌对袭击”造成了巨大损失，但后来又把“野蛮人”划去，加上了“印第安人”（134）。不管“野蛮人”这一表述是否是朱厄特内心里对敌对的印第安人的称谓，由“野蛮人”到“印第安人”的改动至少说明她认识到原稿表述之中的不妥，客观上透露出她有意消除文稿原有的种族偏见。同样，原稿用“意志坚定而凶残的”一语描写1675年印第安人对伯威克的一次袭击，但随后又把其中的“凶残的”（vicious）一词改成了“可怕的”（terrible）。这两个词的内涵存在差异；前者反映的主要是人的特征，而后者更多的是对事件的描写。因此，由“凶残的”到“可怕的”的变化标志着朱厄特把注意力从对印第安人的判断上转移到对袭击事件的描述上，不仅显得更为客观，而且还把其中隐含的种族偏见内涵剔除了出去。（134）类似地，在描写1690年的魁北克之战时，朱厄特还试图通过一位名叫梅西特贝尔·古德温夫人的遭遇平衡种族观念。古德温夫人被法国人俘获之后由法国部队中的印第安人赶往魁北克，途中她的婴儿被印第安人抢过去摔死了。为此，古德温夫人十分伤心，哭哭啼啼，拖着沉重的步伐走在队伍的最后。于是，印第安人威胁说，"要是她还这么哭的话，就以同样的方式杀了她"，尽管如此，当她来到一条小溪边洗手帕的时候，眼泪又不自觉地流了下来。朱厄特在接下来的描写中说："突然间，一位慈悲的印第安女子朝她脸上撒了一些水，好像是嘲笑她似的。眼泪被掩盖住了，所以没有其他人注意到她的眼泪。"通过这寥寥数语，朱厄特使这位印第安女子的慈悲和机智跃然纸上，而没有把印第安人一概刻画为野蛮人。不过，她似乎并不满足于此，接着又加了一句话，以点明这一描写的意图："给我讲这故事的老人们常说，'这个印第安女子有着一颗母亲的心'。"不仅如此，在修改手稿时，朱厄特还在"慈悲的印第安女子"之后插入了一个现在分词短语："出于对这位可怜的年轻［？］母亲的怜悯"（137，问号为原文所有），以再次突出该印第安女子的仁慈品德。

朱厄特所叙述的伯威克历史本质上是一个种族化的历史，但这段历史从一开始就是各种族之间既有合作又有冲突的交往史。一般而言，人们很少把新英格兰的历史与黑人联系起来。比如，1939年夏天艾伦·格拉斯哥在处于缅因这个"尖枞树之乡"北部的卡斯汀避暑时，就羡慕缅因人，因为"至少在缅因他们属于单一的一个种族，是难以估量的福气"（Glasgow, *Letters* 255）。格拉斯哥没有说明的当然是其家乡弗吉尼亚的黑人问题，但朱厄特笔下的伯威克或缅因州显然并非"属于单一的一个种族"，因为这里既有印第安人、英国殖民者、法国殖民者，甚至也有黑人。朱厄特在文中回忆当地的浸信会教堂时说，教堂里“靠背长凳和无背长凳的排列令人想起当时的人们特别注意社会优先权，注意为有色居民作出安排。伯威克原先有大量的有色居民，其中许多一直以来是优秀的公民”。她接着写道：“上个世纪，新英格兰这一地区沿海的望族大多拥有一个或更多的非洲裔奴隶。人们至今还能听到关于他们的令人愉快的故事，讲述他们遗传而来的奇怪特征，讲述他们把收养他们的那些家族当作自己的家族，忠心耿耿，随时准备维护这些家族。”随后，朱厄特还以一座叫做“卡托山”的小山为例，说明伯威克历史传承中黑人的影响。按照朱厄特的说法，卡托山的名字来自一个名叫卡托的黑人。他是“洛埃德将军府上的老成员”，是“一个土生土长的几内亚人”。那座小山之所以被人称为“卡托山”，是因为那座小山顶上“阳光明媚的沙岸”是他“最爱的去处”，而老一代人还记得“传说中他那滑稽的做事和讲话方式”（152）。[1] 用今天的眼光看来，以上的描写还带有刻板印象的痕迹（如“遗传而来的奇怪特征”、“滑稽的做事和讲话方式”），甚至有种族歧视的嫌疑（如“特别注意社会优先权”），但我们也应当注意朱厄特借此揭示的正好是18世纪新英格兰社会的种族歧视。对于我们来说，更值得注意的是朱厄特把包括黑人在内的有色公民纳入到伯威克的历史中来，特别是把黑人还原到当地的社会结构之中，并试图通过“令人愉快的”、“忠心耿耿”、“随时准备维护这些家族”等描写突出黑人的优秀品质。这样的做法一方面兼顾了历史现实，另一方面又从历史的角度（“人们至今还

1. 原稿在“大量的”之前删除了“man”（男性）一词，在“优秀的公民”前删除了“most”（大多）一词。相反，文中的“伯威克”（in Berwick）、“一直以来”（them have been）、“奇怪的”（strange）则是后来增加的。另外，朱厄特在原稿中划掉了原来的“Guineaman”，把它改成为“Guinea man”（几内亚人）。这两种说法在字面上并没有太大的差别，但朱厄特很可能认为“Guineaman”有一定的贬义。

能听到……”）调节历史现实，而这显然反映了文章背后朱厄特试图在种族问题上取得平衡，恢复有色民族在伯威克历史中的地位。

朱厄特所构建的伯威克历史说到底主要是英国殖民者的开拓史，其中十分重要的是这些开拓者给当地留下的遗产，而这一遗产既指种族遗传，又指与种族相关的文化遗产。因此，朱厄特笔下的这段历史也是种族化的伯威克历史。在她看来，伯威克的“早期定居者”不仅“占有许多有利条件”，而且还是一些“有着优秀智慧的人”。他们不像其他定居点的居民那样“以宗教的名义”为了“个人喜好和提高个人地位而争吵”，“似乎一直是诚实、温顺的人”，“更有自尊”；他们生活得不错，“关心的更多的是享乐，而不是斋戒”，“居家过日子注重礼仪，十分好客”，“而且所有这些品性都传给了他们的后代”（131–132）。[1] 这些当然是对伯威克的早期英国殖民者的颂扬，表达了作者对这些殖民者的种族遗传和文化遗产的敬意，也是构成伯威克现实的种族和文化源头。

然而，朱厄特也意识到伯威克的历史也是英国殖民者与其他种族和文化交往、互动的历史。因此，她在这段历史的叙述中不断把印第安人、法国人以及黑人置于其视野之中。在她看来，英国殖民者并非伯威克种族遗传和文化遗产的唯一源泉，所以她在手稿中所说的遗传或遗产是复数的“我们的遗传/遗产”（our inheritances）。显然，这个复数的遗传或遗产包含着不同的种族和文化遗产。另外，在文章第三部分的最后，朱厄特论及“我们的早期定居者的后代的性格和成就”，但此时她意识到伯威克的“进步”即将出现“一个漫长的变化过程”。除了“谋反战争”（也即独立战争）和“各种制造业”之外，她还认为“吸收连续

1. “而且”和“传给了他们的”为朱厄特后加到手稿上的。

不断的外国因素”也将对伯威克镇的“面貌”和其“居民的性格”产生“缓慢而又必然的改变”。这其中，“外国因素”或“外来因素”（foreign elements）以复数的形式出现，明显地指各种不同的外国或种族的因素，说明朱厄特十分清楚英国殖民者之外的少数族裔人群对当地人的社会和经济生活即将产生的影响。[1] 值得注意的是，朱厄特不仅把“外国因素”的影响放在第一位，而且还对它作了特别说明：“[这些外国因素]不无其价值”。这里有两点尤为重要。第一，与文章的其他部分不同，朱厄特突然在这一说明中改用现在完成时，这标志着她从伯威克的历史中抽身出来，从她写作该文的时代出发提出她自己对外国因素的判断。第二，她还在手稿上的“价值”之前增加了“伟大的”（great）一词，以此为她自己的判断定性。（150）通过这两个处理手段，朱厄特所表达的意思是：伯威克历史中少数族裔的种族遗传和文化遗产影响到伯威克现在的面貌和居民，而且还将影响伯威克的未来，是具有巨大价值的历史遗产。

如果我们跳出《古镇伯威克》对历史的细节描写，从宏观上审视朱厄特所讲述的伯威克历史，其中的关键之一就在于包括种族遗传和文化遗产在内的“遗产”。对于朱厄特来说，这段历史其实就是文章最后所说的“我的遗产”或“我的遗传”（my inheritance，158）。正如拉斯特所说，朱厄特眼中的“遗传比收入更重要”（124）。我们也许可把这里的遗传或遗产理解为传统，但遗传本质上确实是朱厄特审视伯威克历史的视角，而伯威克的历史则无疑是种族化的遗传、遗产或传统。

1895年的短篇小说《南希的人生》中主人公南希的故事也与外国因

---

1. 朱厄特在此并没有具体说明这些外来因素是什么，但她很可能指19世纪下半叶来到新英格兰地区的少数族裔，其中包括爱尔兰移民以及内战之后进入该地区的少量华人移民。

素有关。这篇作品与《沼泽岛》不无相似之处，同样涉及城里人因在乡村受伤而与当地姑娘之间产生的情感故事。所不同的是，南希的故事中那位脚踝受伤的城里人丹尼尔·卡鲁一直是作品中的场外人物，而真正与南希生活相关的是另一个城里人波士顿人汤姆·阿迪斯。作品中，刚刚大学毕业不久的汤姆在丹尼尔的陪同下来到缅因海滨小镇东罗德尼料理其父亲在当地的地产，但两人由于丹尼尔崴了脚而住进了当地人盖尔家里，在那里逗留了几个星期。在此期间，汤姆逢场作戏，与一位水性杨花的当地姑娘交往甚密，同时又与房东的女儿南希保持着一丝男女私情。后来，南希到波士顿附近的叔叔家探亲，在波士顿街上偶遇汤姆。汤姆带着南希在城里观光，并有意把自己即将订婚的消息告诉她，而南希则希望看一看城里人跳舞的场面。在汤姆的安排下，他的姑妈安妮斯莱夫人邀请南希观摩了一次舞蹈课。其后，两人各奔东西，直到15年之后汤姆为了开发父亲的地产再次来到东罗德尼。这时，他才发现原来南希一直心系舞蹈。虽然她自己已经因为瘫痪多年而不能跳舞了，但她把她对舞蹈的热爱传给了弟子们。最终，汤姆放弃了开发房地产的打算，在南希家附近修建了一幢住宅，再续友情。故事中的东罗德尼不无南伯威克的影子，而南希的故事本身就是朱厄特所讲的“外国因素”的例证。就作品人物南希而言，其故事的核心就是对舞蹈的热爱。她跳起舞来“就如风中的一朵花儿”，让观众们感到自己像风一样“在空中旋转，飘动，飞舞”，而她对自己的舞蹈天赋似乎觉得“理所应当”，表现出“天才般的纯朴”。（15–16）尽管汤姆带着南希在波士顿观光时想的是如何把自己即将订婚的消息告诉她，南希却一心想着看一看城里人跳舞的场面。汤姆对南希的这一要求似乎有点不以为然，所幸的是安妮斯莱夫人理解南希的愿望，因为“关于人性的知识和同情的力量使得她成了见过世面的女子”（20）。这里，“见过世面的女子”以及安妮斯莱夫人的名字又似乎影射了朱厄特的好友安妮·费尔兹，而“关于人性的知识”令人想起朱厄特有关其父亲的回忆，明显强调的是遗传的作用。不过，南希的故事所突出的更多的是种族遗传，也即她对舞蹈的热爱和天赋。在朱厄特看来，这并非南希的个性特征，而是来自种族遗传，因为南希对舞蹈的热爱完全遗传自祖母，是“一位西班牙祖母的灵魂”在她身上“幸存”下来的表现，而这样的遗传又是作品中所说的“人们在海滨小镇经常碰上的奇怪的外国遗产”（15）。朱厄特在此利用了西班牙人善于舞蹈的特征，借南希的故事把这一种族特征发挥到极致，使作品带有显著的种族化遗传特点。不过，正如她说伯威克“吸收［了］连续不断的外国因素”一样，东罗德尼也吸收或同化了南希的祖母所代表的西班牙因素。尽管作品仍然把这样的因素称为“奇怪的外国遗产”，但并没有因此而呈现出明显的种族歧视成分。在强调南希在舞蹈上表现出来的西班牙种族遗传的同时，作品也把这样的种族遗传完全融入到当地的文化之中，既没有在情节上呈现任何种族冲突，也没有在语言、文化习俗等其他方面突出南希及其家人与周围居民的不同，甚至于都拒绝对南希家人作具体的相貌特征的描写。实际上，细观“一位西班牙祖母的灵魂”一语，其中也隐含着这位西班牙祖母因为嫁给了当地人而被当地人同化这层意思。就此而言，南希的故事正是对《古镇伯威克》中所说的外国因素的种族遗传和文化遗产的诠释。

除了《南希的人生》之外，1895年的同名短篇小说集中的另外一篇短篇小说《战争孽债》也与种族化遗传有关。就情节而言，《战争孽债》比《南希的人生》还要简单。作品主人公是大学毕业不久的波士顿人托马斯·伯顿。一天，祖母交给他一只银杯，上面刻有“*Je vous en prie Bel-*

ami.”的铭文（其意思可以理解为“没关系贝拉美”）[1]。祖母告诉托马斯，银杯是他父亲在内战期间从南方带回来的，而他爷爷的一位哈佛同窗就是弗吉尼亚贝拉美家族的人。祖母为家里留着这只银杯而感到不安，要求托马斯把它归还给原主人。第二天，托马斯带着银杯南下，来到弗吉尼亚的费厄福德，找到了贝拉美家族已经破败不堪的庄园，把银杯还给了他爷爷的哈佛同窗贝拉美上校。作品开篇时，托马斯回到其“精美老式”的祖宅，而他已经是“闪闪发亮的黄铜门牌”上所标写的“第四代托马斯·伯顿”了。（61）这时，老式的祖宅和“托马斯·伯顿”这个已经沿用四代的名字似乎说明遗传还仅仅是一个家族问题。然而，随着作品情节的展开，家族遗传很快具有了种族遗传的内涵。在火车上，托马斯看到窗外内战给弗吉尼亚留下的满目疮痍，坐在他面前的一位女士翻阅的竟然还是一本1851年的杂志，而杂志上报导的则是英国桂冠诗人华兹华斯（William Wordsworth 1770–1850）去世的消息。不仅如此，这还是他当天他所见到的第一位贵妇人，因为“弗吉尼亚的白人没有可以用来旅行和享受的余钱”。他还注意到车厢里挤满了黑人，而这些黑人“没有法律观念，还没有能力用双手平稳地拿住他们的自由，显得贫困，还不如从前他们在农庄上时体面，好像从前那漫长的训导一点效果都没有”。这番景象令他“一路上思索善恶”，使他“第一回有点儿政治家指点江山的感觉”。后来，他又注意到“一群年轻的英国男女和乐呵呵的黑人”上了车，这让他觉得“好像英国人已经重新开始到弗吉尼亚定居了”。如果托马斯在火车上看到的这些已经把南方社会与种族矛盾联系在

1. 这一铭文根据不同的读法可以有不同的意思，既可以理解为“我求您了，贝拉美”，也可以理解为“不客气，漂亮的朋友”。

了一起，突出了与种族问题相关的现象和现实，特别是内战之后南方重建时期的贫穷和落后，那么车上令他注目的一位与众不同的姑娘则直接把个人的特征上升到种族遗传的高度：

> 在其中的一群兴高采烈的人群中有一个人有别于那些脸庞充满朝气的英国种植园的少妇们。她个子高挑，苍白而又充满活力，神情有着她那个年龄不该有的忧伤。她是那群人中的皇后……举手投足间透露出高贵和优雅，神态坚定、庄重而又不乏雅致。相形之下，她的伙伴们显得笨拙而又土气。她谈论着即将到来的赛马以及还没有大显身手的纯种马，还有去年那些得奖和没得奖的马儿，热切的言谈更使得这位年轻的弗吉尼亚女子自己的高贵教养与众不同，彰显了其种族的优势。她是撒克逊人当中更新、更优秀的诺曼人，似乎唯有她遗传了敏捷的思维和底蕴深厚的训练。这是英国文明的最高类型在经过了沃土的漫长滋养之后得到的进一步提纯。(71–73)

其中，“苍白”和“她那个年龄不该有的忧伤”把这个姑娘与上文所揭示的南方重建时期的贫穷联系起来，从而使得有关这个姑娘的描写在内容上与整个段落相一致。不过，这一描写也引出了种族遗传这一主题。其中，纯种赛马的培育当然反映了当时时尚的生物学遗传话题，而那位姑娘对赛马的热衷也在一定程度上折射出19世纪末作品发表之时美国社会对生物育种、优生学、遗传学等问题的关注。更为重要的是，作品对这个姑娘的描写所要彰显的并非其个人的相貌特征，而是其“种族的优势”，代表着“撒克逊人当中更新、更优秀的诺曼人”，甚至连其思维和训练都体现了诺曼人的“遗传”。虽然我们可以把其中呈现的对诺曼人种族遗传的崇尚归为作品人物托马斯在种族问题上的“善恶思考”，但无论从该作品的整体看，还是以朱厄特的长篇作品《尖枞树之乡》、《托利党恋人》以及《诺曼人的故事》判断，《战争孽债》对诺曼人种族遗传的推崇或多或少体现了朱厄特本人对诺曼民族的颂扬立场。

托马斯在贝拉美庄园的经历几乎重演了火车上的见闻。受内战的影响，贝拉美庄园呈现出田地荒芜、室庐圮废的景象。来到贝拉美庄园，托马斯就好像走进了“孤魂野鬼的居所”，面对的是“北方军队经过之后留下的废墟”，甚至于客厅墙壁上挂着的两幅肖像上也有子弹留下的洞。在这里，贝拉美上校和他那行动不便的妻子过着穷困潦倒的生活。他们的四个儿子在内战中为了南方而捐躯，而两个女儿中一个因为丈夫之死而伤心离世，另一个则因为在逃难中积疾而亡，只剩下一个孙女与他们相依为命。他们一边设法在贫困之中维护自己的尊严和体面，一边还得设法救济那些已经获得自由却无以自立的黑人，而这使他们本来已经困窘的生活雪上加霜。尽管他们热情好客，留托马斯在庄园上过夜，并将就对付了一顿晚饭，却无法为他提供第二天的早餐。

更重要的是，托马斯在庄园上的经历也再现了他在火车上所见到的种族景象。这不仅体现在庄园上那些不能自食其力的黑人身上，而且反映在作品再次强调的种族遗传问题上。一方面，当托马斯向贝拉美上校介绍自己是老托马斯·伯顿的孙子时，后者立即回答说：“我看得出来，你长得像你祖父。”（77）另一方面，托马斯也发现了贝拉美家族相似的遗传特征。他把贝拉美上校视为世交（“世袭而来的朋友”，86），认为他“身躯伟岸”（75），言谈文雅，举止庄重，“有点儿不与凡人为伍的皇家气派”（76）。贝拉美上校的气度令托马斯联想起银杯上的铭文“没关系贝拉美"；在他看来，正是这样的气度使得"上校和他自己之间、南方人与北方人之间、年长者与年轻人之间以及一场不幸战争的被征服者与征服者之间"有可能相互交流，使得贝拉美上校能够欢迎托马斯这个"他们的敌人"（87–88）。同样，托马斯眼中的贝拉美夫人气度不凡，神情既庄重又亲切。他两次把贝拉美夫人与皇后联系起来，觉得她犹如"某个流放到农家的皇后"（94）。无论是贝拉美上校的"皇家气派"，还是其夫人的"皇后"气质，突出的并非简单的家族遗传，而是这一家族所代表的种族优势。其中，特别是"皇后"一说最终把贝拉美夫人与火车上那位被托马斯比作"皇后"的姑娘联系到一起，从而进一步前置了作品的遗传及种族遗传的视角。在贝拉美庄园期间，托马斯注意到庄园客厅的墙壁上那两幅老旧肖像中的一幅与男主人贝拉美上校相像，而另一幅上那位年轻一些的女子让他觉得似曾相识，但又想不起来在哪里见过。在道别之际，他突然向贝拉美夫人问起这幅肖像是不是像其孙女？是否有可能他在火车上遇到的就是她的孙女？贝拉美夫人回答说她孙女确实去看赛马了，而且人们确实说她长得像那幅肖像，不过肖像上的其实是她孙女的曾祖母。很显然，通过点明贝拉美上校与其祖辈肖像之间以及他的孙女与其曾祖母之间的相像，再加上作品此前已经把这位孙女与英国的诺曼民族相联系，朱厄特非常明确地突显了种族遗传在作品中的核心主题地位。

从总体上看，《战争孽债》虽然与《南希的人生》一样用了种族遗传的视角，但由于作品中的遗传超越了家族范畴，涉及种族关系，特别是与种族相关的内战、种族矛盾、南北方关系、南方重建等一系列问题，因而显得更为复杂。在南希的故事中，源自其西班牙祖母的种族遗传成了东罗德尼文化遗产中值得肯定和自豪的外国因素。与之不同，托马斯的弗吉尼亚之行所展现的则是处于种种与种族相关的矛盾之中的美国社会。就南方社会而言，这是一个百废待兴的社会，也是一个需要从头再来的社会，但这个社会的重建摆脱不了历史，离不开南北关系的调和与和解，更不能无视种族遗传和种族遗产。更为严重的是，北方社会并不能远离南方社会的种族矛盾而独善其身。无论对南方还是北方，无论对白人还是黑人，种族遗传和遗产既是矛盾的根源，又是维系社会正常运作的根基和动力。作品虽然没有过多地着墨于托马斯·伯顿家族的情况，但这个家族其实与贝拉美家族一样因为南方的奴隶制而遭受打击。托马斯的父亲在带回银杯之后不久就战死在南方战场上，而其祖父和母亲受到打击也在一年之内先后离世。最终，只留下托马斯与其祖母相伴，而其祖母则为银杯的事而深感不安。类似地，贝拉美家族因为种族问题而失去了代表家族幸运的银杯，失去了昔日的辉煌，只留下祖孙三人在荒废的庄园上过着贫困的生活。就此而言，“战争孽债”虽然表面上指的是银杯，其根源却在种族。然而，如何才能从根源上解决南方的问题呢？朱厄特在作品中想象了多种可能：银杯物归原主，从而达成南北和解（如托马斯所做的那样）；对弗吉尼亚的殖民整个从头再来（如火车上那群英国男女和黑人那样）；或者像朱厄特在1895年版的作品结尾想象的那样，让托马斯和贝拉美上校的孙女喜结良缘。然而，除了从种族遗传的角度审视南方社会的种种矛盾之外，朱厄特似乎并没有想象出有效的问题解决之道。也许正是因为这一原因，在1896年《南希的人生》的第二版中，朱厄特最终删除了《战争孽债》结尾暗示的托马斯与贝拉美上校孙女之间的婚姻，这就使得作品以托马斯沿着“一连好多英里空旷无人的道路”离开了贝拉美家族的庄园结束。[1] 这一结局不仅更接近重建时期的南方现实，而且还透露出朱厄特本人在南方种族问题上更为悲观的心态。

《战争孽债》对盎格鲁–诺曼人这一特定种族的歌颂绝非偶然，因为这既反映了朱厄特对其诺曼人祖先的颂扬，[2] 又体现了她对心目中那些来自英国且有着诺曼人血统的早期美洲殖民者的敬意。朱厄特对诺曼人的崇敬和崇尚可以追溯到1887年的《诺曼人的故事》。[3] 这部历史著作讲述的是先后七代诺曼人的历史，展示了他们从10世纪初到11世纪末这两个世纪中由北欧海盗演化为诺曼底公爵领域的主人的过程以及诺曼人征服英国的发展历程，特别是他们对欧洲文明的贡献。对朱厄特来说，诺曼人对欧洲文明的贡献与他们从祖先那里遗传而来的种族特征有关。她赞扬诺曼人遗传了第一代首领罗尔夫的“许多性格天赋”，包括他们“干练的言语和思想、敏捷且聪慧的大脑以及勇敢的行动”（46）。尽管到第五代

---

1. 1895年在《哈珀月刊》上首次发表的版本以及收录在1895年第一版的《南希的人生》中的版本，作品最后还有一小段：“就这样，多年前，一个北方人找到了他的爱，那是一个南方穷困但又高贵的女子，而好运也再次朝着费厄福德圮败的宅第展开了笑容。”这一结尾暗示着托马斯最后将娶贝拉美的孙女为妻。不过，在1896年第二版的《南希的人生》中，朱厄特删除了这一结尾，从而给作品留下了一个悲凉的结局。上文讨论中所引用的《战争孽债》内容都出自1895年版的《南希的人生》。
2. 关于美国朱厄特家族的历史，详见Frederic Clarke Jewett, *History and Genealogy of the Jewetts of America*。
3. 关于《诺曼人的故事》的出版时间，有的学者说是1886年，有的则说是1887年。实际上，该书1887年由G. P. Putnam's Sons出版，1886年这一时间只是该书标题页后面的版权页上所列的版权时间。另外，该书1891年的英国版本把标题中的“The Story of the Normans”改成为“The Normans”，但仍然保留了1886年G. P. Putnam's Sons公司的版权。以下引文以1887年的版本为准。详见Sarah Orne Jewett, *The Story of the Normans, Told Chiefly in Relation to Their Conquest of England* (New York and London: G. P. Putnam's Sons, 1887)以及Sarah Orne Jewett, *The Normans, Told Chiefly in Relation to their Conquest of England* (London: T. Fisher Unwin, 1891)。

诺曼底公爵、征服者威廉的父亲罗伯特的时候，他们祖先的生活方式已经荡然无存了，但罗伯特的“勇气和敢作敢为，他对征战沙场的热爱和对懦弱的厌恶，他的英俊和轮廓分明的身材”却是从祖先那里“一代又一代传下来的，是比土地和金钱还要可靠的遗产”（118）。作品中类似的描述全面赞扬和歌颂了诺曼人的精神、道德、相貌等特征，并把他们置于欧洲甚至美国历史发展的关键而重要的位置上。作者在该书的《结论》部分说：“如果把诺曼人视为欧洲在各个方面大胆而又有益进取的人物的著名源泉，我想这可能并不为谬。”（363）事实上，在朱厄特看来，在诺曼人到来之前，法国的法兰克民族和英国的撒克逊民族有些乏善可陈。她认为，9世纪和10世纪的法兰克人“远比意大利人甚至西班牙人粗俗”，是诺曼人的到来才造就了法国人日后在文明和文学上的“引人瞩目的成长”。相比较之下，撒克逊人“迟缓而呆滞，且在紧急情况下或变革的时代中缺乏正确的观念洞察力”。朱厄特相信，诺曼人征服英国，把“诺曼人嫁接到结实而又古老的撒克逊人的树上，使之在民族之林中结出了最好的果子”，这才“造就了英国历史，造就了一个伟大的学者、战士、水手的英格兰，一个图书、船只、花园、绘画、歌曲的英格兰”。据此，作者说，“我们有时必须把英格兰视为晚近的诺曼底”（361–365）。

朱厄特对诺曼人的颂扬并不仅仅是为了彰显诺曼人对欧洲和英国历史的贡献；在她看来，美国的历史和文化的力量与优点同样源自诺曼种族。这一点我们可以从《诺曼人的故事》的最后一句中看到：“今天，北方人、诺曼人、英国人以及大西洋西岸的一个年轻国家都是亲戚，他们因为有着同一个丰富的遗产而拥有最亲近的同宗关系。”（366）这个“年轻国家”当然指的是美国，而美国人则是“现代的诺曼人”（360）。不过，并非所有的美国人都能享有这一称谓，因为正如朱厄特在1891年的《诺曼人征服之后的英格兰》（“England After the Norman Conquest”）一文中所暗示的那样，她所说的“现代诺曼人”指的是具有诺曼血统的殖民者：“在每一个英国殖民者和陆地与海洋的冒险者名单中，有一大部分人是诺曼人的后代。他们来到美洲，他们前往澳大利亚，他们也在1849年赶往加利福尼亚的新英格兰人之列，他们是社会的积极面、改革者、新真理的追寻者，他们仍然是讲英语的人的领导者。”（710）这句话显然是对《诺曼人》最后一句话的发挥，但在此作者意在表达的已经不单纯是血缘的继承关系，而是美国具有诺曼人血统的移民之于其他种族的优越性，有着鲜明的北欧民族优越论的论调。值得注意的是，朱厄特并不是不了解这样的种族观中的种族歧视含义。事实上，无论在《诺曼人的故事》中，还是在《诺曼人征服之后的英格兰》中，朱厄特都提到了种族歧视。在《诺曼人的故事》中，她提及但丁“大吃大喝的日耳曼人”的说法“颇有种族偏见”，但她仍然觉得这一说法“也有道理”（362）。《诺曼人征服之后的英格兰》也论及人们对征服者威廉的偏见。不过，在朱厄特看来，这样的偏见往往是因为征服者威廉“把真理和改良强加到了那些既无准备也不愿意接受真理和改良的人”（439）身上。显然，朱厄特认为征服者威廉以及诺曼人推动了英国的进步，因而不能用今天的眼光去看待诺曼人。按照这一逻辑，只要北欧种族优越论有利于美国社会的进步，似乎也大可不必对种族歧视大惊小怪了。

《诺曼人的故事》是朱厄特作品种族化遗传观的转折点。[1] 在此之前的作品虽然一再以进化论遗传理论为家族和种族视角，但朱厄特在

---

1. 格利森（Patrick Gleason）认为这一转折与1882年朱厄特陪同安妮·费尔兹游历欧洲有关。他认为这次旅行“深刻影响到她在美国走向海外的帝国扩张年代里所创作的很多虚构作品”，而《诺曼人的故事》就是这一倾向的开始。（25–27）

作品中总体上设法维持着开明、平衡、克制的态度，并没有十分明显的种族优劣之分。然而，以《诺曼人的故事》为开端，朱厄特开始在作品中突出盎格鲁–诺曼人这一特定种族的种族优越特征，其中既包括《战争孽债》中的贝拉美家族，又包括《尖枞树之乡》和《托利党恋人》中有着胡格诺人血统的诺曼人后裔伯顿家族和蒂利·哈根斯少校。

《尖枞树之乡》是朱厄特的代表作，被薇拉·凯瑟誉为可以与霍桑的《红字》和马克·吐温的《哈克贝利·芬历险记》媲美的一部“美国著作”。[1] 从总体上看，学术界对这部作品所传达的种族观的关注是朱厄特研究的转折点。 在20世纪90年代之前，学术界一直以肯定的态度看待朱厄特的作品。受到研究者赞扬的不仅有其作品的形式和审美价值、社群意识、女性意识，而且还有90年代以来研究者所注意的朱厄特的生态意识和生态女权意识。这样的肯定倾向延续了一个世纪。在此期间，也有学者注意到朱厄特的种族观念。例如，毕肖普（Ferman Bishop）在1957年的一篇题为《萨拉·奥恩·朱厄特的种族观》的文章中就简单梳理了其作品中有关种族的内容，认为尽管朱厄特敬佩斯托夫人（Harriet Beecher Stowe）这样的废奴主义作家，却在其文学生涯的晚期“维护贵族的立场，强调人类种族不平等的特征”。在毕肖普看来，朱厄特也许有着“人道主义者的同情心”，但她也是“北欧民族优越论思想始终如一的

1. 1925年，凯瑟编选了两卷本《萨拉·奥恩·朱厄特最佳故事集》（*The Best Stories of Sarah Orne Jewett*）。她在该书序言中对《尖枞树之乡》的评价是迄今为止对该作品的最高评价：“如果有人让我列出三部可能具有长久生命力的美国著作，我立即会说，《红字》、《哈克贝利·芬》和《尖枞树之乡》。”（Preface xviii）凯瑟对《尖枞树之乡》的评价有一定的商业炒作的痕迹，而且研究者对这一评价的理解也有一定的偏差。详见潘志明：《薇拉·凯瑟〈尖枞树之乡〉评价之流变考》，第103–111页。

信徒”（249）。[1] 不过，对朱厄特种族观的批判主要来自20世纪90年代以来的美国文学批评家，其中甚至包括阿蒙斯（Elizabeth Ammons）和扎格雷尔（Sandra A. Zagarell）这样原来推崇朱厄特的研究者。

90年代以来研究者对朱厄特的质疑主要体现在由霍华德（June Howard）编辑的《〈尖枞树之乡〉新论》（*New Essays on* The Country of the Pointed Firs，1994）一书中。研究者对《尖枞树之乡》中种族观念的批评集中在作品最后三章对伯顿家族聚会的描写上。扎格雷尔认为，《尖枞树之乡》的核心是“社群建构”，但“种族态度、本土主义和排外的冲动”“扭曲”了书中的“社群描写”（41）。她认为《尖枞树之乡》所描写的伯顿族人聚会把这一家族与盎格鲁–诺曼人联系起来，并把这样的联系加以“放大”，成了美国的象征。（46）类似地，阿蒙斯相信，伯顿族人聚会体现了“白人帝国主义”；朱厄特“把盎格鲁–诺曼文化移植到北美土地上”（“Material” 92），宣扬了“英国和诺曼裔白人对印第安土地的成功殖民”，赞美了“种族纯洁和白人文化优势”（“Material” 96）。吉尔曼（Susan Gilman）则把伯顿家族聚会视为这一家族的“进化叙事”，认为它“结合了祖先崇拜和准骑士、准中世纪背景”的“尚武精神”，与同一时期的三K党等兄弟会组织不无相似之处。（113）

扎格雷尔等对《尖枞树之乡》殖民主义、帝国主义、种族主义内涵的解读引起了普赖丝（Marjorie Pryse）、香农（Laurie Shannon）、默菲（Jacqueline Shea Murphy）、多诺芬（Josephine Donovan）等学者的反对，其中特别是朱厄特研究专家多诺芬。她认为批评者丑化了朱厄特，

---

1. 注意到朱厄特作品种族内涵的还有欧克斯（Karen Oakes）和伯索夫（Warner Berthoff）等人。

把朱厄特的作品当作了“种族歧视的、阶级歧视的、赞成帝国主义的甚至于法西斯主义的”文本，但这样的指责“过于简单化”，“曲解”了作品，其文本证据不仅“单薄”，而且还被“脱离历史地误读了”。虽然她承认朱厄特的一些作品确实涉及种族歧视和北欧白人优越论，但她认为我们并不能因此就把她视为一个种族歧视主义者。多诺芬针锋相对，对扎格雷尔等的观点逐一予以驳斥：一、朱厄特虽然有颂扬北欧白人优越论的嫌疑，但这并不是我们今天所说的种族主义，而是基于文化民族主义的“浪漫的种族论”，并没有把某个“劣等的”民族视为“对文明的威胁”，况且朱厄特所颂扬的诺曼人后裔在盎格鲁-撒克逊文化主导下的新英格兰地区实际上属于少数族裔[1]；二、扎格雷尔不仅把朱厄特友人所持的“反移民观点”当成了其本人的观点，而且还把作品中人物的观点等同于作者的观点，从而误读了作品，而事实上朱厄特本人在种族问题上通常抱着“包容的”态度；三、阿蒙斯和吉尔曼指责的“白人帝国主义”是没有根据的，朱厄特并不是“帝国扩张的狂热颂扬者”（403，409，407-408，412）。多诺芬坚信，《尖枞树之乡》不仅呈现了一个与帝国扩张背道而驰的滨海小镇登奈兰丁的世界，而且作品对伯顿族人聚会的描写也隐含着对帝国扩张情绪的讽刺。

《尖枞树之乡》种族观背后的根本问题还在于达尔文进化论的影响。尽管研究者对作品背后的理论看法不尽相同，[2] 但进化论遗传观无疑对作品

---

1. 这一观点与作品本身的内容似乎不符。朱厄特在作品中清楚地说明“新英格兰北部海岸早期的定居者”中具有诺曼人血统的胡格诺人占了“很大的比重”（*Country* 166）。
2. 格利森相信《诺曼人的故事》和《尖枞树之乡》反映了当时的种族主义观念，言下之意是朱厄特接受了社会达尔文主义的种族观（Gleason, "Jewett's 'The Foreigner'"）。相反，海勒则认为朱厄特的观点与社会达尔文主义无关，因为“朱厄特种族之战的概念不是达尔文的观念，而是基督教观念”（Heller, "Jewett's Argument"）。

中的种族观有着不可忽视的影响。不过，与《诺曼人的故事》有所不同的是，《尖枞树之乡》毕竟是虚构作品，且在进化论观念上，特别是种族化遗传问题上并非持一边倒的观点。再者，不同于《诺曼人的故事》，也不同于《战争孽债》，有关种族化遗传的内容也并非作品的核心内容，甚至与作品本身显得很不协调。

按照霍尔斯坦（Michael E. Holstein）的说法，《尖枞树之乡》"讲述了两个故事，一个讲述的是关于登奈兰丁居民的故事，另一个讲述的是作家朱厄特艰难创作历程的元叙事（190）"，也即书中女性叙事人的小说创作经历。根据这一说法，我们既可以把这部作品视为一部速描，也即缺乏线性故事情节的登奈兰丁居民的故事，也可以把它当作一部以叙事人的创作经历为线索的长篇小说。如果我们把作品视作朱厄特有关小说创作的元叙事，那么1896年二十一节版的《尖枞树之乡》大致可分为叙事人创作受阻（一至七节）、格林岛的故事（八至十一节）、乔安娜的故事（十二至十五节）、伯顿家族大聚会及叙事人离去（十六到二十一节）四个部分，其中与叙事人的文学创作相关的主要是第一部分，所占篇幅不足全书的四分之一。

从元叙事的角度来看，作品讲述的主要是叙事人/朱厄特的长篇小说创作的失败经历。作品开篇确实含有传统小说的基本要素。第一节《归来》的时间（6月的一个傍晚）、地点（缅因滨海小镇登奈兰丁）、人物（一位来自城市的女作家）等传统小说要素俱全，完全符合传统小说的基本要求。在此，叙事人的文学创作构成了作品开篇阶段的线性故事情节，且在叙事形式上遵循了西方叙事作品从中间开始的传统。由于叙事人曾经到过登奈兰丁，所以这一次算是"归来"。不仅如此，第一部分的内容还与传统小说有着密切的关系，其中不仅包含了有关叙事人文学创作的元叙事，而且占据这部分主要篇幅的航海故事与美国航海小说传统之间有一定的关联，体现了叙事人对小说传统的态度，反映了朱厄特本人对小说传统的思考。实际上，作品第一至第七节在情节发展上都围绕叙事人的文学创作环环相扣，逐步展开。在第二节《托德夫人》中，第一节的第三人称主人公摇身一变，转变成为第一人称叙事人，向读者说明她来到登奈兰丁的目的以及其后所遇到的困难。按照她的说法，她此行的目的是为了寻找宁静的创作环境，以完成她“不得不写的”（was bound to do）而且进度“已经很滞后的”“一部长篇作品”（a long piece of writing，8）。我们也许可以把“一部长篇作品”理解为“一部长篇小说”，但该作品为什么是“不得不写的”呢？英文“be bound to do”有两层含义，分别指“因为道德规范或职责而不得不”以及“因法律或协议的规定而不得不”。前者大概相当于朱厄特所说的她“不得不做的事”，是她“希望做的另一件事”，说明长篇小说创作是叙事人的夙愿，是作为作家的她必须面对的问题。（*SOJ Letters* 94）同时，“已经很滞后”的说法又表明，“不得不写的”也可以指后一层含义，也即叙事人已经为这部作品的创作与出版者签订了协议。结合这两层意思，这部长篇作品的创作既是叙事人本人的心愿，又是与出版者有合约的创作任务，因而不得不写了。作品中，为了确保安静的创作环境，叙事人也与托德夫人订立了君子协定。不过，这并没有为她带来“与世隔绝、不受打扰的”写作环境，因为6月里采药季节开始了，叙事人的到来使得托德夫人可以抽空外出采药，而在此期间叙事人不得不为她照料生意，结果耽误了创作进度。因此，叙事人在第二节一开始就不无自嘲地说：“事后证明，选择这个夏季居所唯一的不足之处是它毫无宁静可言。”（3）这句话的内容和它所处的位置清楚地说明，推动故事情节由第一节《归来》向第二节《托德夫人》发展的是叙事人创作过程中所遇到的困扰。

在接下来的第三、第四节中，故事情节围绕叙事人在长篇作品创作中遭遇的困扰进一步展开，其中既有来自外部环境的干扰，也有来自叙事人内心的孤独。在第三节《校舍》中，由于受到托德夫人和她的顾客的干扰，叙事人“手里拿着笔却写不下去”（12）。无奈之下，她租下了小镇的校舍，并从此每天坐在讲桌前写作，俨然觉得自己拥有了老师的“巨大权威”（13）。然而，她似乎仍然无法全身心地投入到创作中去，因为她虽然避开了外部环境的干扰，却无法躲避离群索居所造成的内心孤独。这在第四节《校舍窗前》一节中表现得尤为明显。在这一节中，一位被称为贝格夫人的当地人去世了，叙事人因为帮忙料理丧事很晚才来到校舍。她站在窗前，注意到送葬人群中的老船长利特尔佩奇显得“奇怪”、“格格不入”、“神秘莫测”（16）。送葬队伍过去之后一个小时，叙事人才“开始投入到工作之中”，但“焦急的作者却情绪低落”，觉得“[写下来的]句子反映不出美丽夏日的韵律”。她感到孤独，希望“有人做伴、听到外界的消息”，并为没有参加贝格夫人的葬礼而感到后悔。最后，叙事人“叹息了一声，再次把注意力集中到一页才写了一半的稿纸上”（18–19）。在这两节中，叙事人所面临的来自外部环境的干扰以及内心孤独所带来的焦虑在很大程度上也真实地反映了朱厄特本人对小说家的创作处境及心态的观察和思考，展示了作家所面临的两难境地。一方面，创作需要排除外部环境的干扰，但另一方面宁静的创作环境又会割断作家与外界的联系和交流，使其陷入寂寞。

第五节《利特尔佩奇船长》和第六节《阴阳两界间》仍然沿着叙事人的长篇作品创作这一线索而展开。在第五节中，正当叙事人“已经完全投入到工作中去”（20）之时，利特尔佩奇船长突然来访，从而再次打断了叙事人的创作。叙事人把他请进教室，一边假惺惺地说“你理应上坐”，一边却坐回到讲桌前，故意迫使他坐到学生的座位上，以期确立她与船长之间的叙事主从关系，颠覆男性叙事权威。出乎叙事人意料的是，船长顺口以“一个美景万千的乡间宝座”作为回应，并解释说，“我引用的是《失乐园》中的诗句，这是最伟大的诗作，我想你是知道的吧？”（21）这一问不仅显示出船长在女性叙事人面前居高临下的姿态，而且还轻而易举地反客为主，重置了叙事主从关系，使占据讲桌之高位的叙事人落到了学生的地位，迫使她重新审视船长，看到他身上透露出来的“高贵的神情”和“傲视众生的气派”，使她不得不认同达尔文对船长们的看法：“国王岂能与航海的船长相比，他比国王和学校老师还要伟大。”（23）这一比较是对船长叙事权威的认可，意味着叙事人在船长开始讲述他的航海故事之前就已经把自封的老师地位以及叙事权威拱手交还给了船长。从这一刻开始直到第七节《远离海岸的岛》中船长离去，他以及他的“宏大叙事”实际上一直牢牢地控制着叙事话语，[1]而叙事人则完全沦为学生，丧失了叙事主动权，对船长的故事只有聆听和附和之份。从此之后，作品中就没有了叙事人文学创作的任何实质信息；事实上，直到全书结束，这部作品也没有任何完成的迹象。

虽然作品中有关叙事人文学创作的元叙事在弥尔顿、莎士比亚以及利特尔佩奇船长的宏大叙事面前遭遇了失败，朱厄特却在作品中成功地构建了一个以家族和种族遗传为标准的宏大的种族叙事。开始

1. 作品中，托德夫人在知道利特尔佩奇船长造访校舍之后对叙事人说，他“书读多了”，有时会“莫名其妙地‘鬼迷心窍’”，讲述“他那些宏大叙事”（great narratives）。(44) 如果从托德夫人的角度来考虑，我们也许应当把“great narratives”译成“了不起的故事”，但对叙事人和她所要创作的长篇作品来说，船长所讲述的故事所代表的正是传统小说的宏大叙事和权威。

时，有关家族和种族遗传的线索并不明显，但随着有关伯顿家族聚会的内容被引入作品之中，这一线索被推向了主题位置。在叙事人和利特尔佩奇船长的对话中，两者谈及镇上刚刚下葬的贝格夫人。贝格夫人悄然离世，令叙事人想起17世纪的卡贝利伯爵夫人，觉得好像是“历史重演”，而利特尔佩奇则称贝格夫人“嗣承悠久血统”（the old stock）。两者似乎心有灵犀，这让原来并不高看利特尔佩奇的叙事人对他刮目相看：“我看着他，心里想他是否出身神职世家；他五官端正，威风凛凛，这是新英格兰古老神职人家风范的遗传。”（23）正是其中的遗传问题使得叙事人想到了达尔文有关船长们比国王和老师还要伟大的说法，而这背后显然体现了朱厄特对善于航海、具有探索和开拓精神的诺曼人的崇拜。作品中有关伯顿家族聚会的三节则把焦点集中到家族和种族遗传问题上，借家族遗传的故事展示种族遗传的观念。

伯顿家族聚会庆祝的远非一个家族的历史和成就，因为它所强调的遗传的作用已经超越了家族成员之间长相或性格的相似和传承，影响到种族、民族甚至于国家的命运，成为团结同质群体的力量和排斥其他家族和民族的标尺。作品叙事人强调伯顿家族成员之间遗传而来的相似特征，说他们的“遗传之中”有着“良好品味、技艺和某种令人愉快的礼节”（172），表达了“血浓于水”这一出于“心的本能”的“宗氏观念”（179）。不过，作品通过伯顿家族聚会所要展现的并不仅仅是遗传和宗亲观念，而是种族化的遗传观念，这一点是通过一位名叫桑丁·伯顿的人物展现出来的。桑丁“出身当兵人家”，“生来”就有摆兵布阵的天赋，经常被邀请去组织游行庆祝活动。他长得像托德夫人的母亲布莱克特夫人，看上去只是一个“身板笔直、有着军人风范的小个子男性”，却“足够强势，有点儿军人的非凡气派，举手投足之间显示出非同小可的庄重和高贵”。在伯顿家族聚会上，他把参加聚会的男女老少组织起来，列成平行的四个纵队，令他们“像部队士兵一样默默站着等候他的号令”（162），去朝拜伯顿家族的老祖屋。在叙事人的想象中，“天空、大海长久以来一直见证着可怜的人类举行着种种仪式”，但在她看来，桑丁指挥下的伯顿家族朝拜先祖的仪式“不再是一个新英格兰家族庆祝其自身生存和朴实无华的进步”。她不仅把这一仪式比作“一个准备庆祝胜利的古代希腊连队”（163），并把它与“全国性的周年大庆”和“士兵们的聚会”（179）相联系，而且还把它与诺曼人征服英国和英国人移民北美的历史相提并论，以此解释遗传、种族与国家之间的关系。叙事人注意到伯顿家族的成员大多有着“法国人的脸型”，而这在她看来有两个原因，一是定居于新英格兰北部沿海的人之中“相当一部分有着胡格诺人的血统”，二是“到新世界闯荡天下的是诺曼血统的英国人，而不是撒克逊人”（166）。有了这样的认识，叙事人自然就把伯顿家族聚会的各种活动与他们的法国祖先的荣耀联系起来。在她的想象中，“中世纪时他们的祖先可能曾经坐在某座古老的法国宅子的大厅里，那时候，战争、攻城、游行、宴会都是家常便饭。”（173）作品中提及的胡格诺人是17、18世纪因受到宗教迫害从法国移民到世界各地的新教徒，其中移民到英国的有4万至5万人。客观地看，胡格诺人中的一部分来自历史上诺曼人在法国的公爵领地诺曼底，但诺曼人主要是种族概念，而胡格诺人是一个宗教概念，指的是流亡世界各地的法国新教徒，因而胡格诺人不一定是诺曼人，更不是1066年随诺曼底公爵威廉征服英国的诺曼人。叙事人之所以把伯顿家族与胡格诺人以及诺曼人搅和到一起，目的无非是要把遗传的作用放大到民族和国家的层面上，把诺曼人的种族优越性赋予胡格诺人，借此彰显其眼中伯顿家族成员所代表的诺曼人身上的北欧种族优越性，而这与《战争孽债》中所谓的诺曼人的“种族优势”并无二致。

不过，朱厄特在家族和种族遗传的问题上一如既往地保持着审慎的态度。尽管叙事人以及作品人物往往以家族遗传和种族遗传为判断标准，但作品也通过多种途径对这样的标准提出质疑。其中，特别明显的是作品有关桑丁、马利·哈里斯以及一个出身丹内特家族的女子的细节描写。

首先，作品有关桑丁这一人物的信息所勾勒的其实并非一个完全正面的人物形象。当叙事人问及负责游行操练的人是谁时，一位人称卡普林夫人的登奈兰丁居民说桑丁“难得有机会炫耀其才华”，同时也补充说他除此以外“一无长处”。其后，卡普林夫人还不以为然地解释说桑丁的“问题在于他”“蛊惑人心”。不同于卡普林夫人，托德夫人对桑丁的评价显得正面且肯定。在她看来，桑丁“饱读兵书”，“对滑铁卢战役无所不知”，但他没有机会参军打仗，所以到头来成了一个“十分优秀的鞋匠”，而美国也因此“失去了一位伟大的将军”。托德夫人认为“桑丁的才能”并非“习得的”，而是从伯顿家族“地位很高”的法国先人那里遗传而来的，因为这位先人曾经是“某些古老的战争中的一位伟大的将军”。她把桑丁比作“散落他乡”的植物，只是“脱离了其生存环境而已”。托德夫人显然是从家族遗传的角度评价桑丁的，话语之中洋溢着家族自豪感和优越性。不过，托德夫人的话也在无意之中透露出了桑丁的问题。他为了参军四处奔波，处处碰壁，原因在于他“不是一个精神正常的人”。尽管在托德夫人看来他是因为不得志才会“时不时地出现那些可怜的忧郁时刻”，甚至“非喝两杯不可”，但我们也从中看到桑丁实际上是一个有酗酒习惯且患有精神抑郁症的人。（165–168）如果我们从这一点上重新审视桑丁组织的伯顿家族游行，就不难看出作品中隐含的对这一活动的讽刺成分了。

其次，作品有关马利·哈里斯的描写也隐含着对种族遗传的抵制。作品中关于这一人物的交代很少。我们只知道她是利特尔佩奇船长的女佣，是作品中谜一般的外来者形象，好像其背后隐藏着什么当地人觉得不可告人的丑闻。作品把她描写为“一个个子矮小、没有耐心的小人儿”，而她的名字“马利”（Mari）也并非常见的“玛丽”（Mary）。按照叙事人的说法，当地人“通常在好友之间压低了声音的谈话中称她为‘那个马利·哈里斯’”，但在与她本人的交往中又表现出“急切的礼貌”（17）。叙事人在校舍见到利特尔佩奇船长时注意到他的穿着“一丝不苟”，而在她看来这完全是他自己打理的结果，因为她认为“马利是一个十分普通而俗气的人，不会有这些品味”（22）。后来，叙事人对托德夫人说起船长来访，“与他度过了一个十分有意思的下午”。对此，托德夫人的反应是：“哦，这么说他没问题。我刚才还担心这回他又有什么奇思妙想了，马利·哈里斯可不愿意——”（44）马利·哈里斯到底不愿意干什么呢？这一点直到作品写到伯顿家族聚会我们才有所了解。在伯顿家族聚会上，托德夫人在为桑丁辩护时说，“怪人总得有怪的行为”，而这句话令卡普林夫人想到了马利·哈里斯：“有人说过，当你环顾我们的教区时，几乎一眼就能看出每个外国人的样子……当时我还不知其意。可我一直认为马利·哈里斯长得像一个中国佬。”对此，托德夫人的母亲布莱克特夫人的回应是：“我记得马利·哈里斯小时候长得不错”，而托德夫人的看法则是马利虽然小时候是“漂亮的小羊羔”，但长大了就成了“可怕而丑陋的老羊子了”。托德夫人的意思是，马利·哈里斯不会操持家务，所以才使得利特尔佩奇船长“这么郁郁寡欢”；更糟糕的是，马利·哈里斯还认死理，因为在托德夫人看来，“偶尔坐下来听听［利特尔佩奇的］那些了不起的故事，对她［马利·哈里斯］也没什么不好”。其实，托德夫人自己对利特尔佩奇讲的那些故事也不以为然。不过，在她眼里，他毕竟比“马利·哈里斯这样邋遢的货色”好多了。对此，布莱克特夫人回应说，“待人要宽容”。（168–169）从故事情节上讲，以上对话补齐了之前托德夫人所说的“马利·哈里斯可不愿意——”的内容，说明了利特尔佩奇是因为马利·哈里斯不愿意听他讲那些“宏大叙事”才到校舍去找叙事人聊天的。然而，就种族问题而言，以上对话的重要性还在于它引出了不同观点。其中，卡普林夫人和托德夫人显然是种族遗传观的支持者，而布莱克特夫人则是这一观念的反对者。作为作品中的老者和智者，布莱克特夫人显然并不赞成以种族为标准评价个人，更不认同托德夫人和卡普林夫人的排外观念。相反，她在种族问题上的态度显得较为宽容，因为她所谓的“待人要宽容”（Live and let live）提倡的是各种族之间应当和平相处的共存理念。

类似地，在那位出身丹内特家族的女子的问题上，布莱克特夫人也是种族遗传观的质疑者。早在托德夫人一行刚上路去参加伯顿家族聚会的时候，作品就引入了丹内特家族的话题。由于出发时托德夫人忘了关门，所以当她们在路上碰到镇上的医生时，托德夫人请他告诉“靠她家最近的邻居”“丹内特小姐”去帮她关门。（145）后来，她们途中来到一户人家饮马，而这家的女主人还拿出甜甜圈招待她们，并告诉她们她也与伯顿家族“有联系”。女主人的这一说法让布莱克特夫人觉得她“似乎”有着“［伯顿］家族的长相”，而托德夫人则更是认为女主人是伯顿家族的人：“她的额头长得像堂姐宝琳娜·伯顿”。（149）布莱克特夫人在回家途中问起那位女主人的事，托德夫人说那位女主人其实并非伯顿家族的人，因为她在聚会上从女主人的口中得知那人的娘家其实是丹内特家族，只是因为她的第一任丈夫是伯顿家族的人才参加了聚会。为此，布莱克特夫人嘲讽托德夫人说："你不是说她的额头长得像堂姐宝琳娜·伯顿吗?"面对母亲的讽刺，托德夫人不得不承认她错了，但她仍然坚持认为她"在家族长相上通常是不会看错的"（181–182）。以上与出身丹内特家族的女主人相关的内容，其核心无疑是家族和种族遗传观念，而在这一问题上布莱克特夫人和托德夫人再次成为对立的双方。由于托德夫人出现在了错误的一方，而布莱克特夫人作为质疑方又被证明是正确的，所以作品在情节设计方面客观上支持了反对种族化遗传观的一方。

从以上三个方面看,《尖枞树之乡》之中所包含的家族和种族遗传观其实并非朱厄特作为作者所要传达的家族和遗传观念。伯顿家族聚会本身无疑反映了种族遗传观，具有种族主义的色彩，但这样的观念明显的是托德夫人、卡普林夫人、叙事人等人的观念，而这样的观念在一定程度上也反映了那个时代美国社会的种族观念，反映了当时人们观察社会的进化论和社会达尔文主义视角。不过，作为作者，朱厄特似乎并不一定认同这样的观念，而这也许是她何以在伯顿家族聚会的情节中密集地设置了以上三个方面与聚会主题构成张力关系的内容的原因。其实，如果我们从总体上审视作品，叙事人从作品开始慢慢融入到登奈兰丁的过程，其本身也是一个外来者融入到当地社群的过程，体现的也应当是打破生物学遗传观念为基础的社会关系。也许正如研究者们所指出的，叙事人在聚会上把蛋糕上"Bowden"（伯顿）这个字"整个儿"都吃了（175），从而象征性地通过了宗亲仪式成为了伯顿家族的一员，并借此肯定了血浓于水的宗氏观念。不过，回过头来说，如果我们考虑到叙事人毕竟是外来者，那么作品借助这一仪式也否定了血浓于水的宗氏观念，证明了宗氏观念其实真的"不仅仅是与生俱来的权利或风俗”（179）。换言之，人们完全可以越过生物学遗传的樊篱，建立起超越家族和种族遗传的社群关系。

历史小说《托利党恋人》依然有着明显的种族化遗传观念。作品以美国独立战争为背景和主要事件，描写了少女玛丽·汉密尔顿与她的两个爱慕者——罗杰·沃林福德和保罗·琼斯——之间的情感纠葛。作品通过“遗传”、“传承”、“血统”、“家族”、“族谱”、“种族”、“出身”、“天赋”以及“遗传而来的记忆”、“无可比拟的血统”等一系列与遗传相关的词语勾勒和展示人物形象和性格特征。女主人公玛丽遗传了汉密尔顿家族的“优秀血统”，好像是历经多少代之后绽放在“族谱上的唯一一朵花儿”（3），而当她为了营救罗杰·沃林福德而第一次来到英国时，她所见的一切又“唤醒了某些远古遗传而来的记忆、某种古老关系的本能”，好像是“一个回到家里的陌生人”（319，318）。罗杰·沃林福德天生就是一个乡绅，“永远成不了士兵或水手”（150），而他的母亲沃林福德夫人对英国王室有着“不可动摇的”、“祖上遗传下来的忠诚”（323）。类似地，当地学校的老师苏立文先生“家世不同寻常”（23），其妻子长得漂亮，却“出身平常农民家庭”（25），而他们的儿子们则既遗传了母亲的“美貌和精力”，又秉承了父亲的“爱幻想的天赋”（150）。

除了与个人和家族的特征相关之外，遗传还与种族、民族和国家相关。作品中，参加过印第安战争的当地居民蒂利·哈根斯少校既有诺曼人的血统，又是胡格诺人的后代，是美国“民族构成”中的“另外一支血脉”。他十分自豪地声称：“我们是新英格兰和弗吉尼亚的诺曼血统的后代。”在他看来，新英格兰和弗吉尼亚有别于康涅狄格州和马萨诸塞州，因为前两个地区的移民是英国的诺曼人后代，有着胡格诺人的血统，而后两个地区的移民是撒克逊清教移民。在他的眼里，英国和美洲殖民地之间之所以不和，“一切的根源”在于“如今统治英国的是撒克逊人”。正因为如此，他支持法国，并觉得自己“本来就应当生在法国”（10–11）。历史上确有蒂利·哈根斯其人。朱厄特家的祖屋就是蒂利的儿子约翰·哈根斯所建，而且蒂利也确实参加过1754至1763年间的印第安战争。不过，蒂利这个历史人物实际上是爱尔兰裔，并非小说中所说的具有诺曼人和胡格诺人血统的英国后裔。[1] 研究表明，朱厄特家族与哈根斯家族还多少有些关系。除了祖屋之外，蒂利的外孙女伊丽莎白（Elizabeth Lord）嫁给了朱厄特的叔祖父托马斯·朱厄特（Thomas Jewett），而朱厄特家的祖屋正是后者从蒂利的女儿南希手上买下的。[2] 由此可见，朱厄特应当了解蒂利的爱尔兰血统，而作品中蒂利的诺曼法国血统应当是她故意虚构的。值得注意的是，作品中蒂利·哈根斯对他自己及家族的看法完全是对种族和民族特征的判断；在他看来，各个殖民地定居者的遗传特征决定了殖民地的特征。用他的话来说，“人们忘记了考察我们形形色色的殖民地居民的先祖们，这是理解他们的唯一途径。”（10）依照他的逻辑，新英格兰和弗吉尼亚因为早期移民者有着诺曼人的血统而不同于其他殖民地，美洲殖民地和英国之间的根本区别也源于诺曼人与撒克逊人之间的区别。根据他自己的说法，他之所以在美国独立战争中站在法国一边，“一切都是由［他的］祖先决定了的”，因为他祖

---

1. 有关朱厄特作品中的蒂利·哈根斯以及历史人物蒂利·哈根斯（Tilley Higgins）的情况，参见“Extended Notes on Characters in *The Tory Lover*” <http://www.public.coe.edu/~theller/soj/ttl/extend.html>以及“Tilley Higgins 1771 Tax Valuation,” Old Berwick Historical Society <http://www.oldberwick.org/index.php?option=com_content&view=article&id=135:tilley-higgins-1771-tax-valuation&catid=43:people&Itemid=115>。
2. 有关朱厄特家族在房屋和婚姻方面与蒂利·哈根斯家族的关系，参见以上注释“Extended Notes on Characters in The Tory Lover”。

父曾经是"一个流浪他国、爱献殷勤的法国人"，而其祖母则是"一个圣洁的胡格诺姑娘"（10–11）。蒂利在作品中所强调的诺曼血统、胡格诺血统、新英格兰以及弗吉尼亚地区的诺曼/胡格诺移民实际上与《诺曼人的故事》、《战争孽债》、《尖枞树之乡》中的相关内容一脉相承，观点上有惊人的相似之处。

除了蒂利以外，作品中另外一些人物的命运也与其家族和种族遗传有着密不可分的关系。保罗·琼斯与其"苏格兰出身"纠缠在一起，玛丽·汉密尔顿声称"虽然我们在另一个国家，但我们并不是另一个种族"（315），苏立文先生的身份标志是他那些为爱尔兰的独立而斗争的祖先们，而作品标题中的托利党恋人罗杰·沃林福德之所以被人视为美国的敌人和英国间谍，在很大程度上就是因为其父母的祖先们来自英格兰。除了白人以外，作品中一些处于不起眼位置的黑人也在短暂的亮相中显现出种族的特征，甚至带有相当严重的种族主义色彩：汉密尔顿家的管家凯撒是"一个几内亚王子"（12），查德伯恩法官家的仆人艾杰克斯是"一个能干却又懒惰的家伙"（14），沃林福德夫人的仆人罗德尼表现出"敏捷的种族本能"（83），蒂利·哈根斯则把他的黑奴阿波罗称作"你这懒狗"（62）。

《托利党恋人》的种族化遗传观更多地反映了当时的社会现实，并不一定是作者朱厄特本人的态度。实际上，作品在文本细节处理和人物命运的选择上体现了与种族化遗传观的对抗。首先，在文本细节处理上，作品呈现了诸多相互冲突的种族观念。保罗·琼斯出席约翰逊·汉密尔顿为其举行的宴会时，出格地递了一杯酒给凯撒，让他一起向殖民地的盟友法国干杯："与我们一样，这一伟大的事业［指独立战争］对于你也同样利害攸关。"（11）保罗·琼斯有过在贩奴船上的经历，深知贩奴的罪恶，因而他话语之中透露出来的种族平等的观念尤为显眼。在场的牧师则对这一做法颇为不满。在牧师看来，贩奴并不是什么罪恶，因为这“使异教徒接受了基督教国家的熏陶”，是“仁慈的上帝的意志的体现”。值得注意的是，凯撒并没有因为保罗对他的恩赐而低三下四、千恩万谢，而是“像一个国王似的”（12）站在其主人的身后，而这在一定程度上也超越了对黑人的刻板印象。保罗的行为同样让在场的查德伯恩法官意识到“对有色人种应当区别对待”（14）。其次，作品在保罗·琼斯和罗杰·沃林福德这两个最重要的人物的刻画上把他们个人的遗传和种族与国家分离开来。无论是在美国殖民地，还是在他们所在的船上，保罗和罗杰都因其种族身份而受到支持美国独立的人的怀疑。保罗率领的“突击队号”上的船员因其苏格兰血统和有过在英国军舰上工作的经历而怀疑他对殖民地的忠诚。为此，他在本杰明·富兰克林面前指出了这种观念的问题所在：“好像他们当中有谁的血统和祖上不同似的。”（192）言下之意是，他和他的船员一样，都是英国移民，因此不能以此为标准来衡量对殖民地的忠诚。在他看来，荣誉比出身更为重要。与保罗不同，罗杰·沃林福德的原则是守信。他有着英国血统，而且还公开表示并不赞成以战争方式解决殖民地与英国之间的矛盾，因而被人称为托利党人。沃林福德夫人因为罗杰的亲英立场而遭到殖民地居民的围攻，而他本人则为了宣誓对殖民地的效忠而加入到抗英的行列中去，成了保罗·琼斯手下的一名军官。即便如此，他仍然被同船水手诬蔑和陷害，并差点因此丧命。在他看来，他已经宣誓效忠于殖民地，穿上了美国海军的制服，因此就要信守诺言：“我父亲教导我说君子应当言而有信。”（198）尽管作品中的老学究苏立文说罗杰不可能成为一名出色的军人，罗杰却以自己的行动和诺言证明了自己是一个可信的人。无论是保罗的为荣誉而战，还是罗杰的为诺言而战，两者都否定了人们以遗传和种族为标准对他们所作的判断。

第二章

进化论的阐释者：
华顿小说的进化论道德观

华顿对进化论的关注在很大程度上超出了大多数20世纪之交的美国作家。虽然她本质上并非自然主义作家，但她对进化论的了解和熟悉程度远超德莱塞、诺里斯、伦敦、克莱恩等自然主义小说家。按照其传记作者刘易丝（R. B. W. Lewis）的说法，华顿“痴迷于科学研究”（108）。法国作家布尔热（Paul Bourget）则断言：“达尔文、赫胥黎、斯宾塞、勒南、丹纳的作品，没有哪一本她没读过。”（93）布尔热的说法并不为过。华顿青少年时期受到的最大影响之一就来自达尔文。对此，华顿的表述虽然有所不同，但都提到达尔文。在其回忆录中，她把达尔文、帕斯卡、汉密尔顿、科佩列为其“最重要的启蒙者”（*Backward* 72）。在1908年3月16日致莎拉·诺顿的信中，她又说其“青年时代决定性格的影响”中“最重要的”是达尔文、斯宾塞和莱基。（*Letters* 136）成年后，华顿又在进化论方面得到其好友温思罗普（Egerton Winthrop）的引导，从温思罗普那里得到了达尔文的《物种起源》和华莱士（Alfred Russel

Wallace）的《达尔文和达尔文主义》[1]，并且还通过他了解到"赫胥黎、赫伯特·斯宾塞、罗曼斯、海克尔、韦斯特马克以及伟大的进化运动的形形色色的受人欢迎的诠释者"（*Backward* 94）。实际上，华顿直到进入中年之后仍然不断阅读进化论著作，跟踪该领域的发展动向。1908年3月2日，她在致哈佛大学教授诺顿（Charles Eliot Norton）的信中提及凯洛格（Vernon Lyman Kellogg）1907年的新作《今日进化论》（*Darwinism To-day*），询问其女儿莎拉是否看到过这本"令人钦佩的"著作。（*Letters* 131）同年6月8日，她在致富勒顿（William Morton Fullerton）的信中又提及她所阅读的洛克（Robert Heath Lock）、狄培尔特（Charles Jean Julien Deperet）、德雷基（Yves Delage）等人新近出版的进化论方面的著作[2]。（*Letters* 151）

华顿之所以如此关注进化论，很大程度上是因为她看到了进化论之于文学的诗学价值。这一点我们可以从她1902年发表的一篇题为《乔治·艾略特》（"George Eliot"）的书评中看出来。华顿在文章中说，"科学研究的这一影响［指乔治·艾略特对生物学和形而上学的兴趣扼杀了其想象力，扭曲了其风格］得到了达尔文为人熟知的观点的有力证实：随着他越来越专注于生理学的研究，他失去了对诗歌的兴趣，结果是他再也没有能力从那些曾经让他感到愉悦的伟大作家那里找到快乐了。"

---

1. 华莱士的著作中并没有《达尔文与达尔文主义》这本书。华顿在此指的可能是华莱士1889年出版的《达尔文主义》（*Darwinism: An Exposition of the Theory of Natural Selection with Some of Its Applications*）一书。
2. 这些著作包括洛克的《遗传与变异》（*Recent Progress in the Study of Variation, Heredity, and Evolution*, 1906）、狄培尔特的《动物界的变化》（*Les Transformations du monde animal*, 1907）以及德雷基的《遗传与普通生物学的重大问题》（*L'Hérédité et les grands problèmes de la biologie générale*, 1903）。详见Wharton, *Letters* 151。

华顿在此提及的是达尔文在其《自传》中有关诗歌、音乐等艺术作品的看法：

> 我已经说过，从一个方面来说，我的大脑在过去二三十年间改变了。直到三十岁时，甚至三十多岁，许多种类的诗歌，诸如弥尔顿、格雷、拜伦、华兹华斯、柯尔律治、雪莱的作品，给我带来了巨大的快乐，而且甚至在中小学时代我还十分喜爱莎士比亚，特别是他的历史剧。……如今，我已经一连多年连一行诗也看不下去。近来我曾尝试阅读莎士比亚，结果发现它乏味得难以忍受，令我恶心。
>
> ……
>
> 莫名其妙而又可悲地失去高级审美趣味尤为奇怪，因为我一如既往地喜欢历史、传记、游记作品——且不管它们可能含有多少科学事实——和各式各样主题的文章。我的大脑似乎已经成了某种从收集的大量事实中榨取普遍法则的机器，但我想不通为什么这仅仅导致高级趣味所依赖的大脑那一部分的萎缩。在我看来，一个大脑组织比我更高级、结构更好的人不会有此损失。如果我再活一回的话，我要定下规矩，每周读读诗歌，听听音乐，因为这样的话，现在我大脑萎缩的部分可能会因为使用而保持活跃。失去这些趣味就是失去幸福，而且这因为减弱我们天性中的情感部分而可能损害到智力，更有可能损害到品德。(*Life and Letters*, vol. 1：100–102)

很显然，达尔文并没有否定文学作品的功用。就此而论，华顿片面地引用了达尔文的观点。实际上，达尔文的观点其实无异于华顿在文章中所要表达的观点。在她看来，既然"想象力成就了科学的一切飞跃"，而弥尔顿、歌德等男性作家也从科学中获益良多，那么我们就不应当责备乔治·艾略特这样的女性作家对进化论的兴趣。正是基于这样的逻辑，她在文章中断言："没有人能够否认进化论概念的诗学价值"。（"George Eliot" 71–72）

一、进化论的虚伪诠释者

华顿为乔治·艾略特所作的辩护其实也是为她自己在一系列作品中广泛关注进化论所作的辩解。不过，她在作品中呈现的往往不是那些现实中"受欢迎的诠释者"，而是一些进化论的"虚伪的诠释者"。这最明显地体现在短篇小说《生活圆满》（"The Fullness of Life"，1893）、《鹈鹕》（"The Pelican"，1899）、《人类的由来》（"The Descent of Man"，1904）、《义务》（"The Debt"，1910）以及长篇小说《哈得孙河斗拱建筑》（*Hudson River Bracketed*，1929）等作品中。

《生活圆满》是华顿发表的第二篇小说作品，也是其所有作品中第一篇涉及进化论的作品。她拒绝把这篇作品收录进1899年出版的作品集《更大的倾向》（*The Greater Inclination*）中，因为她认为其最早的几篇小说作品是"扯着嗓子"写出来的，而《生活圆满》更是"长长的一声尖叫"（*Letters* 36）。就其内容而言，作品讲述的不过是一个无名女子临终之际以及进入天国之后的感受，因而也谈不上什么高调。无名女子似乎对丈夫并没有什么感情，而她丈夫也不关心她的内心世界。作品中最为研究者关注的是无名女子把"女性的天性"比作"到处是房间的大宅子”。按照她的说法，人们不停地走过大宅子的过道，进入客厅、起居室，但宅子里还有些房间从来没有人进去过，而灵魂恰恰“在最深处的房间里”“独自安坐，等待着永远也不会来的脚步”（700）。无名女子所期待的圆满生活正是夫妻之间灵魂的交流，但在她临终之际所能感受到的不是心灵伴侣来临的脚步，而是“其丈夫靴子的嘎吱嘎吱声”（699）。所以，死亡对她来说似乎是解脱。不过，当天国里的“生命之灵”为她选配的心灵伴侣邀她共建家园之时（700），她却退回到天国门口去等她丈夫的到来，因为她觉得如果没有她，她的丈夫“永远也不会幸福的”（704）。

作品涉及的夫妻之间的心灵交流和平等关系与进化论有一定的关系。无名女子进入天国之后，她的第一反应是“死亡终究并非终结”，因为她眼前的天国景象证明了人死之后灵魂依然存在。然而，即便如此，无名女子在是否真的存在灵魂的问题上仍然怀着矛盾的心态：“当然，我从前相信达尔文是对的。我仍然相信，但话又说回来，达尔文自己说过他对灵魂没有把握——至少我想他这么说过，而华莱士是唯心论者，再者还有圣乔治·米瓦特——”（700）在此，无名女子同时相信两种对立的观念；她一方面相信达尔文的进化论是对的，另一方面又乐见灵魂的存在，而她提及的三位进化论学者的例子至少在表面上正好迎合了她的想法。三者都支持自然选择的进化法则，而且也都论及过灵魂。达尔文确实说过他在发现自然选择法则之前曾经怀有“上帝的存在和灵魂不朽的坚定信念”，但对他来说这样的信念无异于“崇高的感受”，并不能用来证明存在上帝或灵魂。（*Life and Letters*，vol. 1：311–313）华莱士几乎与达尔文同一时间发现了自然选择的进化法则，同时又是达尔文进化论的支持者，但他从19世纪70年代开始突然转向唯心论，相信降神论，认为自然选择法则可以用来解释物种的起源，但无法解释人类道德和智力的起源，也无法说明宇宙和生命的起源。华莱士认为一定还有“更高的智慧”“引领着确定的方向上的人类的进化”，而这一智慧决定着他所说的“生命及其组织结构的绝对起源”（Slotten 4）。米瓦特（George Jackson Mivart 1827–1900）在《论物种的起源》（*On the Genesis of Species*，1871）中注意到华莱士的这一理论，并提出了类似的观点：“每一单一人类个体的灵魂是该词严格和原始意义上的绝对创造；它是由直接或超自然行为而产生的。第一个人的灵魂当然也是通过这一行为而创造的。”（319–320）无名女子一方面相信达尔文是对的，另一方面又相信灵魂，说明她与华莱士和米瓦特一样，并非一个进化论的坚定支持者。类似地，她对圆满生活或心灵伴侣的态度也同样表现出将信将疑的态度。她对丈夫表示不满，渴望夫妻成为心灵伴侣，但当她在天国得到心灵伴侣时，又放不下她的丈夫，宁愿不要心灵伴侣也要回到天国入口去等候他的到来。

与《生活圆满》相比，《鹈鹕》涉及的进化论内容更为明显。题名“鹈鹕”指的是作品女主人公寡妇阿米欧夫人。英文中鹈鹕常被理解为为了哺育幼鸟而不惜牺牲自我的形象，而作品中的阿米欧夫人则为抚养其儿子兰斯洛特而长期靠四处演讲谋生。不过，为了博取听众的同情，她长期以培养儿子作为她不得不作演讲的借口，最终似乎成了一部“演讲机器”（61），甚至直到兰斯洛特大学毕业10年且已经有了自己的孩子，她仍然以培养兰斯洛特为名在美国南方巡回演讲。就故事内容或主题而言，阿米欧夫人的做法也许正如有的研究者所批评的那样，违背了“职业道德”，“出卖了艺术家的真实自我”（Lee 168–169），或有违华顿在作品中所称的“学术道德”（65）。作品中，阿米欧夫人的演讲涉及希腊艺术、莎士比亚、华兹华斯、歌德、席勒、罗斯金、柏拉图、叔本华、宇宙起源等众多的时髦学术话题，但最令她感到为难的是有关自然选择的话题。她曾经风光一时，颇受欢迎，但随着时代的变化，她受到了来自年轻一代的女性演讲者的挑战，不得不转向包括达尔文的进化论在内的科学话题，以迎合听众"对进化论与日俱增的需求"（64）。问题在于，她"就达尔文或赫伯特·斯宾塞作演讲的想法让她的母亲和姨妈们深感震惊"，因为阿米欧夫人的家族"把文学以及精神希望都寄托在《创世记》的字面启迪之上"（64）：其外祖父从前是"基督教长老会的顶梁柱"，她的一个姨妈当了"女子学院院长"，另一个姨妈则"翻译过欧里庇得斯的悲剧"，而她的母亲——"著名的艾琳娜·阿施塔特·普拉特"——曾经写过"一首有关人类的堕落的素体诗"（49），被人称为"美国的女性弥尔顿"（54）。就阿米欧夫人而言，她所面对的个人职业和家族传统之间的冲突实质上是自然选择的进化法则所代表的科学和基督教所代表的神创论之间的矛盾。

很明显，华顿在作品中把美国社会之于进化论的矛盾心态浓缩到到阿米欧夫人及其家族身上。阿米欧夫人以及年轻一代女性演讲者代表着进化论的虚伪诠释者；她们并非真的信奉达尔文的进化理论，而是为了自身的利益利用进化论吸引听众。她们有关进化论的演讲之所以受欢迎，反映的正是美国公众对于自然选择进化法则的兴趣。与之相对，阿米欧夫人的家庭成员则代表着反对达尔文进化论的美国主流社会和学术话语。值得注意的是，阿米欧夫人的家庭并非普通人家，而是社会中坚力量，其中既有其外祖父这样的宗教领袖，又有其母亲这样的作家，还有其姨妈这样的学者和教育管理者。对他们来说，自然选择的进化法则无疑是对传统道德观念和世界观的冲击。因而，他们对达尔文的抵制实际上成了美国主流社会和学术话语反对进化论立场的缩影。实际上，作品中阿米欧夫人有关达尔文和斯宾塞的演讲不过是对“科学和宗教的调和”（65），而非对主流社会和学术话语的抵制。就此而论，《鹈鹕》一箭双雕，在反映历史语境的同时，既讽刺了阿米欧夫人这样的进化论的虚伪诠释者，[1] 又反映了美国正统社会价值观对达尔文自然选择理论的抵制。

由于《生活圆满》和《鹈鹕》的主人公毕竟并非真正的进化论学者或生物学家，进化论也并非作品的主要内容，所以两者的讽刺意蕴远不及短篇小说《人类的由来》来得深刻。有研究者认为这篇作品是华顿对“写作行当”“十分辛辣的”讽刺。（Benstock 141）作品确实与写作和出版业不无关系，但华顿通过作品讽刺的更多的还是进化论的“虚伪诠释者”（7）和美国社会对进化论的抵制态度。华顿不仅把达尔文《人类的由来》的书名作为作品的标题，而且还因为“特别喜欢”这部作品，把它用作短篇小说集《人类的由来以及其他故事》（*The Descent of Man and Other Stories*，1904）的标题。（Lee 188）与此相联系，作品中众多专业词汇——“分子”、“适应性”、“遗传”、“获得性征”、“甲虫”、“纤毛虫”、“变形虫”、“昆虫学”、“显微镜工作者”、“生物学家”——的使用也为作品营造了浓厚的生物学和进化论氛围。此外，不同于《生活圆满》中的无名女子和《鹈鹕》中的阿米欧夫人，华顿为作品设计的主人公希桥大学教授塞缪尔·林亚德还是“一位知名的生物学家”（17）。他专攻昆虫学，“是当今鞘翅目某一纲昆虫结构和习性方面的权威”（18）。他出版过“有关纤毛虫伦理反应”的专著，研究过“变形虫无意识大脑

1. 怀特（Barbara A. White）认为，作品对阿米欧夫人的讽刺其实体现了作品男性叙事人的厌女主义者立场。（61）

的作用”（4–5），而他目前正在作的研究已经可以“隐约看到胜利的前景”（29）。

不同于《生活圆满》和《鹈鹕》，华顿在《人类的由来》中把出版业作为美国主流社会的代表，描写了林亚德这样的真正的生物学家如何在主流社会的胁迫和引诱下成为进化论“虚伪的诠释者”的同谋，从而最终歪曲和颠覆了进化论的。林亚德意识到科学的氛围已经发生了变化。他青年时代开始从事生物学研究的时候，科学家的“观众”不过是“少数几个”“熟知该领域行话、了解其研究出发点”的同学，但人到中年的他突然间发现“如今人人都阅读科学著作，发表对这些著作的看法”。开始时，对科学感兴趣的还只是“女人和教士们”，而如今科学已经“进了课堂和幼儿园”，成了指导日常生活的“科学原则”：“各家日报上开辟了‘科学笔记’专栏，护士要通过卫生科学的考试，连喂孩子、抱孩子都要依据新的心理学”（6）。作者对19世纪末科学大众化的这一概述不无戏谑的成分，其中的“新的心理学”似乎还影射了弗洛伊德（Sigmund Freud 1856–1939）早期的心理学理论。[1] 不过，林亚德以生物学家的眼光看待大众对科学的看法，认为大众（也即作品中华顿所谓的“暴徒”）“已经为了到知识的禁园里去养肥自己而推倒了传统之墙，而他青年时代“那个不可高攀的［科学］女神”如今却“媚俗于市井之上”，不再是原来的那个科学女神，而是“披着真实神性外衣的伪科学”。在他看来，“［科学的］虚伪女神”也有“其仪式和文献”，并把进化论虚伪的诠释者比作“虚伪的教士”，讥讽这些人把他们的“神圣之作”“成百万册［这样的作

1. 华顿在此似乎把受到过达尔文进化论影响的弗洛伊德也视为进化论的虚伪诠释者。她曾经在致友人的信中把“弗洛伊德主义”等同于“下水道系统”。(Lee, *Wharton* 409)

品］兜售给信徒”。他认为这些作品之所以大获成功，原因在它们的描写中“古老的教条和现代发现”“在朦胧的超验主义聚光灯下紧紧地拥抱在了一起”。对此，他感到“既愤怒又好笑”，并决定写一部“有关‘大众’科学的讽刺性著作”，“嘲讽那些虚伪的诠释者，为他的女神报仇”。他打算在书中“堆砌种种陈词滥调、各式各样的谬论、五花八门的虚假类比，用他的高级知识充实无知者的理性，使得最粗野的大众也会一起嘲笑他们的占卜师们。他认为，这样的嘲讽将是“吹响推倒无知之墙的号角”，或“至少是警醒巨人的一块小小的石头”（6–8）。在这一思想指导下，林亚德最终写成了《关键所在》一书。然而，这本意在嘲讽的作品反而为强大的市场所利用，结果成了对他自己的一大讽刺。这部作品在其大学同学、出版商哈维斯的帮助下得以出版，但经过出版社的包装和宣传，作品被打造成了一部“严肃的作品”。出版商把作品视为“一位杰出生物学家的信念的表白和悔过自新”，称赞作品的“宗教论调”以及作者的“［宗教］信仰”，说作品“充满希望和热情”，甚至书中的一些段落都可以被“受人欢迎的牧师”“引用到布道之中”（16–17）。书评家则称赞这部作品“以毫不含糊的声音唱响了响亮的乐观主义精神，显示出“对人类命运和善行必胜的信念”，是“来自实验室脱水氛围之中”的科学家为“信仰和信仰重建而发出的了不起的呐喊”（21–22）。于是，林亚德过起了“双重生活”（28），一边从事研究工作，一边又为了生计和利益与出版业合作。他不仅对其作品的真实意图三缄其口，而且还与新闻媒体合作，接受采访，撰写一系列题为《科学布道》的专栏文章。最终，林亚德为了购买研究所需要的仪器设备而不得不再度与出版商合作，准备再写一本类似的作品。

华顿通过林亚德的故事确实讽刺了新闻出版业，但作品讽刺得更多的却是进化论的虚伪诠释者及美国主流社会和学术话语对达尔文进化论的曲解。为此，她不仅为作品选择了“人类的由来”这一标题，刻画了林亚德这么一位生物学教授，更把大量与生物学和进化论相关的术语引入到作品中来。尽管作品只是一再论及科学和从事科学研究的人，并没有明确指出林亚德《关键所在》中所要讽刺的对象，但作品的标题、林亚德的身份以及生物学和进化论术语其实已经暗示出作品所说的科学就是进化论，而那些虚伪的诠释者就是那些迎合大众趣味而歪曲达尔文进化理论的美国人。值得注意的是，作品本质上并非对林亚德这一个人的嘲讽，而是对美国主流社会故意歪曲达尔文进化理论的讽刺。在此，新闻出版业不过是美国主流社会的代表和象征。林亚德虽然不得不与这一社会合作，但他作为一个真正的生物学家实非华顿嘲讽的对象。具体而言，华顿在作品中真正讽刺的是美国社会如何曲解了达尔文进化论之于人类社会伦理道德的意义。按照达尔文的进化理论，人类的起源和进化无异于其他生物，都是自然选择和性选择的结果，既无关乎神创论、目的论、上帝，又无涉道德、善恶，更不意味着人类文明的进步和完善。虽然华顿拒绝在作品中直接论及这一切，但从作品中提供的暗示看，林亚德的故事透露出华顿支持达尔文的进化论理论，反对美国社会歪曲这一理论，特别是美国社会试图调和进化论与宗教之间的关系，从而最终导致了架空和否定进化论的结果。就此而论，林亚德的经历在一定程度上恰恰是达尔文进化论在美国的遭遇，而大众对《关键所在》的曲解和利用也正是进化论的美国诠释者对达尔文《物种起源》或《人类的由来》的曲解和利用。作品中，“获得性特征遗传的论战”（3）、“科学调查”的“异端邪说”（6）、“专门研究”之于“人类命运的归纳”等语既透露出20世纪之交有关生物学和进化论的争论（18），又揭示了进化论给传统伦理道德带来的挑战，特别是达尔文的自然选择法则和人类种族起源理论之于传统基督教神创论信仰的颠覆性意义。作品中科学的虚伪诠释者试图调和的“古老教条和现代发现”正是基督教神创论（以及“朦胧的超验主义”）和进化论之间的关系，而林亚德试图嘲讽的也正是这些虚伪的诠释者把两者描写成“紧密拥抱在了一起”的关系的做法。对于林亚德来说，两者之间的关系根本无法调和，更不要说紧密拥抱。具有讽刺意味的是，《关键所在》也正是在这一点上被主流社会所利用。在出版商和书评家的通力合作下，《关键所在》不再是一部讽刺进化论虚伪诠释者的作品，而是林亚德这个“悔过自新”的生物学家的变节之作，成为他放弃进化论“冰冷的宿命论”和“颓废的虚无主义”（17，21）的标志。借此，代表着主流话语的出版商和书评家意在挑战自然选择的进化法则，回归神创论和目的论，重建传统基督教信仰。就此而言，作品不仅反映了20世纪之交美国社会对达尔文进化论的抵制态度，而且还在字里行间透露出华顿本人对进化论的熟知程度、肯定态度以及她在进化论问题上对美国主流社会的批判立场。

《义务》延续了华顿对美国进化论问题的关注，但作品把关注点从进化论理论问题转移到有关进化论的道德问题上，从而把小说《人类的由来》中对虚伪的进化论诠释者的讽刺转化为科学伦理与传统伦理道德之间的矛盾。作品的叙事人显然是生物学家，而他在作品中回忆的则是生物学家加伦·德莱奇的“私人”故事。年轻的德莱奇出身贫寒，靠打工上学，但由于一次偶然的机会，他随大学校友阿切来到布泽兹湾，因为阿切的家人正在那里度假，尤其是他的父亲、著名生物学家兰菲尔教授正在附近的生物学研究站作研究。叙事人所谓的私人故事主要指德莱奇笨拙且不受兰菲尔教授一家待见的行为举止，特别是他没有爱上兰菲尔的女儿梅布尔，却对兰菲尔教授的夫人情有独钟。不过，私人故事只是作品的幌子；作品在私人故事的掩饰之下真正关注的却是兰菲尔和德莱奇这两位生物学家的学术道德。兰菲尔教授是一位真正的进化论学者。他潜心于科学研究，发表过一部名为《实用性和变异》的生物学专著，并慷慨支助他人从事生物学研究。特别是他在为人处世上坚持科学精神，不以世俗的眼光看待他人。这一点最为突出地表现在他对德莱奇的赏识上。他没有因为家庭出身而看不起德莱奇，也没有因为德莱奇的笨拙而排斥他，更没有因为家人的态度而影响他对德莱奇的态度。相反，他欣赏德莱奇"精确观察的天赋"以及"学习热情"和"不愿轻易下结论"的治学态度，认为德莱奇身上"结合了一般性观念的天资和不畏辛劳收集证据的耐心"。为此，他认为德莱奇应当"在哥伦比亚大学修生物学课程，在伍兹霍尔实验室度假，然后——如果可能的话——到德国学习一两年"（131）。德莱奇不负兰菲尔的期望，在德国完成学业后回到美国，成为了小有名气的生物学家。兰菲尔对德莱奇寄予厚望，希望他能"继续和光大他的［进化］学说"，把他的学说"展现在后人面前"（134）。最终，兰菲尔力排众议，在他去世之前把德国专家捐赠的兰菲尔实验室交给了德莱奇，并挑选他为自己的"接班人"，接替他做了"哥伦比亚实验进化教授"（137–138）。德莱奇也同样坚守科学研究的职业操守。开始时，他追随兰菲尔，"像勤奋的传记作家和精确的博物学家那样记录［他和兰菲尔］的对话"，并为了"维护其导师［兰菲尔的权威］"而不遗余力。（134–135）兰菲尔去世之后的两年里，德莱奇继续以自己独有的谨慎方式讲解兰菲尔的进化学说。然而，他突然间改弦更张，把他的讲课变成了"对其导师的学说的有组织攻击"（140），并形成了其学术专著《适者到来》。对此，兰菲尔的家人认为德莱奇"背叛了"兰菲尔，完全是一个过河拆桥的伪君子。为此，兰菲尔的儿子阿切与叙事人一起去找德莱奇理论，但双方最后握手言和，因为两者接受了德莱奇的观点，认为科学研究中不能因为人情关系而“压制事实”（147）。很显然，德莱奇没有因为曾经受惠于兰菲尔而受制于传统伦理道德，而是选择忠于科学精神。由此可见，华顿之所以为作品起名为“义务”，意在通过德莱奇的故事探讨科学研究的操守，强调传统伦理道德应当服从于科学研究的正义。

除了科学研究的操守之外，《义务》也涉及一些进化论研究方面的争论，而这也在一定程度上反映出华顿对进化论问题的关注。作品不仅塑造了兰菲尔、德莱奇这两个主要的进化论学者的形象，而且还围绕这两个人物勾勒了一些次要的生物学和进化论研究者。这其中既包括作品的叙事人，还包括兰菲尔的儿子阿切。此外，还有德国人约翰·魏曼以及一些反对兰菲尔进化学说的德国生物学家。作品有关魏曼的交代不多，但他“一直关心兰菲尔的工作”（136），并出资建立了兰菲尔实验室，这一人物可能暗指的是德国生物学家魏斯曼（August Weismann 1834–1914）。作品的叙事人虽然无名无姓，但作品中他不仅到中美洲去收集资料，而且还为了了解德莱奇的讲课内容而去听他的课，所以无疑也是一位生物学家。阿切的兴趣一会儿从动物学转向小提琴，一会儿又从小提琴转向物理，然后又从物理转向戏剧，最终又从戏剧转向考古挖掘，但由于他发表过“一篇关于美洲蚩的小论文”（135），所以也可以称为一个半瓶醋的生物学家。与以上这些在场或不在场的生物学家相比，兰菲尔和德莱奇这两个生物学家形象与进化理论的发展关系更为密切。华顿为兰菲尔的生物学专著起名为《实用性和变异》，显然意在说明他认为变异和使用与遗传相关；换言之，按照兰菲尔的进化理论，生物在适应环境的过程中所获得的特征具有遗传性，而这涉及达尔文、恩斯特·海克尔

（Ernst Haeckel）以及魏斯曼等人有关变异和遗传问题的不同观点。按照达尔文的自然选择法则，环境造成的获得性变异不会遗传；相反，海克尔认为物种因环境而产生的变异具有遗传性。魏斯曼则认为只有种质特征才具有遗传性，而体质特征则不可能遗传给后代。由于兰菲尔把实用性和变异联系在一起，其遗传观显然有悖于达尔文的进化理论。作品中的德莱奇开始时支持兰菲尔的理论，后来却在教学和著作中对兰菲尔的理论发起“有组织攻击”，说明他的进化理论支持的是达尔文的进化学说。正是因为这一原因，叙事人在作品开篇时把“德莱奇的《适者到来》”视为“《物种起源》发表以来……同类作品中最了不起的作品”；在叙事人看来，德莱奇的理论是“至今为止对达尔文进化论发展所作出的最重大贡献”。叙事人之所以这么说，原因在于德莱奇的理论解决了达尔文进化理论“不得不兜那么一个圈子的尴尬问题”。德莱奇“适者到来”的理论到底讲的是什么观点？达尔文的进化理论为什么不得不兜圈子？德莱奇又如何解决了达尔文进化论的尴尬问题？作品并没有直接回答这些问题，但作品很可能在此以虚构的形式指涉了达尔文自然选择法则缺乏诸多中间环节的证据，而华顿通过叙事人之口称赞德莱奇的理论，说它是对达尔文进化论的“最重要贡献”，则间接地表达了她对达尔文进化论的认同态度。不过，华顿十分清楚达尔文的进化理论所面临的问题。这一点我们可以清楚地从叙事人对“德莱奇的假设”的评价中看出来。按照他的说法，这一假设“将会遭到质疑，也许有一天会证明是错的”，但“它至少扫除了先前的一切推测，其中当然包括兰菲尔的出色努力”，为“我们这一代科学研究者”“跨越凶险而黑暗的漩涡”提供了“第一座安全的桥梁”（127）。这一评价不仅说明了华顿本人对进化论理论的谨慎、客观的态度，更重要的是，由于作品是以倒叙的方式展开的，这一评价实际上还说明了华顿与20世纪初凯洛格这样的学者一样评价和肯定达尔文及其支持者的进化理论。[1]

不同于以上论及的几篇作品,《哈得孙河斗拱建筑》涉及的进化论内容几乎与作品的内容及主题没有关系。关于这一点,我们不得不提的是华顿的一部叫做《文学》(“Literature”)的未完成“自传体小说”(Lee 173)。《文学》的情节设计始于1913年8月,但由于一战的爆发以及其后《纯真年代》等作品的创作,该作品的创作进展得一直不顺利。[2] 华顿原本对这部作品寄予厚望,直到1921年仍然称其为“杰作”,指望它成为自己“令人眩晕的巅峰之作”,但她也意识到第一次世界大战对这部杰作来说是“沉重的打击”,因为她难以想象“1914至1920年这段时间对[作品主人公]有何影响”(*Unpublished Writings*, vol. 2: 120)。虽然华顿为作品的创作设计好了情节,详细列出了作品42章的内容,并已经写出了前9章,但历经多年的坎坷,她最终放弃了作品的创作。[3] 从华顿的设想和作品已经完成的部分看,作品讲述的是迪克·撒克斯特并不成功的文学成长之路。在迪克的文学成长道路上,以进化论为核心的现代教育和宗教之间的矛盾成为作品中标志性的事件。在这方面,迪克的父亲乔治·撒克斯特显然是反面教材。表面上,乔治是一个受人尊敬的牧师,但他为自己投身宗教事业而感到后悔。在弥留之际,他向少年迪克透露心声,让迪克“恪守自由”,不要献身于教会,因为他自己“犯了可怕的错误”。他声称,他没有受过“现代意义上”的教育,结果“在无知之中

---

1. 由于华顿欣赏凯洛格的《今日进化论》,叙事人对德莱奇理论的评价可能也反映了她对达尔文及其支持者的肯定。关于凯洛格对达尔文进化论的评价,参见下文的相关讨论。
2. 详见Wharton, *Unpublished Writings of Edith Wharton*, vol. 2: 119–120。
3. 有关《文学》的详细情况,详见Wharton, *Unpublished Writerings of Edith Wharton* vol. 2: 119–181。

入了教会”，直到后来才“醒悟到”“世人所做所思的事”（155）。从作品看，这里所谓的现代意义上的教育特指的是现代科学，特别是与基督教相对立的人类学、生物学、进化论。作品中，迪克的成长历程与其父亲的经历相关，反映了从宗教走向现代科学的过程。由于作品并没有完成，作品的文学主题还没有真正展开。不过，以人类学和进化论为核心的现代科学是作品已完成部分中唯一真正重要的标志性冲突。在中学时代，迪克原本有志于诗歌创作，后来却对科学产生了兴趣。他发现其导师西尔莫的藏书中“少有科学著作”，却在另一位老师那里看到了文化人类学家泰勒（Edward Burnett Tylor 1832–1917）的《原始文化》（*Primitive Culture*，1871）一书，从而为其“枯竭的想象”找到了“新的通道”。西尔莫鼓励迪克进行诗歌创作；他对那些被他“笼统地称为‘科学’的东西”有着“莫名的恐惧”，并“引用达尔文的自白”，说达尔文的“解剖学研究减弱了他对想象性文学的兴趣”。他还用英国桂冠诗人丁尼生（Alfred Tennyson）对乔治·艾略特所说的话告诫迪克，“正如丁尼生对可怜的乔治·艾略特所说：‘我管不了你那些细菌。’哦，相信我，迪克，笔可比手术刀还要强大!”（162）[1]与西尔莫一样，迪克的母亲也反对现代科学，鼓励他走正统的道路。在回家度假期间，迪克发现父亲书架上的神学著作后面不仅藏着“斯宾塞、廷德尔、赫胥黎、亥姆霍兹以及克利福德”等人的著作，（164）而且还有达尔文的《物种起源》和惠特曼的《草叶集》。虽然母亲坚决反对他阅读这些“有违基督教”的著作，但他还是决心从《物种起源》开始一本本阅读下去。不过，该书毕竟不是他这个年纪所能理解的。所以，当他读到该书第一章第三段有关“不确

1．达尔文有关科学研究与文学关系的论述，参见上文有关《乔治·艾略特》一文的讨论。

定的变异”更多是“改变了的环境的结果”时，[1] 他就转而读起了《草叶集》。（167）

在《哈得孙河斗拱建筑》中，华顿把《文学》一战前的历史背景改为一战之后，并对人物和故事情节作了重新布局。这部作品与其续集《众神驾到》（*The Gods Arrive*，1932）一起仍然以主人公凡斯·韦斯顿的文学生涯为主要线索，但不同于《文学》的主人公迪克，韦斯顿出身于美国中部伊利诺伊州的一个名叫尤福利亚的小镇。刚刚大学毕业的韦斯顿“发明过新的宗教”，在大学里编辑过杂志，在杂志上发表过“好几首情诗和一系列有悖传统信仰的文章”，还曾经与当地一位水性杨花的姑娘弗洛丝·德兰尼有过一周的婚约。（3）韦斯顿因无意之中发现其外祖父与弗洛丝幽会而一病不起，并离开家乡来到纽约郊外的穷亲戚特雷西夫人家养病。在这里，韦斯顿结识了出身上流社会家庭的姑娘海洛·斯皮尔，并通过海洛来到斯皮尔家族的祖屋“柳林”，也即作品题名中所指的哈得孙河斗拱建筑。象征着传统的海洛和“柳林”——特别是“柳林”丰富的藏书——激活了韦斯顿的感情生活和创作热情，但他在这两方面都不顺利。在感情方面，海洛为了撑起家庭的经济支柱而嫁给了富有的出版商路易斯·塔伦特，而韦斯顿则娶了特雷西夫人的女儿劳拉·露。在文学方面，韦斯顿虽然逐步崭露头角，并凭借一部以“柳林”为题材的中篇小说成为文坛新秀，但由于受制于出版商，他的新作并没有使他摆脱经济上的困境，并最终造成劳拉·露在困顿中病亡。尽管韦斯顿和海洛在作品结束时即将开始同居生活，但两人之间的情感生活和韦斯顿

1. 华顿在此引用了达尔文在《物种起源》第5版中增加的有关变异起因的内容：“与确定的变异相比，不确定的变异是变化了的条件下更常见的结果。”详见Darwin, *Origin*, 5th ed., 9。

的文学创作生涯似乎刚刚才走上艰难之路。

由于《哈得孙河斗拱建筑》不同于《文学》一战之前的时代背景，作品涉及的两处有关进化论的内容与韦斯顿的成长历程几乎没有关系。第一处与进化论相关的内容出现在有关海洛父母的描写之中。作品描写海洛的父母在传统文化长大，但年轻时都表现出反叛精神。不过，两者的“异端邪说太过温和”，并没使他们家成为“他们想象中的煽风点火的中心”。对于他们的异端邪说，作品唯一点明的是斯皮尔先生对进化论的兴趣，说他开始时只能“私下里阅读斯特劳斯和勒南的著作”，后来才“慢慢过渡到公开阅读达尔文和海克尔的著作”（79）。第二处涉及进化论的描写出现在韦斯顿等年轻一代文艺青年的对话之中。不同于老一代人物斯皮尔先生，这些年轻人可以毫无顾忌地把达尔文和现代遗传学之父孟德尔（Gregor Johann Mendel 1822–1884）作为闲聊的话题：“孟德尔是维多利亚时期那个发现自然以跳跃方式进化的家伙。他发现自然就是一只普通的袋鼠。在此之前，达尔文之流以为自然就像细心的母亲一样，事先把一切安排好了。”（387）孟德尔的遗传学实验成果发表于19世纪60年代，但直到20世纪初才被重新发现，代表了20世纪初进化论和生物学的最新发展。因此，作品中有关孟德尔的讨论从一个侧面说明了华顿对进化论和生物学前沿问题的熟知程度。不过，这两处与进化论相关的内容仅仅与20世纪初的历史背景相关，而与作品关注的文学、出版业、婚姻、性别、宗教等问题并无直接的关系。其实，由于作品被置于一战之后的历史背景下，特别是考虑到作品发表于1929年，作品中年轻人有关孟德尔的话题在两个方面显得与作品的历史语境相脱节：一是孟德尔的遗传学实验早在1900年就被重新发现并得到重视，到一战结束时已经被学术界广泛接受，所以不太可能在20世纪20年代遭到作品中描写的那种调侃；二是美国有关进化论的争论在1929年之前就已经被优生学所取代，因而也就没有了太多的争议性。事实上，华顿虽然在作品中论及达尔文等生物学家，但她很清楚进化理论对处于一战之后历史语境中的韦斯顿及其文学奋斗历程已经影响不大。也许正是因为这一原因，作品并没有把进化论作为影响韦斯顿成长历程的重要因素。

值得注意的是，以上作品中出现的进化论的诠释者不一定正确，华顿也不一定认可这些作品中与进化论相关的观点。事实上，其中的一些人物不过是进化论的虚伪诠释者，而作品通过这些人物之口表达出来的有关进化论的观点往往是误解或戏仿，而这也构成了华顿对美国社会与进化论相关的话语的嘲讽和批评。例如，《生活圆满》中无名女子很显然用达尔文年轻时有关灵魂的表述架空了自然选择法则对基督教神创观念的冲击。再如，《哈得孙河斗拱建筑》中年轻人有关“达尔文之流”的调侃也无疑与达尔文的进化论风马牛不相及，因为“事先把一切安排好了”的说法所反映的显然是目的论和神创论观念，而达尔文的自然选择进化法则意味着进化是变异的结果，既与神灵无关，又无目的性。所以，这些年轻人本质上并不了解达尔文的进化论。

二、华盛顿广场的道德秩序

与以上提及的这些作品相比，华顿的其他一些作品虽然不一定直接提到进化论及其理论家，但进化论往往为这些作品提供观察社会的视角，甚至成为主导作品主题的理论，影响作品情节的发展，左右人物的命运。例如，本达断言华顿1904–1912年间发表的作品都是其“对达尔文进化论各种问题的回应”（*Descent* 318），而欧勒则更进一步认为华顿“有计划地使用进化论思想”，而这使得她把“老纽约社会的居民当作生物体，以小说的形式分析其道德风尚之中的生物学基础”。在欧勒看来，进化论赋予了《欢乐之家》、《国家风俗》、《纯真年代》等主要作品以“肌质”，使得这些作品与进化论之间有了“共有的主题、共同的比喻语言和共同的兴趣点”。具体就《欢乐之家》而言，欧勒认为它是华顿“对莉莉·巴特这一‘生物体’的寓言描写”（xiii–xvi）。

道德几乎构成了华顿绝大多数作品的主题。辛格莱（Carol J. Singley）认为，华顿不仅是“风尚小说家”，而且也是“道德小说家”（*Wharton* x）。在她看来，“华顿对宗教、道德和哲学问题的关注”显而易见；其作品的“标题、主题和形式”表明她“深受古典和基督教传统的影响”，而她通过这些传统“探索了达尔文进化论和工业资本主义引起的当代信仰危机”。辛格莱相信，华顿的作品虽然“表面上与物质和社会问题”相关，实际上却关注“道德、精神或宗教情感”；特别是华顿在为数众多的作品中刻画了“面对道德选择或追求非物质价值的人物”（*Wharton* 1–3）。确实，道德不仅构成了《欢乐之家》、《国家风俗》、《纯真年代》等作品的首要主题，而且还是其他一些短篇和长篇作品中不能忽视的重要主题。这些作品涉及诸多层面的道德问题，反映了不同主题、情节、背景下五彩斑斓的道德景观。

华顿作品中的道德问题与达尔文在《人类的由来》中有关道德起源的论述紧密相关。道德是《人类的由来》的三大主题之一。[1] 达尔文在书中坚持从自然选择的角度讨论人类道德的由来。达尔文承认“人类和低等动物之间最重要的差别在于其道德观或良知”，同时他也意识到这是

---

1. 其他两个主题是人类的智力和种族问题。关于种族问题，见下一节的相关讨论。

有关人类起源的讨论中一个无法逾越的问题："我论及这一问题的唯一原因是没有在此把它放过去的可能性。"（*Descent*，vol. 1：70，71）达尔文深知其中的难度，但他并没有知难而退。他认为道德观起源于社会本能："道德观的第一基石或起源在于社会本能，其中包括同情心。与低等动物的情形一样，这些本能最初无疑是通过自然选择获得的。"（*Descent*，vol. 2：349）达尔文解释说："原始人或人类的类人猿祖先要成为社会性动物，他们一定获得了促使其他动物那样以团体方式生活的同样的本能情感。"他相信，具有勇气、同情、忠实等情感的部落会征服其他部落，所以人类久而久之就由于自然选择和遗传的关系而形成了道德观："高度具有以上品质的部落就会壮大且战胜其他部落，但从过去的历史判断，这一部落在时间的长河中又会被某个具有更高道德观的部落征服。以这样的方式，社会品质和道德品质就会倾向于慢慢地进化，扩散到世界各地。"（*Descent*，vol. 1：161–163）

华顿作品的道德正是达尔文所说的部落或集体意义上的道德，而非个体的美德。无论是《欢乐之家》中莉莉·巴特的故事，还是《国家风俗》中温迪·斯普拉格的故事，或者是《纯真年代》讲述的纽兰·阿契尔的故事，重心都不是个人的道德品质，而是部落意义上纽约上流社会的道德风尚参照之下的个人行为。这些个人的行为，无论其成败，其意义都要放在社会整体的道德框架中加以评判，而个人行为的成败也取决于其与社会道德风尚的关系。就此而言，莉莉和温迪分别处于道德尺度的两个极端，反映的是个人与社会道德风尚之间的关系，而纽兰作为一个个人虽然不时反思上流社会的道德风尚，但他终究还是为其阶级的道德传统所控制。

研究者认识到《纯真年代》是一篇"道德文章"（Knights 44），也清楚地看到作品有着明显的科学——特别是人类学和进化论——意蕴，但似乎并未真正参透作品道德寓意的科学内涵。欧勒指出作品“无所不知的叙事声音熟练地使用了人类学的形象和语汇”，且作品的“进化论和生物学并没有因为其他话语的存在而黯然失色”（xviii），但作品中上流社会的“道德本能”“试图通过扼杀社会进化和个人本能来否认自然法则”（179）。辛格莱则认为华顿“用人类学和哲学审问艾伦和阿契尔世界的整个道德结构”。辛格莱注意到华顿赞成达尔文的“道德理论”，（Singley, *Matters* 58）但她并没有把这一理论与《纯真年代》联系起来。按照她的分析，“华顿使用部落语言，暗示着统治老纽约的是本能，而不是理性”；她把作品视为“原始文化指南”，认为华顿试图“复原早已被达尔文进化论打碎了的神圣的谜团”（*Matters* 166）。欧勒的理解当然不无道理，因为作品所描写的纽约上流社会道德风尚变迁确实与自然选择的进化法则相关，反映了人类文明环境中的进化与选择。然而，这样的理解把道德与自然选择相对立，因为其中的“道德本能”本质上有悖于自然选择法则，已经不是真正意义上的本能。辛格莱的理解突出了作品的道德关怀，但这样理解把作品中的道德观念与“处于纽约上流社会核心的清教主义”和华顿“在柏拉图哲学中发现的美德品质”（*Matters* 166，172）相联系，从而也类似地把道德从自然选择中剥离出来，因而也不符合作品背后的达尔文进化论道德观。

按照华顿的说法，《纯真年代》讲述的故事“简单而沉重”，因为主人公纽兰和艾伦·奥伦斯卡夫人试图不负“血液里感受到的”某种东西。（*Letters* 433）就情节而论，纽兰与奥伦斯卡夫人之间的感情纠葛确实显得简单。然而，作品通过这一感情纠葛所反映的纽约上流社会道德风尚及其变迁却十分复杂。作品仅仅跨越了大约两年的时间，但纽兰和奥伦斯卡夫人的故事所展示的历史时刻呈现出来的却是两个相互矛盾的进化进程。第一个进化进程是纽约上流社会通过不断适应环境和吸收新生力量而进化的符合自然选择法则的历史趋势。与之相反，第二个进化进程则是符合达尔文进化论道德观的进化进程，也即作品中纽约上流社会为了自身的利益而监视部落成员、抵御外来入侵者的集体道德行为。第一个进化进程是作品的大背景，反映的是纽约上流社会因为时代的变迁、新兴资本的注入、部落成员的反叛以及外来者的入侵而不断改变，面临着"彻底的分崩离析"的趋势（341）。如果我们从历史的高度来审视这一现象，这一分崩离析的趋势其实正是纽约上流社会通过不断变异而适应生存环境的进化进程。然而，作品的焦点其实是第一个进程中的一个历史瞬间，也即第二个进化进程。在这一进程中，作品中占主导地位的墨守成规的纽约上流社会通过各大家族之间复杂的联姻构成了一张相互支持、相互制约的庞大的部落网络，并用一整套的道德规范规约、监视个人行为，使个人成为部落网络中一个个没有自由意志和行动能力的节点。纽兰和奥伦斯卡夫人的行为本质上属于第一个进程，但两者违反部落道德的行为最终在部落成员的密谋之下屈从于部落道德的力量，一者回归部落内部，一者被驱逐出部落群体。由此可见，作品虽然在总体上反映了自然的进化进程，但在具体的故事情节上却几乎完美地体现了达尔文进化论的部落道德观。

为了能够从进化论意义上审视纽约上流社会，华顿既创造了一个具有进化论知识的叙事人，又刻画了一系列从人类学、考古学、进化论视角看待事物的人物。通过他们的视角，作品把人物、家庭、家族甚至动植物与"嫁接"（4）、"杂交"（124）、"巧合/机会"（113，234，299，360）、"环境"（95，113，136，263）、"品种"（129，242）、"种族"（67，

372)、“类型”(189，249)、“标本”(6，67，129)、“遗传/继承”(196，223，355)、“团体”(6，31，45–46，76，100，199，212，238)、“部落”(31，33，36，45–47，92，117，184，280)等生物学和进化论述语相联系。这些科学词汇不仅出自叙事人的视角，而且还源自作品中具有科学知识的人物的视角。作品中，老一代上流社会成员西勒顿·杰克逊“把收藏家的耐心和博物学家的科学”(30)运用到对朋友隐私的调查之中，所以他对上流社会各大家族的历史了如指掌。另一人物爱默生·西勒顿教授虽然出身名门，有着上流社会的“一切优势”，却“公然蔑视上流社会”的传统和风尚，偏偏“成了考古学家”。他结交的是“长头发的男性和短头发的女人”，虽然娶了贵族人家的女子为妻，却带着妻子“到尤卡坦半岛去挖掘坟墓，而不是带着她去巴黎或意大利”，结果成了“纽波特上流社会的眼中钉”，令人避之不及。(220–221)主人公纽兰则被欧勒称为“有瑕疵的”科学主义者。(*Concept* 152)他从伦敦订购的书中有“一卷斯宾塞的新作”(137)，而他阅读的科学著作显然涵盖了人类学、生物学、进化论等领域。因此，他对人情世故的看法也就带有了业余科学家的特征。在他与梅·韦伦德订婚之后，韦伦德夫人带着他走亲访友，这让他觉得自己成了“落入陷阱被人展示的野兽”，原因是他“阅读的人类学著作”使得原本“简单而自然的家族情感的展示”成了“粗俗”的习俗。纽兰对梅的看法则与进化论相关。他希望梅能够正视现实，可当他“记起他那些科学著作中的某些新思想”，想起那些“因为没用而不再长眼睛”的“肯塔基洞穴鱼”时，他担心梅一旦睁眼看世界，可能会“茫然地看到眼前的一片茫茫”(81)。与此相反，纽兰对奥伦斯卡夫人的看法则体现了他的反达尔进化论立场。在他眼里，“巧合和环境对人们命运的影响很小，因为比较而言，事情之所以发生在人们身上，原因在于他们与生俱来的倾向。”按照这一观点，纽兰认为奥伦斯卡夫人之所以经历坎坷，原因主要在于“她自己的倾向”总会“招致”她“想方设法避免的事情”（113–114）发生在她身上。实际上，即使是书中与科学不沾边的人物对人和事的看法也具有生物学和进化论的内涵。例如，在谈到其外甥女梅时，老曼森·明戈特夫人对纽兰说：“啊，这些明戈特家族的人，都是一个德性……谢天谢地，我不过是一个粗俗的斯派瑟家的人……除了我的小艾伦，我自己的孩子没一个像我的。”（152–153）这其中所包含的遗传观念与作品叙事人通过西勒顿·杰克逊的视角传达的家族遗传观不无相似之处：

> ［西勒顿］还可以列举出每一家族的主要特征。例如，长岛上那几支小辈分的莱弗茨家族小气得跟铁公鸡似的；拉什沃斯家族的致命倾向则是愚蠢的婚配；而奥尔巴尼的那支奇弗斯家族每隔一代就会出现疯癫，所以他们纽约的表兄妹向来拒绝与之近亲通婚。唯一灾难性的例外是可怜的梅多拉·曼森。此人，谁都知道……不过话又说回来，她母亲毕竟出身拉什沃斯家族。（7–8）

以上这些内容既显示了作品时代背景下美国社会对人类学和考古学的关注（如西勒顿、纽兰对人类学的兴趣以及爱默生·西勒顿的考古学家身份），又反映了美国社会总体上对达尔文进化论的抵制和对社会达尔文主义的欢迎（如纽兰对斯宾塞著作的兴趣），甚至还折射出作品的创作年代中美国社会对优生学和遗传学的热情（如奇弗斯家族的疯癫）。再者，以上这些内容中还隐含着华顿对科学主义话语的回应。例如，奇弗斯家族的疯癫与纽约上流社会各大家族之间的近亲结婚相关，而“嫁接”一词也同样有着优生学的含义。该词出现在作品开篇关于剧作《浮士德》的舞台布景的描写之中：“嫁接在玫瑰枝上的雏菊在［舞台］各处华丽绽放，仿佛预示着卢瑟·伯班克先生那些久远未来的奇迹”（4）。美国园艺家卢瑟·伯班克（Luther Burbank 1849–1926）通过嫁接、杂交的方式培育过诸多花果，其中之一就是他经过多年的试验用牛眼雏菊、英国田野雏菊、葡萄牙田野雏菊以及日本田野雏菊经过三代杂交并最终于1901年培育出来的大花滨菊（Shasta daisy）。华顿在此不仅跨时空地把舞台上的雏菊与伯班克培育的大花滨菊——上文“久远未来的奇迹”——相比，而且还超越伯班克用同类杂交的做法，把雏菊嫁接到玫瑰枝上，并说它华丽绽放，以此与造成奇弗斯家族疯癫的近亲通婚形成对照，从而回应了20世纪初美国社会对种族通婚的担心以及优生学背后的种族主义观念。

更重要的是，叙事人和人物的科学视角把纽约上流社会置于进化论和人类学的框架之中，从而为审视其道德风尚及其变迁提供了理论依据。在这一框架之中，纽约上流社会是一个由各大家族之间的联姻关系而形成的部落（tribe）。这个部落由范德卢顿家族统领之下的纽伦特家族、奇弗斯家族、曼森家族、达戈内特家族、韦伦德家族构成，且其内部又可以进一步分成为不同的家庭、宗派（clan）和内部团体（inner group）。经过长期的进化，该部落已经形成了其自身的“部落本能”、“部落纪律”（254）、“部落集会”（337），并依靠这些本能、纪律和集会维持部落的运作，监视部落成员。一旦部落内部出现矛盾或受到外部的威胁，范德卢顿夫妇就是其最高且最具权威的仲裁者，而他们位于麦迪逊大道上的那幢“宏大而又庄重的宅第”（48）就是部落道德问题的最高仲裁所。

纽约上流社会的道德本质上并非传统意义上的美德品质，而是部落成员相互交往中的一整套行为准则、语言程式、礼仪规范和风俗习惯，而这一切的核心则是“得体”（form）和“品味”（taste）。部落成员的言行举止是否得体，是否有品味，关键在于它是否“符合”（conformity）部落其他成员的言行举止，是否“符合家族传统”（197），是否“符合老纽约的传统”（192），是否“符合［纽约上流社会这个］小团体的纪律”（324–325）。作品中，劳伦斯·莱弗茨是“纽约［上流社会］‘得体’方面的首要权威”（6），是“得体的大祭司”（42）。他“在钻研［是否得体］这一复杂而又引人入胜的问题上花费的时间比任何其他人都要多”，但这并不足以说明为什么他在这方面有着“全面而又举重若轻的能力”，因为在叙事人看来，只要看一眼莱弗茨的穿着打扮，就可以发现“一个人穿着上等的衣服还能够如此无拘无束，个子那么高还显得悠闲潇洒”，原因在于其“有关‘得体’的知识一定是与生俱来的”（6）。关于品味，作品虽然并没作详细交代，却把它称为“与得体遥相辉映的神灵”，并有“得体”作为其“看得见的代表和代理人”（12）。与此相联系，作品在描写纽兰和梅的婚礼时说莱弗茨那“梳得油光滑亮的头颅似乎守护着婚礼上‘良好举止’［也即十分得体的行为举止］的看不见的神祇”（182）。其中，“看不见的神祇”显然就是品味。由此判断，作品中所说的品味，其实正是纽约上流社会的审美趣味和喜好，是符合上流社会成员道德规范的对交往对象和事物的选择标准。这样的标准虽然看不见摸不着，却无所不在，时时刻刻指导和规范着上流社会的道德风尚，确保成员的行为举止符合得体的要求。正因为如此，“品味”（以及其“得体”的表现）总与作品中有关人物的言谈方式、穿着打扮、交往对象、文艺活动如影随形，成为取代宗教和上帝而规约上流社会生活的“神灵”、“神祇”，有着至高无上的地位。

作品开篇借观看《浮士德》舞台演出展示的正是纽约上流社会道德风尚的一个片断。每年冬季，纽约上流社会都要到纽约音乐学会歌剧院来听这一演出季度中该剧的首演。不过，对他们来说，重要的并不是舞台上演什么，而是各成员观看演出的行为举止是否得体，是否有品味。首先，《浮士德》的舞台演出本身必须符合“音乐界不可改变且毋庸置疑的法则”；“为了让说英语的听众听得更清楚，瑞典艺术家演唱的法国歌剧的德语文本应当译成意大利语”。在纽兰看来，这一法则“与所有其他惯例一样”显得“自然”。其次，听众不能早到。主人公纽兰姗姗来迟，其中的部分原因是他“完全清楚在大都市听歌剧早到‘不合时宜’，而“是否合‘时宜’在纽兰·阿契尔时代的纽约有着十分重要的意义”，其重要性不亚于“千百年来支配其祖先命运的那些对神秘图腾的畏惧”（2）。再次，听众的穿着也要得体而有品味。与其他的社交场合一样，那些“头发经过精心打理、穿着白色背心”的绅士们还要在“外套扣眼里插一支鲜花”（5）。与绅士们一样，老明戈特夫人包厢里的女士们都是“体制的产物”，所以她们的行为举止都得体而有品味，一个个打扮入时却又不是太露，唯独的例外是奥伦斯卡夫人。她走进包厢时穿的是一件“不同寻常的衣服”；这是“一件深蓝色的丝绒晚礼服，胸部之下十分夸张地用一条腰带挽住，且腰带上的扣子硕大而又过时”（7）。更为严重的是，由于她的晚礼服“没有搭扣”，所以“她欠身时，肩膀和胸脯露得就比纽约人习惯看到的多了一些”。所以，她的出现在绅士们中间引起了一阵“骚动”。在纽兰看来，奥伦斯卡夫人的打扮有失“品味”，而特别让他“震惊和不安”的则是她的礼服“从其瘦削的肩头向下滑的样子”，因为他担心未婚妻梅·韦伦德“受到这么一位置品味至上原则于不顾的年轻女子的影响”（12）。纽兰之所以认同纽约上流社会的行为规范，原因在于他自己也是同一体制的产物。虽然他自认为“在知识和艺术问题上”比身边那些“老纽约绅士阶层精心挑选出来的标本要明显胜出一筹，很可能看的书更多，思考得更多，甚至见的世面也多得多”，但他深知自己不是他们的对手，因为这些“单枪匹马时劣势暴露无遗的人”“团结起来就代表着‘纽约’”。为此，他在“一切道德问题上”都习惯性地“接受他们的信条”，因为他“本能地觉得在这方面特立独行会麻烦得多，而且还十分不得体”（6）。华顿借《浮士德》演出的场景截取了19世纪70年代老纽约上流社会生活的片断，既展示了纽兰等人代表的已经固化了的道德风尚，又把奥伦斯卡夫人引入到作品中来，为作品随后深入展示和剖析纽约这一特定部落如何保护自身的道德准则、抵制外来力量作好了准备。

《纯真年代》所描写的纽约上流社会本质上由两方面内容构成。第一方面内容是总体上该社会作为一个部落不断适应环境的变化而进化的故事；第二方面内容则以纽兰、梅以及奥伦斯卡夫人的情感纠葛为核心，描写该部落为了维持自身道德风尚而成功地抵制内部反叛者、抗拒变异和进化的故事。这两方面内容相互交织，互为映衬，虽然表面上相互矛盾，却又有着同样的进化论寓意。

纽约上流社会本质上是一个处于进化进程中的部落。按照辛格莱的说法，经过“两个世纪的逐渐演化”，19世纪70年代的纽约遭到了“新富阶层的围攻；面对这一危机，纽约上流社会的反应是把［成员间的］圈子收得更紧，结果更加排外，更加仪式化”（*Matters* 166）。就作品的核心故事而言，辛格莱的观点不无道理。不过，这一观点并没有足够重视纽约上流社会的进化进程。作品核心讲述的无疑是纽约上流社会拒绝进化的故事，但拒绝进化只是进化过程中的一个片断，因为不仅这一社会的现状是“逐渐演化”的结果，而且作品结局中所呈现的这一社会的未来也说明了抵制进化的努力其实到头来徒劳无功。总体上，这一进化进程可以分为三个阶段：一是明戈特家族的凯瑟琳·明戈特夫人和“银行家”朱利叶斯·博福特代表的业已完成的进化；二是莱缪尔·斯特拉瑟斯夫人代表的现时的进化；三是纽兰的儿子达拉斯和范妮·博福特代表的进化的未来进程。

虽然明戈特夫人和博福特仍然是纽约上流社会的异数，但他们已经在很大程度上成为了这个社会的成员，为它所接受。实际上，用纽兰母亲艾德琳·阿契尔的话来说，“老凯瑟琳·斯派瑟［明戈特夫人］统治着第五大道的一端，而朱利叶斯·博福特则统治着另一端。”按照她的说法，有这两个人在，“老传统就坚持不了多久了”（46）。作品中，明戈特夫人被其族人称为“可敬的老祖宗”（24）。在她8个月大时，其父亲鲍勃·斯派瑟为了“一个漂亮的西班牙舞女”而带着“一大笔委托金”远走他乡。长大成人之后，她嫁给了“富裕的明戈特家族的长子”，之后又把两个女儿嫁给了“一个意大利侯爵和一个英国银行家”，并且凭着“登峰造极的大无畏精神”“在靠近中央公园的一块难以涉足的荒地上建起了一座乳白色大宅子”（8）。她是作品中敢于标新立异、敢于挑战纽约上流社会道德风尚的人物，有着巨大的影响力，同时也表现出令人侧目的“道德勇气”（10）。不同于上流社会的其他成员，明戈特夫人“没有道德偏见”，像“暴发户”一样对上流社会道德风尚之中那些“细微的差别”“漠不关心”（101）。在她眼里，明戈特家族的人（以及他们的纽约上流社会）已经墨守成规：“［这些明戈特家族的人一个个是］在车辙里出生的，轰都轰不出来。”（152）言下之意是说明戈特家族的人都墨守成规，惧怕变革。明戈特夫人不仅认为纽约上流社会“需要新的血液和新的金钱”，而且还欣赏、关心、支持那些为上流社会所不屑的人物。她称赞暴发户博福特“出手大方”（214），并“向来公开表示敬重朱利叶斯·博福特”。在上流社会一致躲避另一暴发户斯特拉瑟斯夫人之时，明戈特夫人却“急切地想要知道是什么让博福特决定（第一次）邀请莱缪尔·斯特拉瑟斯夫人的”（28–29）。当博福特因为投资不慎而破产时，人人都对博福特夫妇唯恐躲之不及，明戈特夫人却同意把她的马车借给奥伦斯卡夫人，以示她对博福特夫人的支持。不仅如此，明戈特夫人还是作品中唯一在无意之中支持纽兰娶奥伦斯卡夫人的人。当纽兰抱怨韦伦德家族拒绝让他和梅提前完婚时，明戈特夫人说：“对了，想当初你为什么不娶我的小艾伦呢?”（153）。最终，也正是明戈特夫人不顾纽约上流社会要在订婚之后两年左右才结婚的习俗，说服韦伦德夫妇，让他们同意纽兰和梅提前完婚。

不同于明戈特夫人，作品对“来路不明的‘外国人’”且“出身卑微”（42，341）的博福特的发迹史交代不多，甚至于“博福特到底是谁?”都成了不为外人知晓的“博福特之谜”（17，33）。根据纽约上流社会的传闻，他很可能只是“冒充英国人”的种族他者。开始时，他拿着“老明戈特夫人的英国女婿的推荐信”来到美国，但他“很快在生意场上谋得了重要位置”（17）。纽约上流社会鄙视他的行为，说他“粗俗”、“没受过教育”、“散发着铜臭味”（136–137）。特别令人反感的是，他公然包养情妇范妮·琳，是一个好追逐女性的“浪荡”之人（17）。正因为如此，甚至有研究者认为他是作品中不敢追求爱情的纽兰的另一个自我：“[博福特]是另一个版本的阿契尔，是扮演了一切阿契尔无法扮演的一个自我。”（Knights 38）尽管如此，纽约上流社会还是接受了他，认为他比“很多在道德和社会地位上高于他的人更值得交往”（136–137）。作品中，博福特被上流社会所接受有几大标志。第一个标志是他借助于婚姻关系进入了上流社会。经梅多拉·曼森的介绍，他娶了“可爱的雷吉娜·达拉斯”。这一婚姻关系显然是金钱和地位的联姻，因为雷吉娜虽然是一个“身无分文的美人”，但她是达拉斯家族的后人，而达拉斯家族是“美国最显赫的家族之一”。有了博福特雄厚的经济实力作为支撑，雷吉娜“打扮得跟偶像似的，浑身挂满了珍珠，一年比一年更年轻，更白嫩，更漂亮，在博福特先生那座庄重的褐色石头大殿上正襟危坐，连带着珠宝的小手指都不需要动一下就把整个社交界吸引了过去”（16–17）。博福特为上流社会承认的第二个重要标志正是他的那座宫殿般的宅第以及每年一度在这座宅第里举办的舞会。这是“纽约最著名的宅子”（17），也是“纽约少数几个有舞厅的宅子之一”。尽管通往舞厅的过道墙壁上所挂的威廉·阿道夫·布格罗的裸体画作《胜利的爱神》有伤风雅，[1]但一年只用一次的奢华舞厅有着“毋庸置疑的优越性”，因而上流社会也就不再为“博福特任何令人遗憾的劣迹”（16）而耿耿于怀了。事实上，博福特的宅第已经成为“纽约人自豪地展示给外国人看”的标志性建筑，而“到博福特家去［参加舞会］”是“二十多年以来”纽约上流社会成员的重要社交活动，与去纽约音乐学会歌剧院去听《浮士德》一样，成了上流社会道德风尚之中的重要仪式。作品不仅把一年一度的博福特家的舞会安排在《浮士德》开演的同一天，从而赋予两者同样的重要性和仪式功能，而且还把这一年的舞会作为纽兰和梅宣布订婚消息的场合。由此可见，博福特、他的宅第、宅第里举办的舞会（以及在其纽波特别墅举行的射箭比

1. 法国学院派画家威廉·阿道夫·布格罗（William–Adolphe Bouguereau 1825–1905）以裸体画著称，而作品中提及的《胜利的爱神》通常指的是文艺复兴时期意大利画家卡拉瓦乔的作品。

赛）已经具有了作品所说的道德“安全色调”（18），成为纽约上流社会风尚的一部分。正因为如此，当博福特因投资失败而破产时，叙事人感叹“博福特夫妇的消失将会在［纽约上流社会］紧密的小圈子里留下巨大的空白”，而且尽管有些人因为“无知或无所谓”而“并不为这一道德灾难感到恐惧”，但就连这些人“也已经为纽约即将失去最好的舞厅而提前哀叹了”（271）。

虽然博福特的破产也是现时进化进程的一部分，但现时的进化进程主要是通过莱缪尔·斯特拉瑟斯夫人的故事呈现出来的。斯特拉瑟斯夫人正是明戈特夫人所说的“新的血液和新的金钱”。按照书中上流社会谱系权威西勒顿·杰克逊的说法，她曾经是一个巡回演出剧团的演员，后来却因为她长着“埃及人那种类型”的“漆黑头发”而得以为百万富翁、鞋油大王莱缪尔·斯特拉瑟斯的产品做广告，（34）并最终嫁给了斯特拉瑟斯。在其丈夫去世之后，她先是长期在欧洲生活，在作品开篇时刚刚回到美国，“开始围攻［纽约上流社会］这个固若金汤的小城堡”（28）。她进入上流社会的第一步是参加博福特夫妇的舞会。按照明戈特夫人的理解，有了博福特夫妇的邀请，“事情也就成定局了”（28）。言下之意是，受邀参加博福特家的舞会成了斯特拉瑟斯夫人正式进入纽约上流社会的仪式，标志着她为这一社会接受了。明戈特夫人的话一语中的；虽然斯特拉瑟斯夫人与明戈特夫人及博福特一样，自始至终都遭到保守势力的抵制，但作品通过她在其府上新创的“周日晚会”说明她在短短的两年时间里就成了上流社会的一员。斯特拉瑟斯夫人觉得“纽约到了周日这一天就无所事事”，所以她决定每个周日都邀请新艺术家到她府上去，借此让上流社会成员“乐一乐”。（76–77）“周日晚会”既代表着上流社会成员构成的变化，又标志着其道德风尚出现了新的内容和新的仪式，因而象征着纽约上流社会道德风尚进化进程中的变异。在这一新仪式创建之初，奥伦斯卡夫人不顾习俗接受了斯特拉瑟斯夫人的邀请，结果使纽兰的母亲感到不安，因为在她看来，奥伦斯卡夫人这么做没有“尊重纽约的感情”（87）。不过，斯特拉瑟斯夫人的围攻最终还是大功告成，就连梅后来也成了她的座上宾；用梅自己的话来说，“时下人人都到斯特拉瑟斯夫人家去”（261）。这无疑说明“到斯特拉瑟斯夫人家去”与“到博福特家去”一样，已经成为纽约上流社会道德风尚的一部分。

此外，华顿在作品的最后一章中还进一步展示了纽约上流社会道德风尚的未来进化进程。此时，时间已经转过了26年，来到了19世纪末20世纪初《欢乐之家》的时代，而纽兰和梅的儿子达拉斯已经长大成人，即将与博福特和其新妻子范妮·琳的女儿范妮·博福特结婚。当初，劳伦斯·莱弗茨曾经感叹“事态如果照这样发展下去……那么我们将会看到我们的子女们为了拿到去骗子家的请柬或嫁娶博福特的杂种而你争我夺”（341）。莱弗茨的话一语成谶；纽兰的儿子达拉斯果然迎娶的是博福特的女儿范妮。不过，这并不是莱弗茨预料的世风日下的道德风尚，而是未来社会朝着进步的方向进化的风向标。在这一未来的进化进程中，达拉斯的“身心都属于新的一代”（359）。与其他年轻人一样，他已经从其父辈的“法律和商业职业中解放了出来”，并按照其“艺术”偏好成了一名建筑设计师（348）。范妮·博福特不仅“遗传了[其母亲的]美貌”，而且还在巴黎圣母升天学院学习过，是一个“漂亮、令人开心且有成就的”姑娘。在其父母去世之后，18岁的范妮来到纽约，但上流社会并没有因为其出身而像当初“怀疑和害怕”奥伦斯卡夫人那样看待她。相反，人们“高高兴兴、理所应当地接纳了她”，没有人“心胸狭窄到要去翻她父亲那些已经被人们依稀淡忘了的陈年老账或追究她的身世”。实际上，由于范妮的监护人是纽兰妻子梅的弟媳妇，所以达拉斯和范妮订婚的消息并“没有让任何人觉得奇怪”（355–356）。当然，作品通过拉达斯和范妮即将到来的婚约反映的是历史大背景下纽约上流社会道德风尚的未来进化进程。26年斗转星移，人世沧桑，纽约上流社会在历史大潮的裹挟下已经进入了一个完全不同的时代。电话、电灯、跨大西洋的旅行方式已经彻底改变了人们的生活，而相伴而行的社会风尚的变化更在根本上改变了纽约上流社会的道德风尚。想当初，爱默生·西勒顿教授的考古学职业曾经让上流社会所不齿。与之相对照，如今的年轻人“热衷的是中美洲的考古、建筑学和景观工程”，这些成了时尚的一部分。从前上流社会是一个“象形的世界”（42），事物的真相从来不可言说，只能用“空格”表达“成卷成卷的影射话语”（34），而今达拉斯对纽兰讲话直来直去，无异于19世纪70年代博福特、奥伦斯卡夫人以及明戈特夫人等纽约上流社会的另类成员直截了当的讲话方式。华顿站在20世纪头十年末期的历史高度，把凡此种种纽约上流社会未来道德风尚的变迁纳入到作品的视野之中，从而既展示了这一社会完整的进化进程，又为审视以纽兰和奥伦斯卡夫人为作品核心的道德寓意提供了参照框架。

《纯真年代》在以上三个方面的进化进程的背景上所要反映的是另一个进化论道德观。如果说以上这些进程说明了纽约上流社会的道德风尚是一个因变异而进化的范例，那么，作品通过纽兰和奥伦斯卡夫人之间的感情纠葛所展示的则是同样符合达尔文进化论的道德观。现有的研究一方面在很大程度上忽视作品大背景下纽约上流社会道德风尚的自然进化进程，另一方面又用这一自然进化进程中所包括的道德观念（如明戈特夫人所说的纽约上流社会需要新鲜的血液和金钱）批判这一社会及其道德观。这一视角隐含的前提假设是，纽约上流社会的道德风尚以集体/

部落的力量扼制个人以及个人的情感是不道德的行为。这样的视角从今天的角度来看似乎没错，但它并不符合达尔文对人类道德起源的解释。达尔文在《人类的由来》中一再强调人类的社会情感和道德情感的进化同样受制于自然选择法则，认为更高的“同情、忠诚和勇气”是一个部落战胜另一部落的保证，并反过来通过不断地进化把人类的道德观提升到更高的层次。然而，值得注意的是，达尔文所说的道德观并非个人的行为，而是部落作为一个整体能够生存的保证（*Descent*，vol. 1：161–165）。换言之，达尔文所谈的人类道德实质上是集体或部落生存意义上的道德。这一点我们可以从达尔文一个有关道德的疑问看出来。他在论述了道德起源的自然选择法则之后，接着又质疑这一法则：

> 更有同情心和仁慈心的父母的后代，或者最忠诚于其同志的人的后代，能否比同一部落中那些自私而奸诈的父母所生养的子女数量更多，这极其令人怀疑。与许多野蛮人一样，随时准备牺牲其生命的人不会背叛其同志，因而往往不会留下遗传其高贵天性的后代。最勇敢的男性总是愿意在战争中冲锋陷阵，为了他人而慷慨地冒生命之险，所以平均起来在消亡的数量上要高于其他男性。因此，……具有如此美德天赋的男性的数量或者他们优秀［的道德］水平似乎极不可能通过自然选择（也即适者生存的法则）而提升。（*Descent*，vol. 1：163）

对于这一疑惑，达尔文的解释是，一方面，具有美德的人愿意牺牲自身的利益是因为他们知道他们会得到他者的同情和帮助；但更重要的是，另一方面，人们本能地“喜欢赞扬，惧怕耻辱”。在达尔文看来，人类早期的始祖们“能够感受到并受其同类的赞扬或责怪所驱使”（*Descent*，vol. 1：163），而具有美德的人的行为会在其他人心里激发起“同样的对光荣感的渴望”，并“通过实际行动强化［他者心目中的］高贵的钦佩之情”。这样一来，具有美德的人“对其部落的贡献就远大于生养具有遗传自己高贵人格倾向的后代”（*Descent*，vol. 1：165）。很显然，达尔文所说的道德虽然具体表现在个人身上，其意义却在部落的生存，是部落生存意义上的道德起源观。

纽兰和奥伦斯卡夫人的故事体现的正是达尔文进化论意义上的部落道德观。尽管这一故事并不涉及牺牲个人的生命，尽管纽兰似乎更多地从人类学而不是进化论的角度观察世界，但故事所涉及的双方——纽约上流社会的保守势力以及当事人纽兰和奥伦斯卡夫人——都以维护部落集体的利益和生存为首要任务，体现出明显的集体道德观。

就其保守势力而言，作品特别强调纽约上流社会是一个由家庭、宗派、小团体构成的部落。经过两个世纪的进化，这一部落以及组成该部落的群体为了“家族的尊严”和部落“集体的利益”（14，110），逐步形成了防止内部成员的破坏、抵制外来入侵的部落本能、部落纪律、“团队精神”（*esprit de corps*）以及同仇敌忾的“团结精神”（sense of solidarity）（35，263），演化出以得体和品味为核心的道德风尚，甚至对与这一道德风尚相左的行为有着“集体的恐惧”（184）。其中，莱弗茨是部落道德风尚的发言人，纽兰的妻子梅是部落道德规范的完美代表，而范德卢顿夫妇则是部落纪律的最高守护者和仲裁者。莱弗茨虽然“经常与其他男性的妻子发生恋情”（42），但他自认为是上流社会道德风尚的榜样。在他看来，“如果别人都以他为榜样，拿他的话作为行为准则，那么上流社会就不会软弱到接受博福特这样的外国暴发户的地步。”他认为，问题还是出在上流社会内部，因为如果上流社会都像他一样，即使博福特娶了范德卢顿家族或兰宁家族的女子，也没有机会钻进上流社会。他宣称，上流社会接受平民女子的危害也许并不大，但“容忍出身卑微、钱不干净的男性一旦成为潮流，其结局就是彻底崩溃”（341）。作为部落道德规范的代表，梅是纽约道德风尚表面上的纯真成员和真正的“射手”（archer）；她循规蹈矩，本能地遵循上流社会的道德准则和行为规范，从而达到自己的目的，是这一道德风尚的得益者。同时，梅也是一个完全被上流社会道德风尚所固化的受害者。在最后一章中，作品通过纽兰的视角说她“缺乏想象力，没有长进，也没有退步”，对一切变化视而不见，连从前那个世界“已经分崩离析、换了新颜都浑然不知”，更看不出其丈夫和子女“掩藏了他们的看法”（351）。范德卢顿夫妇则利用其家族的威望维护部落的稳定。当各个上流社会家族拒绝参加洛弗尔·明戈特夫妇为欢迎奥伦斯卡夫人而设的宴会时，范德卢顿借宴请其英国亲戚圣奥斯特利公爵之机把奥伦斯卡夫人包括在客人名单之中，从而轻松地替明戈特家族维护了家族尊严。当纽兰和奥伦斯卡夫人的恋情威胁到梅的婚姻时，纽约上流社会又在范德卢顿夫妇的参与下，通过为奥伦斯卡夫人举行送行宴会的部落仪式，把她驱逐出纽约，从而确保了部落的稳定和团结。在此，重要的并非个人或个人的情感，而是部落的生存和利益。正如作品中纽兰对奥伦斯卡夫人所说的那样，当家族与个人之间发生冲突时，个人“几乎总是所谓的集体利益的牺牲品”（110）。

纽兰和奥伦斯卡夫人虽然表面上成了部落道德风尚的反叛者，但不同于博福特、斯特拉瑟斯夫人甚至范妮·琳，他们本质上并非部落道德风尚真正的他者或敌人。实际上，他们虽然是集体利益的牺牲品，但两者在很大程度上并非被其部落牺牲了，而是为了集体利益牺牲了个人的情感。两者在个人感情和行为举止上确实表现出一定的反叛精神，并且最终不得不放弃个人的情感和欲望。然而，他们本质上并非纽约上流社会真正的入侵者。纽兰本来就是该部落的成员，而奥伦斯卡夫人则是这一部落的散落成员。不同于博福特或斯特拉瑟斯夫人，他们并非外来者，所以也就无法置部落的利益于不顾。因此，即使我们把他们视为部落的牺牲品，他们也是为了部落的利益而牺牲了个人，而不是部落的入侵者和部落道德与利益的破坏者。由此可见，两者的故事所体现的道德观正是与达尔文进化论相符的部落道德观。实际上，纽兰不仅谨遵上流社会男性的所有道德规范，惧怕标新立异可能会带来的麻烦，而且在部落道德观念上与部落道德代言人莱弗茨无异，甚至于当他在作品最后一章中身处奥伦斯卡夫人巴黎寓所的楼下时，他都没有上楼去见她一面。在他看来，斯特拉瑟斯夫人之所以最终被纽约上流社会接受，原因在于“[上流社会的]城堡里总会有一个叛徒，而当他（或者通常是她）交出了[城堡的]钥匙之后，再假装城堡固若金汤也就无济于事了”（262）。纽兰对道德风尚变迁的态度也许有别于莱弗茨，但两者对问题症结所在的看法则完全一致，因为他们都认为问题出在部落内部。更为重要的是，纽兰在道德问题上与达尔文所说的那些具有美德的部落成员相一致。达尔文所说的道德品质胜人一筹的那些部落成员最终为了部落的生存而牺牲个人的生命；与之相类似，纽兰虽然也认为他个人“在智力和艺术问题上”“明显胜过”（6）他身边的那些绅士，但他最终还是为了家族和部落的利益而放弃个人的追求，成了受人尊敬的“一个优秀公民”（349）。其实，纽兰与奥伦斯卡夫人之间的感情也与家族的荣誉不无关系。他之所以急于在博福特家的舞会上宣布他与梅订婚的消息，为的是这样一来就等于宣布有“两个家族”联合起来“站在［奥伦斯卡夫人］一边”（172）对抗其他家族对她的怠慢，而他之所以急于与梅成婚，是因为他担心自己对奥伦斯卡夫人的感情会发展到不可收拾的地步，因而本质上也是为了维护传统道德观念。

奥伦斯卡夫人在很大程度上也代表着进化论道德观。她被研究者称为“华顿最有胆识、最独立的女主人公”（Singley 166），敢于无视纽约上流社会的道德风尚。她长着“深色的头发”和“黑色的眉毛”（74），因而是形象上的外国人。同时，由于她长期生活在国外，与纽约上流社会的道德风尚格格不入，因而又是文化上的外来者。然而，她毕竟还是纽约上流社会部落的流散成员，因而本质上并非该部落道德的破坏者和侵略者。尽管她确实因感激而对纽兰产生了真挚的感情，但在处理她与纽兰之间的感情纠葛上，正是她在关键时刻维护了纽约上流社会的道德风尚。当纽兰打算离开梅而与她一起远走他乡时，正是她直面现实，打碎了纽兰的幻想。一方面，她替梅着想，认为如果纽兰不顾他的家庭和婚姻，梅也将成为受害者：“对梅来说，不也是一件糟糕的事吗？”（243）另一方面，她还认为世上并没有纽兰所幻想的理想国度：“那个国度在哪儿呢？你到过那儿吗？”（293）最后，当梅对她谎称自己怀孕了的时候，奥伦斯卡夫人违背自己的心愿，选择了回到欧洲去。在她看来，“为了让别人不至于幻灭和痛苦而有所放弃，有所失去，如果这都不值得的话，那么我回家来所寻找的一切的一切……就成了一片幻景，一场空梦。”（244）换言之，奥伦斯卡夫人是为了梅及其家族成员的幸福和尊严而决定牺牲自我、放弃自己的情感而回到欧洲去的。显然，她的这种为了他人和家族的利益而牺牲自我的精神无异于为了部落利益而牺牲个人生命的进化论道德观。

《欢乐之家》虽然在时代背景和情节内容上有别于《纯真年代》，但它所展示的20世纪初纽约上流社会的生活也是通过达尔文进化论的棱镜折射出来的。欧勒认为，华顿早年曾经欣赏斯宾塞的社会达尔文主义思想，但她通过作品中莉莉·巴特的故事对抗的正是"从斯宾塞的目的论进化论那里派生出来的社会达尔文主义"（5–6）。欧勒的意思是，作品中莉莉不能适应环境的变化，最终走向死亡，这说明华顿坚持从达尔文在《物种起源》和《人类的由来》中所阐述的自然选择的进化观点，但进化并不一定导致目的论社会达尔文主义的进步和乐观。从实际情况看，尽管我们很难准确判断华顿坚持或反对的到底是哪一种进化理论，但各种进化理论确实存在于《欢乐之家》的语言、人物以及情节发展之中。语言上，"本能"、"遗传"、"适应"、"环境"、"种族"、"血统"、"巧合"等与进化论相关的词汇大量存在于作品对主要人物的描写之中。就人物而言，莉莉和劳伦斯·塞尔顿这两个主要人物不仅从进化论的角度看待人和事，而且他们的行为、观点甚至命运也与进化论之间有一定的契合之处。作品中，塞尔顿对莉莉的看法，莉莉对自身的分析，莉莉以及书中其他人物对犹太人西蒙·罗斯代尔的看法，或多或少都基于进化理论的语言和视角。就情节发展而言，书中影响情节发展的事件大多并非事先的安排，而是有违个人意志的巧合。以莉莉为核心的故事在一系列的巧合中开始，在巧合中发生重大转折，最后莉莉还因为巧合而丧命。开篇伊始，莉莉因为误了三点一刻的火车而在纽约中央车站巧遇塞尔顿，随后又在塞尔顿所居住的公寓楼梯上偶遇哈芬夫人，走出公寓楼之后又遇到了罗斯代尔，而后者又正好是公寓楼的主人。这样，在一连串的巧合之中，莉莉先后见到了她的两个主要追求者，而偶遇哈芬夫人则为作品考验莉莉的道德观打下了伏笔。由于这次偶遇，哈芬夫人才把莉莉误认作伯莎·多塞特，造成她试图把无意中得到的伯莎写给塞尔顿的情书卖给莉莉。莉莉虽然为了塞尔顿的原因而从哈芬夫人手上买下了这些情书，但她到底是否愿意出卖这些情书以摆脱自己的困境则成为考验其道德底线的关键问题。除此以外，巧合还在其他关键时刻突显其作用。在作品第一部结束之时，格斯·特雷诺深夜设计诱奸莉莉，但正当她好不容易从特雷诺家逃脱之际，偏偏又被路过的塞尔顿撞见，从而造成他对莉莉的误解。作品最后，莉莉的姑妈佩尼斯顿夫人留给她的遗产出乎意料地提前到账，她终于可以利用这笔遗产还清特雷诺为勾引她而给她的钱了，但她为了摆脱失眠的痛苦而多喝了几滴三氯乙二醇，结果因此长眠不醒。值得注意的是，这一结尾重演了作品开篇中巧合的作用。莉莉在买药时，药剂师警告她三氯乙二醇的性能“变幻莫测”（465），而她喝药时也知道该药的效果“不可预料”。不过，她认为那只是有“百分之一的可能性”（521）。与此相同，作品开篇时，莉莉一方面认为她到塞尔顿寓所喝茶是“一件自然的事”，另一方面又与作者一样了解当时的风尚，清楚单身姑娘“跟单身汉朋友到其寓所喝茶”是“无以复加的恐怖行为”，“可能会让她名誉扫地”（“Introduction” 268，269）。在作品中，尽管莉莉离开塞尔顿的公寓时觉得“遇到人的可能性只有千分之一”（19），但残酷的现实是她既碰上了哈芬夫人，又被罗斯代尔看到，并从此开始了其人生的下坡路。当然，莉莉本质上并非完全由主导自然选择和变异的巧合所控制的生物体，但作品情节中的种种巧合显然意在突显其存在之中的自然属性，强调莉莉作为生物体如何在种种巧合编织之下走向毁灭的进化/演化过程，表现自然选择在这一过程中所起的作用。

然而，巧合仅仅是有关莉莉这一生物体的故事的一个不可忽视的因素，因为除此以外还有两个更为重要的因素：道德和种族。[1] 就道德而言，《欢乐之家》典型地呈现了有违达尔文进化论意义上的道德观。道德观考量着莉莉的适应能力和生存能力，既是其本人无法回避的问题，也是作者华顿在创作过程中不得不考虑的问题。华顿在回忆《欢乐之家》的创作时说，“最愚笨的评论方法莫过于按照作品应该写什么去评判小说”，但她同时又说讲故事的人之所以决定讲某一故事，其根本问题还在于“要从一个主题中提炼出典型的人类重要性”。这两句话都与主题相关，但前者是素材选择问题，是题材（subject），后者是作品要表达的主题（theme）。那么，《欢乐之家》通过纽约时尚界这一素材要表达的道德寓意是什么呢？华顿说，“答案在于，一个轻浮的社会只能通过其轻浮毁掉的东西而获得引人注目的意义。其悲剧性含义在于其贬低人和理想的能力。简言之，答案在于我的女主人公莉莉・巴特。”（*Backward* 207）在此，华顿所面临的问题与达尔文别无二致。对于达尔文来说，他必须“完全从自然历史的一面”考察“道德或良知”这一人类与低等动物之间“最为重要的”差别。（*Descent* vol. 1：71）类似地，华顿在作品中所面对的也是莉莉以及她所处的那个纽约上流社会的道德问题。她所谓的那个“轻浮的社会”及其“轻浮”指的无疑就是纽约上流社会的道德缺失。不过，“答案在于我的女主人公莉莉・巴特”一说并不意味着华顿把莉莉视为那个轻浮的社会的对立面。以达尔文的道德起源理论为参照，华顿在作品中揭示了两个相互关联的问题：一、莉莉所处的上流社会缺乏集体意义上的道德观；二、莉莉个人的道德观也与达尔文的道德观相左。

莉莉所处的那个小圈子的轻浮表现为达尔文进化论意义上的道德

---

1. 关于莉莉故事与种族的关系，详见下一节的讨论。

缺失。作品中，格斯·特雷诺借着为莉莉投资赚钱的名义在她身上花钱，为的是得到她在肉体上的回报；伯莎·多塞特为了掩盖她与诗人内德·西尔弗顿之间的婚外情而邀请莉莉去欧洲，目的是利用她分散其丈夫乔治·多塞特的注意力，但当其婚外情败露时却指责莉莉勾引乔治。即使是作品中莉莉半心半意的爱慕者劳伦斯·塞尔顿在道德上也乏善可陈。表面上，他追求的似乎是他所谓的“精神共和国”（108），甚至还声称要把莉莉置于这个共和国的“王位上”（113），但他事实上曾经与伯莎有染。尽管莉莉为了保护塞尔顿的名声，从哈芬夫人手上买下了伯莎写给他的信，并最终拒绝以此要挟伯莎为自己挽回名声，塞尔顿却没有在莉莉名誉受到玷污时给予帮助和理解，而是顾及自己的名声离她而去。按照达尔文的说法，道德观起源于社会本能，同时也是自然选择的产物，而根据自然选择的法则，只有那些具有道德情感的人类部落才会生存下来。这就意味着道德观关乎部落群体的生死存亡，决定着这一群体是否能够在其环境中生存下来。很显然，《欢乐之家》中莉莉所处的那个时尚圈根本没有部落群体意义上的道德观念。与《纯真年代》相反，作品中纽约时尚圈的轻浮恰恰说明这是一个道德堕落的社会群体。这不仅表现在其种种寻欢作乐的时尚生活上，更体现在群体成员之间缺乏道德情感上。他们非但不能为了群体的利益而牺牲个人利益，反而为了个人利益而不惜牺牲他者的利益。在这一意义上来讲，莉莉之死并不仅仅是其个人的悲剧，而且还是纽约时尚界这个群体的悲剧。

其次，往往被研究者忽视的一个事实是，莉莉本人也缺乏进化论意义上的道德观。莉莉所处的那个小圈子当然对她的死有着不可推卸的责任。莉莉之死无疑印证了适者生存的自然法则，说明了她并不是能够适应其环境的生物体。不过，她之所以不是适者，不能生存，最大的障碍与其说是她的“物质需要”，还不如说是她的“道德顾虑”（487）。从适者生存的角度来看，莉莉本来可以凭借她手上的信件破坏伯莎·多塞特的婚姻，并取而代之，嫁给其丈夫乔治·多塞特。她也可以按照西蒙·罗斯代尔的要求，用这些情书要挟伯莎，从而既为自己恢复在社交界的名誉，并借此嫁给罗斯代尔。然而，她并没有这么做，而是出于对塞尔顿的情分，把那些情书付之一炬，从而失去了在上流社会立足的最后机会。就此而言，莉莉的道德顾虑确实把她与她身边那些轻浮、没有道德顾虑的成员区分开来，成了他们轻浮道德观的牺牲品。然而，我们也应当知道，莉莉也是那个轻浮的上流社会的一员。事实上，她的悲剧并非完全因为她受道德顾虑的束缚而不能适应环境，而是因为她缺乏恒定的道德力量造成的。尽管她直到作品的最后仍然展现出一定的道德情感，但本质上她与她那个时尚圈的其他成员一样是一个道德观上有缺陷的人物。所不同的是，伴随着其社会地位的降低，她的道德观似乎在塞尔顿的精神共和国的影响下不断升华。作品开始时，她完全与她那个圈子里的成员一样，似乎生存在一个没有道德情感、受自然选择支配的世界之中。早在作品第一章中，华顿就借助莉莉本人之口说明塞尔顿的表妹、热心慈善事业的格蒂“喜欢从善”，而莉莉自己则“喜欢快乐”（10）。这说明华顿从一开始就把莉莉归入了轻浮的社会成员之列，并在善的道德与本能的享乐之间画上了楚汉分明的界线。后来，由于不怀好意的格斯·特雷诺的经济资助，莉莉有了钱，并在“一时的慷慨冲动”之下向格蒂负责的慈善机构捐了300美元，而由此而来的“慷慨的慈善视野”促使她发现了“人的慈善本能”，使她感到“天地忽然开朗”（180）。不过，莉莉似乎本质上无异于她那些时尚的朋友们，道德情感不过是其一时的冲突，充其量只是休眠的本能。尽管她拒绝罗斯代尔的建议，放弃用情书胁迫伯莎，但在她的眼里，这么做是“为了恪守所谓的道德生活的常规而作出的牺牲”，而这不过是“抽象的荣誉观念之一”（485）。莉莉清楚地意识到她的决定不过是一时之选，并不标志着其道德情感的升华：“经验告诉她，她既没有那份天资，又缺乏道德恒定心，因而不可能在生活上改弦更张，走崭新的路，成为劳动者的一分子，无视奢华和享乐的世界，任其从她身边溜走。”（486）

事实上，尽管作品制造了一种假象，让人觉得莉莉最终出于道德顾虑而没有利用伯莎的情书为她自己换取立足时尚圈的机会，而这似乎标志着道德情感压倒了物质的需要，并最终造成她走向毁灭的结局。不过，这样的理解在很大程度上不过是读者的一厢情愿。其实，莉莉最后焚毁伯莎情书的做法仍然是一时的冲动，并非理性指导下的道德选择。作品虽然交代了莉莉经过一夜无眠的心理斗争之后，“几乎不知道胜利在［物质需要还是道德顾虑的］一方”（487），但在她最终拿着那些信件出门的时候，她显然决定放弃其道德顾虑而追求物质需要，因为她的目的地正是伯莎家：“她十分熟悉多塞特夫人的习惯，知道五点之后总能在家找到她。确实，这时她可能不接待来客，特别是这么一位不受欢迎的客人，而且还有可能为了躲避这样的客人已经作了特殊吩咐。不过，莉莉已经写好了一张便条，打算通报她名字的时候把这张便条带进去，她认为这样也许就会让她进门了。”不过，尽管她出门时觉得她“对形势的审视依然冷静而坚定”（490），但她再次在没有计划的情况下改变了想法，进了塞尔顿的公寓，把那些信扔进壁炉焚毁了。如果说莉莉的道德情感因其个人的特性而有悖达尔文有关道德起源自然属性的解释，那么，她冲动之下表现出来的道德本能又与达尔文有关人类道德第二属性的论述相违背。达尔文在《人类的由来》中认为“人类道德起源的第一基石”

是基于自然选择的社会本能，但他同时强调，虽然“道德功能比智力的价值更高”，但人类良知“虽属第二位却是根本的基础之一”（*Descent* vol. 2：393）。达尔文认为“人类道德天性已经达到了最高水平”，原因一方面在于“思维能力的进步和由此而来的公正的公共舆论的进步”，另一方面也在于“习惯、榜样、教诲和反思而更加温情、更加广泛传播的同情心”（*Descent* vol. 2：394）。换言之，道德情感虽然发轫于属于第一性的自然，其高度发展却离不开属于第二性的智力和理性。以此为标准，莉莉道德情感的偶然显现并非坚定不移的道德信念，而是发乎自然的本能和一时的冲动，缺乏理性判断的基础。很显然，莉莉的问题并不在于她缺乏道德冲动的本能，而在于她缺乏理性且持之以恒的道德行动能力。

值得注意的是，《欢乐之家》中的道德行动能力并不完全是与善恶是非相关的道德观念。从措词看，华顿所说的是道德恒心，而不是恒定的道德观念。就此而论，莉莉缺乏的不是道德判断能力，而是在道德行为上缺乏恒心。说到底，莉莉之所以一定会走向死亡，原因主要在于其轻浮的生活方式和人生态度。无论如何，她处于上流社会，完全具有维持基本生存所需的财力，其生活境地也远远好于作品中那些处于社会底层的劳动者。在这方面，莉莉与作品中她最后见到的那位内蒂·斯特拉瑟形成了极大的反差。内蒂出身贫寒，曾经因为遭人玩弄抛弃而病倒，是莉莉眼里“生活中多余的碎片，注定要过早地被扫进社会的垃圾堆”（506）。出乎其意料的是，内蒂不仅生存了下来，而且建立了温暖的家庭，对未来充满希望。与之相比，莉莉的境遇要好得多，但偏偏“被扫进社会的垃圾堆”的正是她，其中的原因明显在于其对待生活的态度出了问题，走不出那个轻浮的世界。这才是她缺乏道德恒心的真正表现。

与莉莉的故事一样，《国家风俗》中温迪·斯普拉格的故事同样也是一则道德寓言。提契（Cecelia Tichi）认为，这部作品“大概是华顿最彻底的社会意义上的进化论叙事作品”（90）。其中，“社会意义上的进化论”（socially Darwinian）虽然与达尔文的进化论相关，但它更多地指的是斯宾塞的社会达尔文主义。在提契看来，作品体现了“达尔文进化论的设计”（Darwinian design），因为“华顿把故事主要建构在她在达尔文和赫伯特·斯宾塞的进化论思想中所遇到的二元对立的构想之上”（90，92）。按照达尔文关于道德的说法，“人类通常能够容易地区分高级和低级道德规范”（*Descent*，vol. 1：100），也即人类具有区分利他的道德行为和自私的不道德行为的能力。这种高级和低级的道德规范或者善恶是非之分也正是提契所谓的作品所体现的二元对立道德观。不过，提契认为华顿在作品中通过“系统性的性别倒置”把“拉尔夫女性化”，把“温迪男性化”，同时颠倒了进化论道德观念的二元对立秩序，（100–103）把作品中拉尔夫所代表的高级道德规范置于面临消亡的位置上，而把温迪所代表的不道德的低等道德规范置于适者生存的位置上。提契对作品的这一解释一方面抓住了温迪故事的进化论道德主题，但另一方面又沿用了一直以来研究者对作品道德主题所作的善恶是非的二元区分，把拉尔夫和温迪分别置于善恶两极。问题在于，这样的解释本质上违背了达尔文进化论甚至社会达尔文主义的道德观。仅就达尔文进化论而言，自然选择也决定了具有高级道德观的群体才能生存下来，而温迪的行为——如果我们把它置于恶的一边——显然不符合达尔文的观点。再者，这样的解释还忽略了另一个问题，那就是华顿在作品上——特别是温迪这一人物身上——的投入。这部作品的创作开始于1907年，到1913年出版时已经持续了约6年时间。期间，华顿出版了两本短篇小说集、一部游记、一本诗集、两部中长篇小说。华顿之所以在这部作品的创作上投入大量的精力，原因在于她对它寄予了厚望，期待它能成为一部伟大的美国小说。[1] 事实上，华顿在创作过程中一直把它称为“我的……伟大的美国小说”、“一部真正的杰作”、“那部大作”（*Letters*，146，240，252）。她把作品冠以“国家风俗”这一书名，从而把温迪的故事提高到国家层面上，其中多多少少透露出她对该书的期望以及温迪这么一个普通人的故事之于美国社会的重大意义。

更重要的是，把温迪置于高级道德规范的反面，实际上忽视了作品背后华顿的影子。在创作《国家风俗》期间，华顿与其丈夫泰迪·华顿离婚，并与富勒顿维持了一段情人关系，而这些与作品中温迪一再离婚以及她的婚外情经历也不无相似之处。就此判断，温迪身上很可能还有华顿自己思想、感情、经历的投射。如果温迪对道德和婚姻的看法在一定程度上是华顿自己观念的反映，那么把温迪的道德观置于高级道德规范的反面就显得有点不合情理。其实，如果我们不是把道德理解为狭义的善恶是非，而是广义地理解为对人生的态度，那么《欢乐之家》中的莉莉和《国家风俗》中的温迪的道德观就会呈现出完全不同的景象。尽管莉莉不无偶一为之的道德顾虑，但她本质上还是属于纽约时尚圈，而华顿在作品中所批判的正是这个圈子的道德轻浮。研究者没有注意到的是，《国家风俗》正是在道德轻浮这一层面上颠覆了莉莉的故事。就此而言，温迪在一定意义上传达了华顿对莉莉那个道德轻浮的时尚圈的批判。莉莉所处的那个小圈子正是温迪眼里的那个“时尚社会”的纽约上

1. 详见Rattray 1–2。关于“伟大的美国小说”（The Great American Novel）的概念，详见Buell 23–45。华顿有关伟大的美国小说的讨论，详见Wharton, “The Great American Novel” 151–158。

流社会。在温迪看来，这一时尚社会“非常不道德”，是“一个中了毒的环境”，在这个环境中她“永远也不会真正快乐”（62）。在此，温迪成了华顿的代言人，重复了华顿通过《欢乐之家》对纽约时尚圈的批评。此外，华顿为作品起名为“国家风俗”，其中也隐含着她对美国社会传统道德风尚的批判。作品中，她通过局外人查尔斯·波文之口指出美国的根本问题在于其“国家风俗”，也即他所说的“普通美国男性蔑视其妻子”的问题：“为什么？因为这与国家风俗背道而驰。这是谁的过错呢？又是男性的错——我并不是指拉尔夫，而是指他所属的那群生物：智人，美国人。我们为什么没有教会我们的女性对我们的工作感兴趣呢？原因很简单，因为我们对她们没有足够的兴趣。”（205–206）从中不难发现，虽然华顿并没有认为温迪这样的女性是无辜的，但她认为根本的原因还在于美国的国家风俗出了问题，因为这是一个不关心甚至蔑视女性的社会。鉴于此，我们不能草率地指责温迪这个生物体的道德观。

《国家风俗》确实呈现了一个生物学进化论意义上的美国社会或“国家风俗”。就温迪而言，华顿把她当作与莉莉一样无依无靠、脱离其生存环境的生物体。虽然两者的出身不同，一个属于纽约上流社会，另一个则来自美国中部的中产阶级家庭，但两者都不得不依靠自身的打拼以立足于社会。莉莉因为父母去世而成为“一个孤独无助的生物体”，只能靠“遗传而来的倾向”和“早年的训练”（486）生存。温迪虽然有父母的陪伴，但其父母对她——用辛格莱的话来说——“过度放纵”（59），因而她所缺乏的正是早年的训练。她本来就是纽约上流社会的外来者，属于拉尔夫眼中的“入侵者的女儿”（78），因而在纽约上流社会这个“由层层岩石包裹起来的圈子”面前不过是“无助而颤巍巍地漂浮的生物体”（57）。作为生物体的温迪受制于遗传和环境。尽管温迪的父母斯普拉格夫妇都不是作品所说的“遗传的研究者”，想不通温迪“激情四射的活力从何而来”，但作品叙事人知道那完全来自其父亲的遗传：“答案可以从观察她父亲的商务活动中得出来。在踏上华尔街的那一刻，斯普拉格先生就成了另一个人。”（119）实际上，温迪不仅遗传了其父亲的活力，而且还有着“其父亲的经商本能”（236）。

温迪的第一位出身上流社会的丈夫拉尔夫·马维尔同样是受制于遗传的个人。不过，不同于温迪，拉尔夫本人是一个“遗传的研究者”，习惯于从进化论的角度解剖自己和他人。他把母亲和祖父称为“土著居民”，把他们比作“美洲大陆上那些正在消亡的居民”，认为他们“注定要随着入侵种族的来临而快速灭绝”。他把华盛顿广场比作“保护地”，预言“要不了多久其居民将在人种学展览上展出”，表演其“从事原始生产的活动”。关于他自己，他一方面觉得他的反传统行为是“具有讽刺意味的遗传学返祖现象”（73–74），另一方面又认为其行为举止体现了“遗传而来的标准”（259）。在此，拉尔夫把纽约上流社会比作美洲土著，认为他母亲和祖父所代表的纽约上流社会即将与美洲土著一样消亡。这一说法既关照了美洲印第安人的命运，又批判了纽约上流社会的“原始”和故步自封，说明拉尔夫以及作者华顿意识到纽约上流社会的道德风尚将不可避免地被新富阶层的道德风尚所替代。

很明显，温迪和拉尔夫在作品中分别代表着华尔街和华盛顿广场所象征的“道德秩序”（336）。道德秩序之间的冲突无疑是《国家风俗》中最重要的主题，但这一冲突也许并非作品中那位没有艺术责任感的肖像画画家普波尔所说的“低等和高等自然之间的激烈冲突”（192），而是华盛顿广场道德秩序所代表的上流社会道德观念和华尔街道德秩序所代表的新富阶层的商业道德观之间的冲突。自从该作品发表以来，书评家和研究者通常把拉尔夫所代表的上流社会预设为道德秩序的规范，并以此作为评判温迪的标准。书评家斥之为“一个理想的魔鬼”，一个“没有性特征”、“绝对不道德”、“绝对自私、理智且令人作呕”、“最令人厌恶的女主人公”，“纯粹粗俗的恶魔”。类似地，著名文学评论家威尔逊（Edmund Wilson）把温迪称为那些描写“靠色相骗取钱财的女人的小说的原型人物”（Rattray, “Introduction” 3）。对温迪的这些道德指责问题颇多，特别是其背后的道德规范本身就是问题。说得极端一些，就像作品名称所宣示的那样，《国家风俗》本身就是20世纪初的语境下华顿想象之中的一部美国女性的史诗，展示的是温迪面对强大的国家风俗的无畏抗争，反映的是时代和风尚的变迁。她的行为也许并非道德高地，更不一定值得颂扬，但也并非淫邪或伤风败俗的不道德行为。实际上，正如上文所说，在温迪眼里，甚至一定程度上在华顿眼里，不道德的恰恰是那个寻欢作乐的轻浮时尚圈和轻浮的纽约上流社会。在这一点上，研究者往往既忽视温迪自己的声音，又忽视其背后的华顿的声音。作品中，在谈起与彼得·凡·德根之间的婚外情经历时，温迪对老乡印第安娜·弗拉斯克说：“我不是一个不道德的女人。”（346）温迪的意思是，她虽然与凡·德根有婚外情，但她并没有像印第安娜建议的那样对凡·德根步步紧逼，不给他考虑和回旋的余地，因为在她看来那样做不道德。以常理判断，温迪的婚外情毕竟有违道德规范，所以她这么说有点避重就轻，显然是为她自己的行为所作的辩护。然而，叙事人对此的评论却恰恰相反：“温迪对印第安娜说她不是‘一个不道德的女人’，这是绝对的肺腑之言。”在此，叙事人没有把温迪的道德问题局限于其婚外情上，而是像在《欢乐之家》中那样把道德扩展到生活方式的层面。在叙事人看来，温迪之所以如她自己所说的那样不是一个不道德的女人，原因在于她并不像时尚社会的那些女性一样“不惜冒险而寻欢作乐”。她对此没有兴趣，更不追求这种虚无飘渺且不道德的生活。她“充满激情且坚持不懈地想要的是两样东西，两样在她看来任何井然有序的生活中必不可少的东西：乐趣和体面”。叙事人认为，尽管“表面上世故”，温迪心目中“有关乐趣的观念”并不比她少女时代在家乡时“少一分天真烂漫”（353-354）。在此，叙事人通过区分上流社会不道德的“寻欢作乐”和温迪所追求的天然纯朴的“乐趣”为她辩护，借此肯定她的真诚。换言之，叙事人认同温迪关于她自己不是一个不道德的女人的说法。叙事人对温迪的评判反映的正是华顿从切身体验出发对温迪婚外情的看法，体现了她对温迪的道德观念的态度，更间接表达了她对上流社会不道德生活方式的批判，而这也与上文论及的温迪对纽约时尚圈生活方式的批评相一致。尽管我们不能就此认为华顿对温迪的道德行为持肯定的态度，但她并不认为温迪的行为应当受到道德谴责，因为问题在于“国家风俗”，在于上流社会的道德规范本身。就此而言，作品中温迪对她与拉尔夫之间的婚姻的感受值得我们注意：“温迪觉得自己深陷困境，被欺骗了；令人难以容忍的是，造成其幻灭的媒介竟然充当起了其行为的批评家。”（227）这句话表面上传达的只是温迪对婚姻的不满，特别她对拉尔夫——“媒介”——的不满。不过，“媒介”一词显然不属于温迪的语汇范围，而是叙事人以及华顿的措词。借助于该词，华顿把造成温迪“幻灭”的原因从拉尔夫身上扩展到他所代表的阶级以及该阶级的道德和价值上，言下之意是上流社会的道德风尚——“国家风俗”——本来是其幻灭的根源，却又反过来充当起了其行为的批评者。如果我们把其中的逻辑再往前推一步，书评家和研究者也充当起了温迪行为批评家的角色，但他们显然选错了批评对象，因为他们的批判对准了温迪的行为，而不是导致该行为的“国家风俗”这一“媒介”。

其实，就道德问题而言，《国家风俗》和《欢乐之家》属于两个完全不同的道德评判框架。《欢乐之家》的道德评判框架是达尔文在《人类的由来》中阐述的进化论道德观。在这个框架中，一个部落能否生存下来，取决于这一部落成员的利他道德情感；按照达尔文的进化论道德观，之所以会出现高度发达的人类文明，原因在于人类在进化过程中通过自然选择发展出了高级的道德情感。在这一意义上来说，莉莉悲剧的根源在于她所处的上流社会缺乏应有的道德情感。就此而言，《欢乐之家》的道德问题源于上流社会本身；即使是作品中源自罗斯代尔所代表的商业道德的冲击也是通过上流社会本身体现出来的。《国家风俗》的不同之处在于温迪以及她背后的华尔街道德秩序是商业道德，属于达尔文《物种起源》的自然选择的道德框架，而这个道德框架本质上与道德无关，属于非道德范畴。按照自然选择的进化法则，人类的进化并不存在既定的目标，也不意味着道德进步；生物界本质上是一个适者生存的世界，而适者并不见得代表着真、善或美。在这一意义上来说，提契把《国家风俗》与斯宾塞社会达尔文主义的适者生存相联系是有道理的。正是因为这一原因，作品中温迪正好与莉莉相反，因为她完全没有莉莉的道德顾虑。虽然作品在描写温迪的过程中多次使用“顾虑”一词，但都毫无例外地处于否定的语境之中：“由于没有道德顾虑，她出击时不会犹豫，也不会偏离其坚定的目标”（165），“无法激起她对举新债的顾虑”（181），“一阵身体上的愉悦淹没了她的顾虑”，“她的顾虑确实不严重”（201），“精明的商业头脑……告诉她这时候不该有这些顾虑”（354），甚至于想到抚养儿子可能带来的负担时她也能“平息其顾虑”，因为她觉得儿子和拉尔夫的家人生活在一起会“更好”（370）。这些“顾虑”无不与道德相关，但作品从来都没有把两者联系起来，其目的显然在于突出温迪行为的非道德内涵。

除了行为的非道德性之外，温迪的生物性还表现在作品对其本能和模仿特征的描写之中。作品描写温迪“女性的本能”（70）告诉她拉尔夫因为她在身边而激动，评价“她的自我保护本能功能完全正常”（163），称她有着其父亲处理不良资产时的“拖延和等待时机的本能”和他的“经商本能”（201，236），能够“本能地成为对话者期待她所扮演的角色”（386）。如果说温迪的本能体现了其生物性和行为的非道德性，那么其行为的模仿特征则彰显了其作为生物体的适应能力。作品把她描写为一个“极其独立而又热心于模仿”的人物，总是“情不自禁地效仿上一次她所见到的人”（19）。开始时，拉尔夫并不认为“她的适应性和多样性并非乎发自然，而是模仿来的”（148），后来却不得不承认她有着“适应周围任何人和抄袭‘他人’言谈举止的本能”（159–160），而她的第三任丈夫、法国贵族雷蒙·德·谢莱则指责她那样的美国人对法国人的模仿不道德、徒有其表：“你们来到我们之中，说我们的语言……模仿我们的弱点，夸大我们的愚行，无视或嘲笑我们在乎的一切。……我们太愚蠢了，竟然想象着因为你们效仿了我们的方式，学会了我们的俚语，你们就会理解使我们的生活正派而体面的东西。”（545）虽然作品对温迪本能的描写彰显了其生物性，但这样的生物性特征不同于《欢乐之家》中莉莉的生物体特征。与不能适应其生存环境的莉莉相反，温迪依靠本能，不断地通过模仿适应环境，走一步，看一步，在适应中保护自己，谋求生存。更为重要的是，作品通过突显温迪的本能和模仿特征，在彰显了温迪行为的生物性的同时也反过来强调了其行为的非道德性特征。

温迪行为的非道德特性具体表现为华尔街道德秩序。她的故事是由她与艾尔默·莫法特、拉尔夫·马维尔、雷蒙·德·谢莱再到艾尔默·莫法特的结婚和离婚循环以及她与彼得·凡·德根的婚外情构成的，但这一切都无涉不道德的情爱，更与寻欢作乐没有任何关系。这一点完全不同于《欢乐之家》所描写的道德轻浮，反映的仅仅是性别经济关系。其实，作品中所有与温迪相关的婚姻关系，甚至于她与彼得·凡·德根的婚外情以及她与拉尔夫之间有关他们的儿子保罗的冲突，都是以经济利益为目的的。虽然这些与温迪的父亲以及莫法特所代表的华尔街的道德秩序没有直接的关系，但正如华顿在作品中所指出的那样，“华尔街的每个术语在第五大道的语言中都有其对应的术语”（537）。就此而言，温迪的行为反映的是华尔街的“商业道德”（239），因而不能以“华盛顿广场的道德秩序”（336）加以评判。这里的关键并不在于商业道德是否无涉道德或属于非道德的范畴，而在于华顿把自然选择的法则运用到华尔街道德秩序和温迪的行为之中，而自然选择的进化无涉道德，因而华盛顿广场的道德秩序也就失去了其效用，没有了用武之地。尽管温迪本人也许并没意识到这一点，但华顿及其作品人物拉尔夫对此显然有着清醒的认识。拉尔夫深知华盛顿广场的居民们根本无力抵抗来自华尔街的新富阶级的入侵，注定要很快消亡；作为达尔文进化论的信奉者，华顿更是相信时代的发展与道德无关。如果封闭且道德轻浮的纽约上流社会不能适应时代和环境的变化，它终究要被外来者征服，不管这样的外来者是温迪这样讲求实效的“亚佩克斯清教思想”（353）信奉者，还是《欢乐之家》中的犹太金融家西蒙·罗斯代尔，或者是《纯真年代》中的暴发户博福特。

三、“十全十美的犹太人”

如果说《国家风俗》中的温迪通过华尔街和第五大道之间的转换而与新富阶层相联系，代表着华尔街的道德秩序，那么《欢乐之家》中的西蒙·罗斯代尔、《国家风俗》中的艾尔默·莫法特以及《纯真年代》中的朱利叶斯·博福特则直接代表着新富阶层和华尔街的道德秩序。与温迪一样，华尔街的这些新贵们无疑都是华盛顿广场的外来者、入侵者，因而无不遭到上流社会的抵制。然而，他们最终大多成了作品中的胜利者。其中，唯一的例外是罗斯代尔。究其原因，罗斯代尔不仅是阶级和道德上的入侵者，而且还是地地道道的外来者。不同于其他来自同一种族的新贵们，罗斯代尔是犹太人，因而是一个种族他者。正是由于这一原因，他的结局——尤其是在婚姻问题上——有别于其他的新贵们。莫法特最终与温迪重归于好；博福特的女儿范妮·博福特最终嫁给了纽兰·阿契尔的儿子达拉斯·阿契尔，从而融入了上流社会。与他们不同的是，罗斯代尔虽然在经济上取得了成功，但由于种族歧视的原因，他并没能与他的意中人莉莉·巴特缔结姻缘。这也就成了研究者批评华顿是种族主义作家的原因之一。

20世纪80年代以来，研究者提出了不少看似言之凿凿的证据，证明华顿是种族主义作家。有关华顿种族主义观念的最齐全证据出自赫尔迈厄尼·李（Hermione Lee）撰写的传记《伊迪丝·华顿》。李列举了包括下文所要讨论的盖茨比信件在内的华顿反犹立场的九条证据。概括起来，这九条证据的主要内容是：一、华顿在一些信件中用了“Yid”（犹太人或犹太佬）这样的词称呼犹太人；二、华顿在去世前不久说过她恨犹太人（607–608）。其实，这些证据有待甄别。其一“Yid”一词在当时不一定含有我们今天所理解的种族诽谤之意。一个类似的例子是“Chinaman”（中国佬）在今天看来是贬义词，但与华顿同时代的水仙花（Sui Sin Far [Edith Maude Eaton] 1865–1914）并没有把该词当作贬义词使用（Sui 223–224, 229）。其二“Yid”是否具有种族歧视的含义，一要取决于其发音，如果

把它读成|ji:d|，而不是|jid|，那它就不具贬义（Shaw 42）；二要看使用者的意图。犹太人自己也用该词自称，但他者使用该词时是否含有歧视则取决于使用者有无恶意。例如，2013年英格兰超级联赛期间，英国首相卡梅伦在论及热刺队球迷能否使用“Yid”一词时就说：“你不得不考虑犯罪意图”（Wilson and Dominiczak）。华顿使用该词时恐怕不见得有“犯罪意图”，这一点我们可以从她致拉普斯莱（Gaillard Lapsley）的一封信中看出来：“我隆重推荐一本新书——《美国潮流》，作者查尔斯·梅尔兹。这是我至今为止看到的这类书中最好的作品——而且我猜还是一位德裔犹太人（German Yid）所作！”（*Letters* 517）华顿的话可能有点高傲，但把它作为其反犹观念的证据则欠妥。她“隆重推荐”梅尔兹的作品，称赞它是同类作品中“最好的”，说明她主观上没有蔑视犹太人或梅尔兹的意思。此外，华顿恨犹太人的说法也需审辨。她的“原话”是：“我恨犹太人，而且我不喜欢他们给了我们宗教信仰的说法。小时候，基督受难的故事常常令我备受折磨。”（Benstock 388）问题在于：一、这一说法转述自其挚友泰勒（Elisina Tyler），其可信度有多大不得而知；二、能否把华顿有关宗教信仰的表述视为其反犹观念的证据也是一个值得考虑的问题。除此之外，研究者还提出了两方面看似十分有力的证据：一是华顿的盖茨比信件，也即她写给菲茨杰拉德（F. Scott Fitzgerald）的一封与《了不起的盖茨比》（*The Great Gatsby*，1925）相关的信件；二是《欢乐之家》中莉莉和罗斯代尔这两个人物形象之中所包含的种族主义色彩。其实，就这两方面证据而论，研究者对华顿的指责是站不住脚的。实际上，无论是华顿在盖茨比信件中表达的真实观点，还是华顿所信奉的达尔文有关人类种族的理论，或者是《欢乐之家》本身所包含的种族观念，都把相关的讨论引向了相反的方向。

1925年4月，菲茨杰拉德把刚刚出版的《了不起的盖茨比》寄给同处巴黎的华顿，但由于当时华顿出门在外，直到同年6月8日才给菲茨杰拉德写信表示感谢。这封信就是后人所谓的“华顿的盖茨比信件”。1945年，艾德蒙·威尔逊把该信收录进菲茨杰拉德身后出版的《崩溃》（*The Crack-Up*）一书。此后，该信的影印件又刊载于1972年的《菲茨杰拉德/海明威年鉴》（*Fitzgerald/Hemingway Annual*）中。1988年，该信最终由路易斯夫妇收进《伊迪丝·华顿书信集》。[1] 鉴于研究者对该信内容的误读很大程度上导致了学术界对华顿以及《欢乐之家》的误解，现根据该信路易斯夫妇的版本全文翻译如下：

白鸽花园居

圣布里斯-苏福雷

1925年6月8日

亲爱的菲茨杰拉德先生：

过去的几周里我一直游荡在外，几天前才发现你的小说——还有其友好的赠言——在此等待我归来。

承蒙赠书，令我感动，因为我觉得你们这一代已经朝着未来迈出了飞速的一步。对你们来说，我在文学上一定相当于被弃之阁楼的家具和煤气灯。所以，请你理解，过几天我将不揣冒昧，怀着真诚而又自愧不如的心情回赠我的最新产品。

然而，我在此想说的是我十分喜欢盖茨比，或准确地说是

1．威尔逊的版本见Fitzgerald，*The Crack-Up* 309；华顿信件的影印版本见Duggan，“Edith Wharton's Gatsby Letter” 86–87；路易斯夫妇的版本见Wharton，*Letters* 481–482。

关于他的书。我想说，在我看来，这是一次巨大的飞跃，超越了你的前一部作品。目前，我与你的争论只有一点：要使盖茨比了不起，你本应为我们提供他的早年生活（不是从摇篮开始，而是从他第一次来到游艇或之前开始），而不是提供一个简短的简历。那样的话他就有了扎实的语境，其最后的悲剧才能成其为悲剧，而不是晨报上的杂闻。

不过，你会说那是老套路了，因而不是你们的路子。然而，本读者有幸见识你的完美的犹太人，有幸见识有气无力的威尔逊，有幸出席布坎南公寓举办的声名狼藉的狂欢，同时还有初出茅庐的嫩头青在一旁看得眼花缭乱，这就足矣。这一切点点滴滴都写得技艺高超——不过与希尔德谢姆共进午餐的场景，以及其后他每次出场，都令我预测更为出色的作品！

再次感谢！

你忠诚的

伊迪丝·华顿

我几乎没有留下篇幅来问你和菲夫人本周某一天是否能来共进午餐或一起喝茶。一定给我打个电话。[1]

---

1. 着重号为路易斯夫妇版本原文所有。这里之所以选用路易斯夫妇的版本，主要是因为这是大多数华顿研究者所采用的版本。除了下文要论及的区别之外，路易斯夫妇的这个版本与华顿的手稿还有一些细微的差别：一是信中所提供的地址在手稿上印在信笺的左上角，并非华顿手书；二是华顿的手稿并没有在“situated”（扎实的语境）下加下划线；三是“菲夫人”（Mrs. F）一说并不准确，因为华顿在手稿上写的是“Mrs. Fitzgerald”（菲茨杰拉德夫人）。另外，信中之所以有“几乎没有留下篇幅来”一说，原因在于信是写在一张完整的信笺纸上的。从手稿看，华顿把信笺上的几乎所有的空白处都写上了字。信的正文最后的一部分甚至横着写在了地址的右侧，而附言内容则横着插入到信笺左上角的空白处。

"菲夫人"珊尔达·菲茨杰拉德因不想看人脸色而拒绝赴约，[1] 但菲茨杰拉德似乎并没有在意华顿的言外之意，也没有介意她随意地把对他和他夫人的邀请置于信的附言之中。1925年7月5日，他与一位名叫泰迪·钱勒（Teddy Chanler）的朋友竟然欣然赴约，并且还为了壮胆在路上喝了几杯。两位作家的这次会面被研究者称为"整个美国文学史中更为人熟知的不成功交锋之一"（Wharton, *Letters* 419）。对此，研究者的记述各不相同，但可以肯定的是，菲茨杰拉德给华顿留下了很不好的印象。这一点我们可以从她当天的日记中对此事的简短表述中看出来："前去喝茶，泰迪·钱勒和司格特·菲茨杰拉德，那个小说家（糟透了）"（Lee 616）。[2]

华顿的信表面上只是一封感谢信，表达的是她对菲茨杰拉德寄赠新作的谢意以及她对该书的好评，但如果真这么理解这封信的话，那我们就误解华顿了。细观信的措词，她把自己比作"弃之阁楼的家具和煤气灯"，称自己的创作手法是"老套路"，同时又用"你们这一代"和"你们的路子"指菲茨杰拉德这样的新一代作家和他们的创作方法，言词之中分明在她所代表的老一代作家和菲茨杰拉德所代表的现代主义作家之间划了一道鸿沟，隐隐地透露出她对新一代作家和作品心存芥蒂，流露出她对现代主义文学不以为然的心态。

更为重要的是，信件实际上对《了不起的盖茨比》明褒暗贬。表面上，华顿赞扬它"超越了""前一部作品"[3]，夸奖它"写得技艺高超"，暗地里却对它提出批评。首先，她对盖茨比这一人物描写提出异议，认为

---

1. 根据赫尔迈厄尼·李的记述，珊尔达因"不想受人恩惠"而拒绝赴约。(Lee 616)
2. 关于这次会面的情况以及华顿日记的内容，详见Lee 616–617。
3. "前一部作品"指的应当是1922年的《美丽与毁灭》(*The Beautiful and Damned*)。

作品对其身世的交代不足（也即缺乏“扎实的语境”）。这一评价看似只是积极的建议，实则是对作品的全盘否定。按照华顿的逻辑，既然作品对盖茨比的身世仅仅“提供［了］一个简短的简历”，那么盖茨比的故事就并不是什么“了不起”的悲剧，而是“晨报上的杂闻”而已。[1] 其次，华顿一方面称赞作品中的沃尔夫谢姆是一个“完美的犹太人”，甚至还用下划线突出“完美的”一词，给人的印象是她十分欣赏这一人物，另一方面又巧妙地推翻这一评价，对这一人物刻画提出委婉的批评。在“这一切点点滴滴都写得技艺高超”之后，她紧接着用“——不过”引出了“与希尔德谢姆共进午餐的场景……都令我预测更为出色的作品”一语。按照行文逻辑，“——不过”两边的内容是转折关系，表达的应当是相反的观点，而不是递进关系。换言之，如果我们把此前的内容视为对作品的肯定，那么其后的内容则应是对沃尔夫谢姆这一人物刻画的否定，也即她并不认为这一人物刻画“完美”或“技艺高超”。其实，即使没有“——不过”在逻辑上的提醒，“令我预测更为出色的作品”一语本身已经透露出华顿对沃尔夫谢姆这一人物形象并不是十分满意，因为既然她还期待着更为出色的作品，那就说明作品中与沃尔夫谢姆相关的场景还有改进的余地。具有讽刺意味的是，华顿一边说沃尔夫谢姆是“完美的犹太人”，一边又把这一人物的名字“Wolfshiem”错误地拼写成了“Hildeshiem”（希尔德谢姆），[2] 而这说明这一人物可能并没给她留下深刻

1. 无独有偶，门肯（H. L. Mencken）也认为《了不起的盖茨比》在“形式上充其量只是被美化了的趣闻轶事”而已（9）。

2. 关于“沃尔夫谢姆”这一名字，华顿的原件用的是“Hildeshiem”，威尔逊的版本保留了这一拼法，并对此加了一条注释：“这一名字应当是‘Wolfsheim’。《了不起的盖茨比》第一版中‘Hildesheim’被错拼成了‘Hildeshiem’。”（309）路易斯夫妇的版本把华顿的拼法“Hildeshiem”改为“Hildesheim”，并在其后的方括号内给出了第二版及以

的印象。由此可见，华顿的赞扬很可能只是言不由衷的恭维话而已，并不意味着她真的欣赏这一人物形象。客观地说，华顿之所以对作品中沃尔夫谢姆这个次要人物如此敏感，并委婉地提出批评，并非没有道理。早在20年前，她就在《欢乐之家》中浓墨重彩地描写过罗斯代尔这一犹太人形象。与罗斯代尔相比，沃尔夫谢姆在作品中所占的篇幅要少得多，而且还是一个扁平而乏善可陈的反面人物，有着明显的反犹主义刻板印象的特征，根本谈不上完美。[1]

然而，除了个别研究者之外，[2] 大多数研究者都忽视了华顿的弦外之音，把"完美的犹太人"当成了其真实看法，并据此指责其种族观念。阿蒙斯认为华顿通过"完美的犹太人"一词"颂扬了《了不起的盖茨比》中［菲茨杰拉德］的反犹主义"，是"一个典型的种族主义白人"作家（"Wharton and Race" 69，79）。戈尔德曼（Irene C. Goldman）则批评

后版本的《了不起的盖茨比》中的拼法"Wolfsheim"（481–482）。其中，威尔逊的解释显得十分蹊跷，因为从现有的文献看，无论在1924年菲茨杰拉德的手稿中，还是在1925年的清样中，或者在《了不起的盖茨比》第一版中，"沃尔夫谢姆"这一名字的拼法自始至终都是"Wolfshiem"（清样和第一版中只有个别地方因为排版错误出现了"Wolfsheim"这一拼法）。对此，威尔逊应当十分清楚，因为正是他本人1941年编辑该书第二版时把这一名字改成了"Wolfsheim"（Bruccoli liv）。其实，有关华顿手稿中"Hildeshiem"的错误，早在1972年的盖茨比信件影印件的编者按中就已经说得很清楚："'Hildeshiem'这一名字从来没有以任何拼写方式出现在第一版或任何版本的《盖茨比》中。"（Duggan 85）然而，不知何故，研究者大多不顾其中清楚的事实，认为华顿的拼法源自第一版的《了不起的盖茨比》。该书的手稿和清样详见普林斯顿大学数字图书馆<http://pudl.princeton.edu/results.php?v1=&subjuct_f=Fitzgerald, F. Scott (Francis Scott), 1896–1940–Manuscripts>.

1. 至于我们是否可以因为沃尔夫谢姆形象的反犹主义刻板印象而指责菲茨杰拉德的种族观念，则又是一个值得讨论的问题，因为作品中沃尔夫谢姆的形象毕竟是通过叙事人尼克·卡拉威的视角呈现给读者的，并不一定代表作者本人的观念。
2. 《伊迪丝·华顿书信集》的编者一定程度上意识到了华顿的真实态度，认为她在信中对《了不起的盖茨比》的评价只是"审慎的赞扬"（Wharton, *Letters* 419）。

华顿把菲茨杰拉德笔下“长相令人厌恶、社交场上不受欢迎、道德上应受谴责且富得流油”的沃尔夫谢姆当作“‘完美的’犹太人”。（25）类似地，荷勒（Hildegard Hoeller）认为华顿在信中“祝贺”菲茨杰拉德创造了“令人憎恨的沃尔夫谢姆”这一“完美的犹太人”，而这透露出华顿“轻松自如的无意识”之中的反犹主义观念。（18）

如果说研究者把“完美的犹太人”一语视为现实中华顿种族主义思想的表露的话，那么他们眼中的《欢乐之家》就是其白人种族至上主义和反犹主义思想的体现了。在他们看来，华顿的白人种族至上主义观念体现在莉莉这一人物身上，因为莉莉是华顿眼中“雪白的女主人公”和“盎格鲁–撒克逊女性之花”（Ammons，“Wharton and Race” 80），代表着“英美［种族］的理想形象”，而作品中莉莉之死“既是一个稀有、濒危物种消亡的标志，又是风格化保护行为的标志”，说明华顿把莉莉当成了“种族纯洁和优生学祭坛上完美的牺牲品”（Kassanoff 46，3，5）。与之相对应，研究者认为作品中莉莉的爱慕者罗斯代尔的形象代表着华顿的反犹主义立场。在研究者看来，罗斯代尔是华顿“从反犹主义刻板印象中挖掘出来的”人物，（“Wharton and Race” 80）是“莉莉最后、最糟糕、最终也是‘让人受不了的’选择”（Hoeller 17），因为“万一莉莉嫁给了犹太百万富翁，只会给［美国的］未来带来种族退化的罗斯代尔年代”（Kassanoff 53）。

诚然，种族问题是《欢乐之家》的重要主题之一，而作品的人物描写之中也确实包含着明显的种族主义言论。然而，据此指责华顿本人的种族观念则缺乏文本依据。实际上，无论是《欢乐之家》本身的叙事视角、人物刻画、情节安排，还是作品背后的达尔文进化论，都不支持这样的指责。

《欢乐之家》确实如欧勒所说的那样是对莉莉“这一‘生物体’的寓言描写”，既是一则道德寓言，又是一则种族寓言。作为一则种族寓言，莉莉的故事与达尔文《人类的由来》有关种族问题的论述紧密相关。达尔文认为，既然人类与“其他有机生物”一样都是生物，人类的起源就应当受其在《物种起源》中所提出的“自然选择”理论的支配。（*Descent*, vol. 1：1）换言之，他根本没有必要写《人类的由来》一书。问题在于，自然选择的进化理论遭到了那些持特创论、神创论以及人类种族多源论观点的人的质疑，这就迫使他不得不作出回应。正因为如此，《人类的由来》探讨的并非人类的起源，而是人类道德、智力以及种族的起源；其中，最重要、最难解释且占篇幅最多的就是人类种族的由来问题。达尔文的观点是，不同的人类种族充其量只能称为亚种，而非物种；不过，“出于长期以来的习惯考虑”，我们也可以用“种族”来替代“亚种”这一术语。（*Descent*, vol. 1：228）在达尔文看来，“人类每个种族的独特特征极不稳定”，而且也不是常量，而“借助于变量特征定义物种是轻率的尝试”。达尔文认为，研究者对人种的分类数量各不相同，少到2个，多则63个，这说明不同的人种之间是“相互过渡”的，因而“难以发现他们之间清晰的独特特征”（*Descent*，vol. 1：225–226）。他解释说：“尽管现存的人种在肤色、毛发、头骨形状、身体比例等许多方面各不相同，但如果考虑到整体结构，他们相互之间在众多方面其实极其相似，而这些相似点中的很多方面要么并不重要，要么性质奇特，因而从原始的物种或种族那里独立逐步获得这些特征的可能性极小。”（*Descent*，vol. 1：231–232）达尔文相信气候条件、食物等生活条件甚至于自然选择都不足以解释人类种族之间的差异，因为“只有有利的变异才会［通过自然选择］保留下来”，而肤色和毛发这些“不同人种之间的外在差异对人类没有任何直接或特别的用处”（*Descent*，vol. 1：248–249）。达尔文推断说，唯一站得脚的答案是性选择。为了说明这一问题，他在《人类的由来》的第二卷中细致考察了各类物种的第二性征，力图借此说明性选择在物种进化过程中所发挥的作用。他说，虽然“就人类而言，还缺乏最好的证据证明肤色是通过性选择而改变的”，但“我们从现有的许多事实中知道，所有不同种族的男性都认为肤色是其美貌之中极其重要的因素，这就表明这一特征可能是通过性选择而改变的，而这正是发生在无数低等动物身上的事”。他举例说：“黑人通过性选择而获得漆黑的肤色，这一说法虽然似乎是骇人听闻的假设，却得到各种类比的支撑，而且我们知道黑人欣赏他们自己的黑色皮肤。”（*Descent*，vol. 2：381）达尔文的意思是，适用于其他物种的性选择同样也适用于人类，而不同种族的肤色不同，并非因为他们属于一个特定肤色的人种，而是因为他们喜欢这种特定的肤色而逐步通过性选择形成的。

《人类的由来》在很大程度上就是达尔文对种族主义观念的反驳。现实中的达尔文是种族主义的坚定反对者。达尔文曾经为“贩奴业的种种暴行”而“愤愤不平”（*Life*，vol. 1：167），也批评过卡莱尔（Thomas Carlyle）“有关黑奴制的观点令人作呕”（*Life*，vol. 1：78），甚至还因为黑奴制问题而与“小猎犬号”的船长菲茨罗伊发生争执。根据达尔文的记述，在“小猎犬号”在巴西巴伊亚省停留期间，菲茨罗伊“维护和赞扬黑奴制”，而达尔文自己则对黑奴制“深恶痛绝”。菲茨罗伊之所以赞扬黑奴制，原因在于他所拜访的一位“了不起的奴隶主”把很多黑奴召集到一起，问他们是否想获得“自由”，而奴隶们都给出了否定的回答。对此，达尔文质疑说“奴隶们当着其主人的面所作的回答不能说明问题”。

达尔文的话让菲茨罗伊感到“异常气愤”，并因此拒绝继续与达尔文住在同一个船舱里，而达尔文也因为此事觉得自己“本应当被迫离船而去”。所幸的是，菲茨罗伊很快意识到自己的言语侮辱了达尔文，并派了副手去找达尔文讲和，这才平息了事态。（*Life*，vol. 1：61）达尔文的一些信件也同样显示了其坚定的反对种族主义和黑奴制的立场。1832年5月18日，他在致亨斯洛（J. S. Henslow）的信中说，“托利党人对基督教国家令人愤慨的黑奴制冷血心肠，就凭这一点我就不愿意做托利党人”（*Life*，vol. 1：238）；1832年6月，他在致赫伯特（J. M. Herbert）的信中论及里约热内卢优美的风景，但他从风景之中却看出了道德内涵，认为如果“把英国劳动者变成一个为他人劳作的奴隶，那么你就几乎看不出同样的景色了”（*Life*，vol. 1：239）；1833年5月22日，他在致其妹妹凯瑟琳（Emily Catherine Darwin）的信中表达了他对黑奴制的态度：“如果英国是欧洲第一个彻底废除黑奴制的国家，那将是英国多么值得自豪的事啊！在我离开英国之前，有人说在黑奴制国家生活之后，我的一切观点都会改变的。而今，我觉得唯一的改变是我对黑人品格的评价比原来高得多了。”他在信中赞扬黑人“乐观、开朗、诚实的神情”以及“肌肉结实的优美身材”，并希望巴西向海地学习，[1] 甚至预言巴西也会因为黑奴的反抗而成为一个独立国家：“考虑到其众多而又身体健康的黑人人口，如果将来某一天不发生这样的事（指巴西独立），那就是咄咄怪事了”（*Life*，vol. 1：246）；1833年6月2日，他在另一封致赫伯特的信中把“殖民地黑奴制”称为英国“自诩的自由之中骇人听闻的污点”，并再次批评托利党人在黑奴制问题上的冷血心肠，声称他见识过的“黑奴制和黑人的性格”足以让

1. 海地于1804年成为西半球第一个因为黑奴的反抗而独立的国家。

他“厌恶英国国内人们所听到的有关谎言和胡话”（*Life*，vol. 1：248）。另外，他还连续在两封致其友人、地质学家莱尔（Charles Lyell）的信中批评后者有关黑奴的观点，说莱尔的观点使得他度过了“几个小时无眠、十分不安的时光”（*Life*，vol. 1：339），指责莱尔一方面对描写黑奴父母和子女骨肉分离的文字“无动于衷”，另一方面却为白人事业不发达而“忧心忡忡”（*Life*，vol. 1：341）。在第二封信中，达尔文还提及他在《“小猎犬号”研究日志》中“用了一两段文字”记述了“巴西黑奴制之恶”，而这“寥寥数语”只是其“情感的爆发”（*Life*，vol. 1：341）。实际上，达尔文在《“小猎犬号”研究日志》（*Journal of Researches into the Natural History and Geology of the Countries Visited during the Voyage of H. M. S. Beagle Round the World*，1845）中大量涉及黑奴制之恶，而他所说的寥寥数语其实是书的最后一章有关黑奴制之恶的两长段总结性文字。在这两段文字中，他开宗明义说他决定从此“再也不去黑奴制国家了”，并接着痛陈促使他作出这一决定的种种黑奴制的暴行。（499–500）另外，达尔文的信件还表明他十分关注美国的黑人问题。1863年4月23日，他在致美国植物学家格雷（Asa Gray）的信中论及正在进行中的美国内战，说他“确实十分真诚地认为”如果“南方和其该死的黑奴制获胜”，那就“糟透了”（*Life*，vol. 3：11）。在1873年2月27日致美国废奴主义者希金森（Thomas Wentworth Higginson）的信中，他赞扬后者记述内战期间黑人军团的著作“成功地讨论了[黑人]的性格和智力”，并说他“一直对黑人评价很高”，而希金森的描写“证实了”他对黑人的一些“模糊印象”（*Life*，vol. 3：176）。在此，达尔文不仅表明了他对黑人的欣赏态度，而且还透露出他对黑人作为一个种族的兴趣。这一点我们还可以从他1869年2月22日致德国生物学家缪勒（Fritz Müller）的信中看到。他在信中说他正在做“性选择”和“人类起源”这两方面的研究，希望当时身处巴西的缪勒能在这两个方面提供帮助。他说他曾经错失了“观察各式各样人类种族的机会”，希望缪勒用几个月时间帮他观察“黑人或者——有可能的话——南美土著居民”，但他特别说明他“最关心的”是黑人的情况。对此，达尔文解释说，他“正在考虑撰写一篇有关人类起源的小文章”，并且“在完成手头正在撰写的书之后立即就要写这篇文章”，原因是有人“讥讽［他］掩盖其观点”（*Life*，vol. 3：111–112）。[1] 从“性选择”、“人类起源”、“各式各样人类种族”等语看，达尔文急于表达的观点其实并非人类起源，而是人类种族的起源，而他所说的“小文章”最终成了两卷本的《人类的由来》。在《人类的由来》中，他力图从性选择的角度考察人类种族的起源，证明不同种族不仅同源，而且还在精神上和智力上没有本质差别。在他看来，美洲印第安人、黑人和欧洲白人虽然肤色不同，但他们“在精神上的差异与任何人们说得出来的三个人种之间的差异是一样的”。他甚至还以自身的经历证明火地人与黑人在智力上其实无异于欧洲白人：“不断让我吃惊的是，我在“小猎犬号”上与火地人一起生活期间，他们的许多微小的性格特征表明他们在智力上与我们有多么相似。我曾经还与一个纯种黑人关系亲密，而情况也是如此。”（*Descent*，vol. 1：231–232）很显然，达尔文对人类种族起源的论述以及他所坚持的人类种族同源论是对人类种族多源论以及神创论的反驳。

---

1. 这封信的时间标为2月22日，“1869年”则是编辑者、达尔文的儿子弗朗西斯（Francis Darwin）所加，但这一年代可能有误，因为达尔文在信中提及的那本书应当是1868年出版的《动物和植物在家养下的变异》一书。因此，达尔文写此信的时间应当在1868年2月22日。

华顿无疑是达尔文种族理论的支持者。这一点我们可以从上文她对凯洛格的《今日进化论》的推崇之中间接地看到。凯洛格在书中承认达尔文的“适者的自然选择”理论还不够完善，甚至还缺乏关键的证据，但他同时也认为它“仍然屹立于胜负不明的战场风云之上，毫发无损，无可辩驳，高高在上”。在他看来，生物学家“当然不会乐于退守早已被弃之一边的目的论立场”，“把趋向调节性和适应性的自动判断归因于异质进化和定向进化”。凯洛格认为，尽管“变异和进化”可能会“出现在没有自然选择辅助之下的既定途径之中”，但“这样的进化不可能有目标”，因为我们“不能假定这样的进化朝向进步，也没有独立向上的进程，也即没有朝向更高专业化的进程”（374，375–376）。[1] 定向进化（orthogenesis）指的是生物的进化并不是适应的结果，而是在神秘的内在力量的驱动下沿着单一直线展开的进程；异质进化（heterogenesis）指的是生物的进化并非逐步变异的结果，而是突变造成的。前者强调内在力量的驱动和单一直线的进化进程，有着明显的神创论和目的论色彩；后者与多种起源论有一定的关系，认为突变可以遗传给后代而形成新的物种。由此可见，凯洛格为达尔文的自然选择进化理论所作的辩护在一定程度上也是对其人类种族同源论的肯定。由此，我们也就可以推论华顿之所以认为凯洛格的著作“令人钦佩”，也许与她赞同达尔文的自然选择理论、支持其人类种族同源论不无关系。

虽然我们没有确切的证据说明华顿是否了解现实中达尔文的种族观

1. 原文的“orthogenetic”和“orthogenesis”为“直生论（的）”或“定向进化现象”，这里译为“定向进化（的）”；原文“heterogenesis”通常译为“异型生殖”或“异型世代交替”，这里根据语境和该词的构词译为“异质进化”。另外，这里所说的“变异”和“进化”原文是“modification”和“development”，带有神创论和目的论色彩，与达尔文所说的“变异”（variation）和“进化”（evolution）并非一回事。

念，但一些侧面的证据可以证明她应当是赞成达尔文的人类种族同源论的。首先，由于华顿承认达尔文对她的重要影响，而人类种族同源论又是《人类的由来》的最为核心的理论，我们没有理由相信她会怀疑达尔文的种族起源理论。其次，在指导华顿阅读时，温思罗普给她的第一条建议就是"达尔文主义，等等，各种含义"，同时还告诉她要在"书的空白处标记重要的部分"，"尽量多地学习每一个科学术语的定义"，并"背诵几个进化这样的词的定义"等。（Lee 69–70）如果华顿真的按照温思罗普所说的那么做了，她应当不会不了解达尔文在《人类的由来》中阐述的种族起源理论。再者，我们有理由相信华顿十分熟悉《人类的由来》。她把短篇小说《人类的由来》作为1904年的一本作品集的标题，原因是她"特别喜欢"这篇作品。（Lee 188）更为重要的是，该作品对进化论的"虚伪诠释者"的讽刺也从侧面说明华顿自信她了解进化论的真谛，有资格评判那些虚假的进化论观念。如果我们考虑到这篇小说发表在华顿创作《欢乐之家》之时，我们有理由相信作品主人公莉莉以及她的追随者塞尔顿同样是进化论的虚伪诠释者。事实上，如果说《人类的由来》是达尔文对种族主义人类起源论的回应的话，《欢乐之家》则是华顿对美国种族主义观念和科学主义种族话语的回应。

与达尔文相类似，华顿在现实中所面对的也是与人类种族同源论相对立的种族主义现实和科学主义种族话语。无论就《欢乐之家》所反映的19世纪90年代的时代背景而言，还是就其20世纪初的创作年代而论，种族主义仍然是美国社会根深蒂固的问题。一方面，20世纪之交针对印第安人、黑人、华人、犹太人等少数族裔的种族主义观念和实践仍然十分普遍。尤其是，随着19世纪90年代开始大量爱尔兰人、犹太人以及来自东欧、南欧和日本的移民涌入美国，同时也随着美国中产阶级白人女性生育率的下降（Ammons，“Gender and Fiction”268），美国主流社会开始担心少数族裔人口的增长最终将导致白人种族——主要是北欧白人种族——的种族自杀。[1] 另一方面，种族主义还在科学主义话语的支持下大行其道。首先，19世纪中叶开始流行于美国博物学、生物学、人类学等领域的人类种族多源论的影响尚在，其中特别是阿加西兹所坚持的人类种族多源论和神创论影响深远。（Jackson and Weidman 35–55，Baker 14–17）其次，斯宾塞的社会达尔文主义和高尔顿的优生学也从90年代开始影响美国的种族话语。（Jackson and Weidman 76–93，97–125）其中，优生学与种族自杀观念的结合在一定程度上最终促成美国国会于1924年通过了全面限制少数族裔移民的《约翰逊–里德法案》。

《欢乐之家》毫无疑问反映了美国当时的种族现实以及科学主义种族话语。问题在于，华顿通过作品到底传达了什么样的种族观念呢？面对“种族和族裔混杂的可能性”，她是不是像有的研究者所批评的那样在作品中“打造了”一种“深刻保守且的确本质主义的”“种族美学”呢？（Kassanoff 5）为了回答这样的问题，我们还是要回到作品中去。

《欢乐之家》确实体现了华顿的种族美学，但那绝非种族主义美学。这里的问题是，华顿并没有在作品中正面抨击美国的种族现实，而是选择在反映这一现实的同时动摇其背后的科学主义学术话语。就此而言，作品中大量使用的与生物学、进化论相关的术语、意象、观念就是当时美国主流话语的反映。然而，这也在一定程度上导致了研究者对该作品

1．与种族自杀观念相关的一个重要人物是时任美国总统的罗斯福（Theodore Roosevelt）。他在一系列的讲话和信件中强调优秀的公民的主要职责是抚育后代。为了反驳罗斯福的种族自杀观念，一位名叫拉斯克（Alice Freeman Lusk）的女性甚至写了一本题为《一位妇女对罗斯福的回应：一则种族自杀的故事》的小册子。有关罗斯福的种族自杀言论，详见潘志明：《作为策略的罗曼司》，第286–288页。

的误读和对华顿种族观念的指责。具体而言，作品描写的种族现实之所以被视为华顿的种族主义观念和立场的表达，原因在于研究者在作品中看到了种族主义描写，却未能发现作品人物的反达尔文进化论立场与华顿本人的种族观念之间的矛盾，未能解码莉莉的种族寓言中隐含的对科学主义种族话语的对抗。

莉莉的种族寓言由两种并行却相互对立的种族观念交织而成。第一种种族观念正是研究者所注意到的种族主义；它反映的是19世纪90年代美国的种族现实和科学主义种族话语，具体表现为作品人物对莉莉所代表的白人种族的颂扬和对罗斯代尔的歧视。第二种种族观念正是基于达尔文进化论的人类种族同源论。这一种族观念虽然表面上无声，却支配着莉莉的命运。这两种观念在作品中形成了对抗关系，而这种对抗关系又是通过叙事视角、人物刻画以及情节安排呈现出来的。

关于叙事视角，华顿在《小说创作》（*The Writing of Fiction*，1925）中说，由于“使用无所不知、无所不在的状态可能会引起读者对可能性的怀疑”，小说家“十分常见的做法是把视角从一个人物身上转到另一人物身上，这样既可以涵盖整个历史，又可以维持印象的统一性”。不过，她认为，“为了保持这一统一性，最好尽量少地转换视角，让故事自然地从不超过两个或者最多不超过三个视角展现出来。”（87–88）有研究者认为“多叙事视角的使用”是造成《欢乐之家》“含混的根源”（Dixon 211），但华顿在作品中使用的其实并非真正的多叙事视角，而是全知的叙事视角，只是她往往通过这一视角呈现作品人物的感想和见闻。例如，作品开篇第一段全知的叙事视角描写的却是塞尔顿的所见和感受：“塞尔顿惊奇地停下了脚步。在中央车站下午的高峰时刻，看到莉莉·巴特小姐，让他感到神清气爽。”（3）类似地，第二章第二段的全知的叙事视角揭示的却是莉莉内心的感受："为什么女孩子家稍越规矩就必须付出如此高昂的代价呢？为什么非得在忸怩作态的掩饰之下才能行自然之事呢？……令她心烦意乱的是，她发现尽管她多年来一直谨慎有加，却在五分钟之内两次犯错。"（22–23）在这两个例子中，"塞尔顿惊奇地……"、"让他感到……"、"令她心烦意乱的是……"、"她发现……"等语表明全知叙事视角之下真正的观察者分别是塞尔顿和莉莉。正因为如此，如果我们把人物的视角从全知的叙事视角中分离出来，也就不难发现研究者批评的种族观念其实与华顿无关，反映的仅仅是作品人物的种族主义观念。

就莉莉而言，她的形象之中所包含的白人种族至上主义观念主要是通过其观察者塞尔顿及其本人的视角呈现出来的。作为白人男性，特别是作为莉莉半心半意的追求者，塞尔顿注意到莉莉"小耳朵的造型"、"干净利落向上卷曲的头发"、"可爱的眼睛"、"白皙而无杂质"的脸颊，发现她"既充满活力又优雅"，"既强大又精美"（6–7），"仿佛是被陈规陋俗苑囿于高雅厅堂之上的林中仙子"，散发出"森林自由的品质"（19）。在他眼里，莉莉"高贵开朗的神态"掩饰不住"喷薄而出的魅力"，其美貌之中蕴含着"诗意"（217），是"耗费了大量的人性"和"优秀的原料"才造就的"小小的一抹华章"（112）。莉莉本人则觉得其美貌是"永恒的力量"，能够"为她提供机会，赢得影响他人的一席之地，让人们依稀感受到她身上散发出来的高雅和良好的品味"（54）。作品中，她选择在布赖夫人组织的舞台造型表演中扮演雷诺兹名画中的劳埃德夫人，因为她自信她有着"不加修饰之美"，并不需要"服饰和背景这些分散注意力的配饰"（216–217）。她甚至还把自己比作"某种专门为展览而培植的奇异的花儿"（512），理应"像花儿散发香气一样在客厅里播散雅致的气息”（161）。

即便如此，无论在塞尔顿的眼里，还是在其本人看来，莉莉都不是完美的白人形象。塞尔顿是莉莉美貌的欣赏者，但同时他又是冷静的旁观者，总是试图透过美丽的外表窥探莉莉的本质。一方面，他猜测莉莉与普通女性之间的差别可能“主要是外在的”，其美貌不过是“一丝不苟地在粗俗的泥土之上涂了一层精美的釉彩”。另一方面，他又认为莉莉也许有别于普通女性，有可能是“环境把［精美的材料］打造成了无用的形状”（7）。不难看出，无论作为一个善于精心打扮的平庸之辈，还是作为一个没有实用价值的花瓶一样的人物，塞尔顿眼中的莉莉都是一个有问题的女子。同样，莉莉本人也意识到自己只是“摆设”，“在实际用途上一无是处”（480）。不过，她并不认为这是自己的过错，因为在她眼里，她就犹如“从岩石上剥落下来的海葵一样，离开了其狭窄的生存范围就是一个孤独无助的生物体”，完全受制于“遗传而来的倾向”和“早年的训练”（486）。

其实，华顿并没有像批评者所说的那样把莉莉描写成“雪白的女主人公”、“盎格鲁–撒克逊女性之花”或者“英美［种族的］理想形象”。作品在描写莉莉的姑姑佩尼斯顿夫人时说，“她的脑子就像其荷兰祖先们常常固定在上层窗户上的小镜子”（58），而莉莉在分析自己的问题时也间接地提到其荷兰祖先：“我要说的是，源头在我的血液里，是我从某个喜欢寻欢作乐而又邪恶的女性祖先那里遗传而来的。这位祖先反抗新阿姆斯特丹朴实的美德，想回到查理王的宫廷上去。”（363）新阿姆斯特丹也即今天的纽约，是荷兰人定居时期对纽约的称呼，而查理王指的是神圣罗马帝国皇帝查理五世，也即1506年开始统治荷兰的查理二世。以上两个细节表明，莉莉是荷兰人的后裔，是真正的老纽约。虽然荷兰人和盎格鲁–撒克逊人在种族源头上同属日耳曼民族，但既然华顿清楚地说明了莉莉的荷兰裔老纽约身份，我们就没有理由把她与英国人的后裔相混淆，称之为“盎格鲁–撒克逊女性之花”。其实，华顿也没有把莉莉刻画成一个典型的白人女性或者“雪白的女主人公”。尽管作品一再用“浅色的”（fair）或“金发碧眼白肤的”（blond或blonde）等字眼描写作品中的其他人物，莉莉却不在其列。相反，华顿避开了白人种族至上主义者对北欧民族特征的描述，[1] 在作品中两次通过塞尔顿的视角把莉莉“为人熟知的睫毛”（82）描写为黑色。作品第一章中，塞尔顿陪莉莉在街头消磨时光时注意到她“长着又直又浓密的黑色睫毛”（6–7）。稍后，他又在为莉莉点烟时再次注意到其“黑色的睫毛多么均匀地镶嵌在她那光滑而又洁白的眼睑里”（14）。与莉莉的黑色睫毛形成对照的是，作品在描写范阿尔斯坦夫人时却说她“长着浅色的眼睛和睫毛”（215），而另一位上流社会成员特雷诺夫人虽然已经40多岁了，却仍然保持着“白里透红、金发碧眼白肤的相貌”（63）。客观地说，华顿也许无意于把莉莉刻画成种族他者，但也根本没有打算把她塑造成一个完美的白人形象或道德楷模。事实上，华顿既然让莉莉在想象中把自己与“反抗新阿姆斯特丹朴实的美德”的祖先相联系，也就不可能视之为值得颂扬的道德之花。相反，作品明确地把莉莉称为“违命不从的黑暗天

---

1. 莫利斯（Charles Morris）把欧洲白人（也即他所谓的“雅利安民族”）称为“聪明的人种”，其特征是“头颅较长，身材高，脸色白皙，脸型狭长，脸部沿中线突出，须发多，发色浅而柔软”（28，7）；美国优生学家格兰特（Madison Grant）认为北欧民族是“一个伟大的种族”，其特征是“头颅长，个子很高，肤色浅，头发金色或棕色，浅色眼睛”（17）；麦克杜格尔（William McDougall）对北欧民族的定义是“起源、分布于北方的民族，其身体特征为浅色的头发、皮肤和眼睛，身材高，头颅长，且具有巨大的独立人格、个人主动性以及坚韧的意志”（159）。

使”，甚至还通过其本人的视角说明她是一个“顽固不化”、“不知悔改”（362）的问题女子。

再者，华顿本人也并不赞成塞尔顿和莉莉视角中所呈现出来的进化论观点。如果说华顿支持达尔文的进化论和种族观，那么她在作品中塑造的塞尔顿——以及一定程度上莉莉——恰恰是反达尔文主义者的形象，因为作品通过两者的视角透露出来的是神创论、目的论、定向进化、异质进化、人类种族多源论等反达尔文进化论的理论和观念。作品伊始，塞尔顿在中央车站撞见莉莉时，认为她有别于车站上的其他女性，是一个“高度专业化的”女性，并因此怀疑她与其他女性“是否属于同一种族”（6）。类似地，在莉莉的眼中，“五官棱角分明”的塞尔顿与其身边那些“无法归类的人”相比，“属于一个更为专业化的种族”。（104）两者的相互观察不仅显示出种族优越感，而且还突出了其背后的“专业化”概念。与凯洛格批驳定向进化和异质进化时所说的“更高专业化的进程”中的“专业化”（specialisation）一样，这里所谓的“专业化的”（specialized）一词也是目的论进化论语汇，是科学主义种族观念的体现，隐含着明显的白人至上主义观念。类似地，莉莉对她自己以及自然的看法也透露出鲜明的目的论进化论色彩：“她就是为了装饰和取悦而造就的。自然让玫瑰花瓣长成圆的，把知更鸟的胸部涂上色彩，难道还有其他目的吗?”（487）此外，华顿还特意在作品中点明塞尔顿观察莉莉时所采用的是神创论观念：“他确信，［莉莉的谨慎与大意］都是同一精心设计的方案的一部分。在评判巴特小姐时，他一贯使用的是‘设计论证’。”（6）“精心设计的方案”显然是目的论进化论的反映，而“设计论证”（argument from design）就是“目的论论证”（teleological argument），是一种认为上帝存在且创造了万物的神创论理论。第一次使用“设计论证”一词的是英国人佩利（William Paley 1743–1805）。佩利在《自然神学》（*Natural Theology*，1860）一书中认为“设计论证过去正确，现在仍然正确”，而他在书中所要证明的是——正如该书副标题所示——“神的存在和特征”（11）。虽然达尔文在剑桥大学学习神学时曾经对佩利设计论证的理论感到“欣喜”，但他最后彻底抛弃了这样的观点：“佩利提出的自然界古老的设计论证曾经在我眼里十分令人信服，现在却因为自然选择法则的发现而破产了。”（*Life*，vol. 1：47，309）显然，设计论证和神创论观念与达尔文自然选择的进化理论相抵牾，既可能意味着人类种族多源论，又可能导致种族主义观念。[1] 就作品本身而言，华顿把目的论、神创论以及其中所隐含的种族观念置于塞尔顿和莉莉的观念之中，既透露了两者的反达尔文主义立场和白人至上主义种族观念，又揭示了20世纪之交美国的科学主义种族话语。当然，这并非华顿对这一话语的背书。实际上，华顿在作品中十分谨慎地标示出信奉这类话语的并非她本人，而是塞尔顿和莉莉。作品不仅清楚地标明持“专业化”目的论观念的是塞尔顿和莉莉，而且还把“设计论证”放在引号内，并在行文中以“他确信”一语标示这完全是塞尔顿观察和理解莉莉的视角。毫无疑问，华顿希望通过这样的视角把控和叙事视角的标志划清她与作品人物之间的界限，宣示她本人并不认可他们的科学主义种族观念。

---

1. 例如，上文提及的阿加西兹就同时信奉神创论和人类种族多源论。1850年，他在一篇题为《人类种族起源的多样性》（"The Diversity of Origin of the Human Races"）的文章中说，虽然不同的人类种族属于同一个物种，但他们的起源却是不同的。在他看来，黑人和白人的起源不可能相同，并认为《圣经・创世记》"在犹太人历史的特别参照下"讲述的是"主要与白人种族相关的历史"（138）。《物种起源》发表之后，阿加西兹成了达尔文进化论和人类种族同源论的坚定反对者。

同样，华顿并不赞成作品人物针对罗斯代尔的反犹主义观念。关于这一点，目前较为客观的解读出自戈尔德曼。戈尔德曼指出，罗斯代尔的形象“来自19世纪末那些在零售和金融投资行业发家致富的德裔犹太富商”，而书中的反犹主义反映了19世纪90年代美国经济萧条时期的“反移民和反犹情绪”。此外，戈尔德曼还承认，罗斯代尔是作品中的“重要人物”，因为华顿借助于这一人物的“犹太性”“昭示了［美国］社会的经济问题和社会虚伪”。尽管如此，戈尔德曼并不认为华顿在种族问题上是清白的。在她看来，“华顿和她那个圈子里的人”认为犹太人“往好处说只能算没品味”，所以“好则应当敬而远之，坏则应当切齿痛恨”（Goldman 26–31）。戈尔德曼的意思是，尽管华顿利用罗斯代尔的犹太人身份批判了美国人在金钱和道德问题上的虚伪，但她同时也迎合了美国社会的反犹主义观念。这样的观点明显忽视了华顿在犹太人问题上与美国主流社会的种族观念之间的差异。与美国主流社会的反犹主义观念相对照，华顿从她本人与犹太人的交往中可能得出的是相反的结论。当她17岁进入社交圈的时候，纽约的一个重要社交场所就是金融家、德裔犹太人奥古斯特·贝尔蒙特（August Belmont, Sr.）的豪华府第。从其回忆录判断，华顿应当是贝尔蒙特的座上宾。在书中，她把贝尔蒙特家列为“纽约少数几个”“带有舞厅的宅第”之一，同时还提到“贝尔蒙特夫人的射箭派对”（*Backward* 78，83），[1] 而贝尔蒙特夫人（Caroline

1．这里提及的贝尔蒙特家的舞厅与《纯真年代》中对博福特家的舞厅的描写不无相似之处，而射箭派对也令人想起《纯真年代》中纽兰·阿契尔的妻子梅参加暴发户博福特家所举办的射箭派对。（206–212）华顿很可能根据自己参加贝尔蒙特夫人的射箭派对描写了梅参加射箭派对的场景。另外，研究者一般认为贝尔蒙特也是《纯真年代》中金融家博福特的原型，而华顿恰恰让作品主人公、纽约上流社会成员纽兰·阿契尔的儿子娶了博福特的女儿范妮·博福特。从贝尔蒙特和博福特家的射箭派对来看，这样的判断应当不无道理。

Slidell Perry）的父亲正是打开日本国门的美国海军准将佩里（Matthew Calbraith Perry）。再者，不仅华顿的好友、著名演员埃莉诺·罗布森（Eleanor Robson）嫁给了贝尔蒙特的二儿子小贝尔蒙特（August Belmont, Jr.），[1] 而且她自己还因为嫂子玛丽（Mary Cadwalader Rawle）的关系而与贝尔蒙特家族和佩里家族有一点远亲关系。[2] 由此判断，犹太人娶白人家的大家闺秀早就不是不可接受的事情了，而华顿本人对犹太人也不应当十分反感。除此以外，有研究者还认为贝尔蒙特就是罗斯代尔的原型。（Lee 56）虽然这样的判断不一定与历史相符（贝尔蒙特早在1890年就去世了），但罗斯代尔确实有可能是华顿对现实中的贝尔蒙特进行文学加工之后置于19世纪90年代纽约的反犹主义氛围中的。此外，罗斯代尔的名字"西蒙"（Simon）很可能也来自贝尔蒙特家族原来的姓氏"西蒙"。[3] 如果我们比较一下贝尔蒙特和罗斯代尔，就会发现华顿实际上拔高了罗斯代尔的形象，因为历史上的贝尔蒙特由于包养情妇而为纽约

---

1. 华顿曾经在一战期间与埃莉诺一起为"德国占领下的比利时人募款"（Lee 467）。
2. 佩里的外孙荷恩（John Hone）的第二任妻子是凯威莱德的小女儿玛丽亚（Maria Cadwalader），而华顿兄长弗雷德里克（Frederic Rhinelander Jones）的第一任妻子玛丽正是凯威莱德的大女儿艾米丽（Emily Cadwalader）的养女，且华顿本人与玛丽之间关系密切，两者之间保持了几十年的书信来往。凯威莱德的儿子约翰（John Lambert Cadwalader）更是华顿的至交。1913年，华顿为亨利·詹姆斯70岁生日募款时，所选定的39个募捐对象之中就有约翰。关于荷恩与玛丽亚，详见 William Elliot Griffis, *Matthew Calbraith Perry: A Typical American Naval Officer* (Boston: Cupples and Hurd, 1887) 432以及"John Hone is Dead; Long an Invalid," *The New York Times*, 22 Mar.1915, 见<http://query.nytimes.com/mem/archive-free/pdf?res=F10A11F8395C13738DDDAB0A94DB405B858DF1D3>。关于华顿与玛丽以及约翰的关系，详见 Wharton, *Letters* 70, n3; 287；该书收录了1911年9月至1934年11月间华顿写给玛丽的11封信。
3. 戈尔德曼提及贝尔蒙特家族原来的姓氏"Simon"，但她并不认为贝尔蒙特是罗斯代尔的原型。（Goldman 27）

上流社会所不齿（Lee 30），[1] 而作品中的罗斯代尔用情专一，与莉莉那个小圈子里那些藏污纳垢的上流社会成员形成了鲜明对照。

其实，即使我们不以以上华顿与贝尔蒙特家族的交往来判断她对犹太人的看法，我们还可以从她对乔治·艾略特的评价中推断她对犹太人的看法。从《乔治·艾略特》一文看，华顿对乔治·艾略特及作品作过相当全面的研究，所以她应当了解其小说《丹尼尔·德龙达》（*Daniel Deronda*，1876）对犹太人的同情。事实上，她十分推崇乔治·艾略特，[2] 并多次提及《丹尼尔·德龙达》及作品中的人物格温德琳，[3] 这说明她对该作品中的犹太人物德龙达和莫迪凯以及他们的犹太复国主义思想并不反感。[4] 尽管华顿从来没有提及乔治·艾略特在该作品中对犹太人的同情，但《欢乐之家》创作于1903年至1905年间，而这一时间节点正好在《乔治·艾略特》发表之后，所以《丹尼尔·德龙达》对犹太人的同情很有可能对罗斯代尔这一人物形象的刻画产生过一定的正面影响。当然，华顿笔下的罗斯代尔既没有现实中贝尔蒙特的社会地位，也没有表现出乔治·艾略特笔下的犹太人物那样强烈的民族意识，但作品文本肯定不支持批评者对华顿种族观念的指责。

---

1. 值得注意的是，华顿把贝尔蒙特的道德瑕疵移植到了作品中多塞特夫人、格斯·特雷诺等上流社会人物的身上。
2. 华顿在《小说创作》一书中称乔治·艾略特为英国小说“伟大的观察家群体”中的一员，认为她是“萨克雷以降最具天赋的英国小说家”，并把她与巴尔扎克、托尔斯泰、萨克雷一起并称为“伟大的小说作家”。(*Writing of Fiction*，62–63，105)
3. 华顿在1900年7月25日致小说家罗伯特·格兰特的信中论及格温德琳（*Letters* 41），而在《乔治·艾略特》一文中她一再以《丹尼尔·德龙达》以及格温德琳为例分析乔治·艾略特的作品。(73–77)
4. 戈尔德曼认为乔治·艾略特为了创作《丹尼尔·德龙达》对犹太人和犹太教作过深入研究，而华顿在《欢乐之家》中根本“没有从内部描写犹太性的兴趣”（Goldman 25）。

《欢乐之家》最为批评者诟病的是作品把罗斯代尔描写为“让人受不了的”“小个子犹太人”，但这显然并非作者的观点：

> 在［莉莉］那个小圈子中，罗斯代尔已经被宣判为“让人受不了的”人，而杰克·斯特普尼因为接受过他的宴请，要还人情，结果被众人大加挞伐。特雷诺夫人喜欢结交三教九流，因此也作了一些冒险的试验，但就连她也反对杰克把罗斯代尔先生包装成新人的尝试。她声称，他还是那个小个子犹太人，而在她的记忆里，他已经被十多次端上社交董事会的台面，但次次都遭到拒绝。(24-25)

这段文字揭示了罗斯代尔进入纽约上流社会的过程中遭遇到的种族歧视。细观这段文字，华顿通过微观层面叙事视角的把控，表明其中对罗斯代尔的歧视来自莉莉所处的“那个小圈子”以及代表纽约上流社会的“社交董事会”。为此，她不仅通过“她声称”一语点明把罗斯代尔视为“小个子犹太人”的是特雷诺夫人，而且还特意把“让人受不了的”一词放在引号中，以示这一说法出自莉莉“那个小圈子”，是他们的原话。此外，华顿还精心挑选了特雷诺夫人的视角，让读者通过“她的记忆”看到纽约上流社会的反犹主义现实。由于特雷诺夫人是莉莉圈子中最为开放的人物，所以如果连她也歧视罗斯代尔，如果连她都介意罗斯代尔屡次遭到社交董事会拒绝这一事实，那么纽约上流社会的反犹主义之盛、之深也就可见一斑了。

不过，《欢乐之家》中的反犹主义观念和立场主要还是通过莉莉的视角呈现出来的。作品第一章中，莉莉走出塞尔顿居住的公寓楼之后，我们第一次通过她的视角看到了罗斯代尔。正当在她“扫视街上是否有马车”之时，不料却“撞见了一个穿着华丽、外套口袋里别着一支栀子花的小个子男性”。罗斯代尔的这一形象明显是从莉莉的眼中看到的。不过，由于这时她还没意识到此人是罗斯代尔，因而这一形象还算客观，其中的种族歧视成分也不算严重。紧随以上描写出现的是经常遭到研究者批评的两句话：“罗斯代尔站在那儿打量她，饶有兴趣，赞许有加。他属于金发碧眼白肤的犹太人类型，身材丰满，面色红润，身上穿的一套气派的伦敦产服装犹如座椅套子，而他的眼睛又小又细长，仿佛被他打量的人都是不值钱的小玩意。”（21）这两句话中既有对处于社会上升时期的罗斯代尔的客观描写（其衣着），又有对其种族的定位（犹太人），同时还包含着对犹太人的刻板印象（罗斯代尔打量人的神情）。这一描写缺乏明确的叙事视角指示语，因而成了全书有关罗斯代尔的描写中视角最为模糊的细节。不过，由于引文的位置紧接上文莉莉的视角，我们完全可以把其中有关犹太人的刻板印象看作她对犹太人的偏见。其实，即便我们把引文视作华顿或叙事人观念的呈现，对作品所要表达的种族观念也无大碍。引文中罗斯代尔打量人的神情之所以具有种族偏见之嫌，根本原因还在于“他属于金发碧眼白肤的犹太人类型”一语被理解为具有种族偏见含义的标签。实际上，这一标签完全符合达尔文有关犹太人种族特征的说法，[1] 而华顿之所以强调罗斯代尔“属于金发碧眼白肤的犹太人类型”，一方面意在以此暗示其德国犹太裔的身份，从而把他与19世纪末进入美国的东南欧犹太移民区别开来，另一方面则意在借此消除美国

1. 达尔文在《人类的由来》中认为“犹太人虽然属于闪米特血统”，但他们与“欧洲人之间的差别很小”。（vol. 1：40）

白人心目中犹太人和北欧白人之间种族特征上的差异。由此可见，与批评者所理解的相反，罗斯代尔的种族标签说明华顿与达尔文一样，并没有把犹太人当作一个有别于欧洲白人的种族。

与以上对罗斯代尔的描写相比，作品其后展现的莉莉对罗斯代尔的态度则暴露出其思想深处对犹太人的歧视和偏见。在语言上，作品用了大量令人不快的词语，描写罗斯代尔的一举一动令莉莉感到"恼火"、"憎恶"（23）、"讨厌"（24）、"气恼"（153）、"烦恼"（154）、"不快"（183），引来她对罗斯代尔的"冷落"、"忽视"（24）、"鄙视"（387）、"嫌恶"、"蔑视"（388），甚至"西姆·罗斯代尔"这一昵称也让她觉得"令人作呕"（90）。更为严重的是，莉莉对罗斯代尔的看法突出了对犹太人的刻板印象，否定了其作为一个人的精神品质。在她眼里，罗斯代尔"在价值评估方面有着其种族的准确性"（"如果她头脑清醒的话……"，23），表现出"其种族所特有的精明的商业头脑"（"她明白他的动机……"，24）。最糟糕的是，由于受其种族主义观念的影响，莉莉怀疑罗斯代尔对她的感情，认为他"太忙，太实际，最主要的是过于专注于他自己的发达，无暇旁顾那些无利可图的闲事"（"莉莉知道他这种男性不会把时间浪费在徒劳无益的感情游戏上……"，481），甚至认为罗斯代尔对她的爱慕之情也是"以其粗鄙的、没有道德原则且贪婪的方式"表现出来的，是"掠食动物对待其配偶的方式"（"莉莉有时间感觉到……，402）。需要特别指出的是，莉莉对罗斯代尔的评价都与括号内标示其视角的内容相联系，表明这一切都是莉莉的观点。

相反，作品的细节描写却对抗人物的反犹主义刻板印象，展现了一个真诚、善良且有爱心的罗斯代尔。作品中，塞尔顿的表妹格蒂"希望莉莉不要对罗斯代尔先生那么好"（214），从而让读者看到她也歧视罗斯代尔，但与此同时华顿又巧妙地通过格蒂之口告诉读者罗斯代尔为其慈善机构捐献了1000美元，并非一个为富不仁之人。类似地，作品通过莉莉的视角描写了她无意之中看到罗斯代尔跪在地上与费希尔夫人的小女儿一起玩耍的温馨场景。通过这一场景的描写，华顿一方面让读者从这一“父亲的角色”中看到罗斯代尔“让人觉得亲切的美德”，另一方面又强调当事人莉莉并“没有为之所动”（401–402），从而揭示了其根深蒂固的种族偏见。实际上，罗斯代尔不同于莉莉小圈子的上流社会成员，是作品中唯一真心对待莉莉的人物。在那个小圈子中，格斯·特雷诺试图以金钱作诱饵奸污莉莉；塞尔顿表面上爱慕莉莉，却与多塞特夫人有过婚外情，而且还在莉莉落难时远走他乡；多塞特夫人则为了掩盖自己的婚外情而诬陷莉莉与其丈夫有染。与这些上流社会成员形成对照，罗斯代尔始终关心莉莉，并在她落难之际同情她的处境，请她喝茶，登门问候安康，对她伸出援手，愿意为她解决经济上的燃眉之急。正因为如此，罗斯代尔最后被莉莉视为“接收和传达她的版本的事实的合适人选”（472），成了她唯一的倾诉对象和唯一了解其真实故事的人物。这些与作品人物视角形成对抗的细节一方面说明了罗斯代尔其实是莉莉生活中最可靠、最值得信赖的人，另一方面又从道德层面质疑了白人至上主义和反犹主义种族观念。

客观地看，莉莉本人也确实在环境逼迫下不断修正其种族观念。作品开篇之时，她坚决拒绝罗斯代尔护送她到中央车站的提议，但在她落难之际却同意让他护送她回公寓，甚至还在他提出改日再登门拜访时对他说了“第一句真诚的话”：“谢谢，我会很高兴的。”（474）借此，华顿再一次强调了莉莉原来对罗斯代尔的偏见，同时也表明此时此刻她对罗斯代尔的态度出现了变化。其后，当罗斯代尔如约来访，并为她的处境而愤愤不平之时，莉莉不得不承认他的关怀并非出于自私的目的，而是其真情的流露："她真的从来没见过他如此震惊，全无平日里那般伶牙俐齿。他那无言的感情挣扎，几乎有几分让她感动的成分。"（483）虽然此时的她仍然不无居高临下的心态，但我们从中也看到了她的种族偏见已经有所松动。最后，当罗斯代尔向她伸出援手之时，她感到心里"混杂着羞愧和感激"，并因此不仅在话语之中流露出"意想不到的温柔"，而且还意识到其不当话语对罗斯代尔的"一丝不公"（483-484）。当然，莉莉对罗斯代尔态度的最大改变主要表现在婚姻问题上。罗斯代尔最初向她求婚时，她不仅拒斥其"实用的动机"，认为他只是想利用她在社交界的地位，"缩短向上爬的过程中最后几个台阶［的距离］"，甚至连他的"热烈的倾慕之情"也令她感到厌恶。然而，环境的改变颠倒了两者的位置，迫使莉莉不得不为了她自己的实用动机而设法"让他为了爱而娶她"（388）。此时，她清醒地认识到，嫁给罗斯代尔是她"走出困境的唯一体面的出路"（400），因为"作为罗斯代尔的妻子"，她"至少可以在她的敌人面前筑起一道坚固的前沿阵地"（408）。在这种情况下，她终于意识到罗斯代尔对她的感情"忠诚得不可救药"（485），而这说明环境的影响已经在很大程度上纠正了莉莉的种族主义观念。

环境的影响实质上是华顿通过情节安排而实现的，其目的显然在于对抗莉莉的视角，对她进行种族再教育。华顿在作品第一章中就把罗斯代尔引入莉莉的故事，让他在其故事中占据大量的篇幅，并借此把种族问题推到了作品主题的位置上，使之成为推动作品情节发展的主要冲突和动力之一。作品开篇之初，莉莉与她那个小圈子的种族主义观念占据着叙事中心地位，而罗斯代尔则因其犹太人身份被排斥在这个中心之外，因而两者的生活轨迹似乎毫无交集。此时的莉莉对罗斯代尔冷落、怠慢、歧视，根本没考虑过要嫁给他。当故事情节发展到一半的时候，莉莉的社交地位已经开始走下坡路，经济地位也岌岌可危，而此时罗斯代尔的社会地位却大有改观，但即便在这种情形下莉莉仍然拒绝了罗斯代尔的求婚。然而，随着莉莉社交地位的进一步下降，同时也随着罗斯代尔经济和社会地位的不断上升，故事情节开始逐渐颠倒两者的关系。这时的莉莉不得不重新审视罗斯代尔，修正对他的看法，并最终为了摆脱自己的困境而打算嫁给他。这样，作品在情节安排上经过了莉莉对罗斯代尔的态度从冷落到拒绝再到基本接受的三个过程，逐渐把罗斯代尔推向莉莉故事的中心，使之取代了莉莉心目中的塞尔顿以及他所代表的"精神共和国"。就此而言，《欢乐之家》有关莉莉的种族寓言讲述的本质上是莉莉和罗斯代尔之间可能存在的跨种族婚姻的故事。不过，要使之成为现实，莉莉必须完成其种族再教育，从根本上放弃其种族主义观念。然而，尽管华顿对莉莉的种族再教育并非徒劳无功，尽管莉莉在种族观念上也并非全然冥顽不化，但华顿在情节设计上并没有构建一个理想的种族关系的幻象，没有让莉莉真的踏进跨种族婚姻的殿堂，而是选择忠实于20世纪之交美国的种族现实，让她在种族主义观念的羁绊和束缚下走向毁灭。

研究者已经注意到华顿在性别、经济等问题上"与美国的争辩"，但仍然对她在种族问题上与美国的争辩缺乏认识。[1] 研究者往往以华顿朋

1. 阿蒙斯为其华顿性别问题研究的专著起名为"华顿与美国的争辩"。参见 Elizabeth Ammons, *Edith Wharton's Argument with America* (Athens: U of Georgia P, 1980)。华顿在经济问题上与美国的争辩，参见 Goldman, "The 'Perfect' Jew and 'The House of Mirth,'" *Modern Language Studies* 23.2 (1993): 25–36。

友圈中盛行的种族主义观念为依据，认为她迎合或认同20世纪之交的美国主流种族观念，而忽视了其往来于欧美之间的经历可能使之以完全不同的视角审视美国的种族问题，忽视了其朋友圈中并非人人都认同美国当时的主流种族观念，忽视了其中还有埃莉诺·贝尔蒙特这样嫁给犹太人的白人，忽视了华顿在她所处的那个时代的美国本身就是一个异数。再者，研究者虽然清楚达尔文进化论对华顿的影响，却没有意识到既然华顿关注和熟悉进化论的最新发展，她就没有任何理由相信和认同20世纪之交美国的科学主义种族话语及其荒谬逻辑。更为重要的是，判断华顿是不是种族主义作家，主要还应以其作品为依据，但恰恰在这一点上研究者忽视了《欢乐之家》隐含的对科学主义种族话语的质疑，结果把塞尔顿和莉莉的神创论和目的论进化观念误认为是华顿的观念，而没有发现她对莉莉那个小圈子的谴责之中也隐含着她对种族主义的批判。实际上，莉莉的小圈子不过是一个轻浮的社会，并无多少民族优越性可言，而作为这个轻浮社会的一员，莉莉本人也并非“华顿的美德模范”（Trilling 109）。她生活上追求时尚和享乐，道德上缺乏恒心，行动上举棋不定，职业上更无一技之长，因而走向毁灭也在情理之中。其实，至少在象征意义上，莉莉之死正是她拒绝与犹太人罗斯代尔种族通婚和反犹主义的结果。也许正如卡桑诺夫所言，莉莉是“种族纯洁和优生学祭坛上完美的牺牲品”，而她的死亡则是“一个稀有、濒危物种消亡的标志”。不过，这话才说对了一半，因为华顿为莉莉安排的死亡结局并非卡桑诺夫所说的“风格化的保护行为”，更不是华顿对莉莉这一稀有生物体的颂扬和对种族主义的支持，而是对美国主流社会发出的适时警告，那就是，如果不摒弃种族主义观念，白人种族就会像莉莉一样走向灭亡，这才是真正的种族自杀。

华顿作品中涉及种族问题的并不多。说到底，进化论对她的影响主要还在于她对上流社会道德风尚的考察。这样的考察虽然不乏深刻之处，但远不如艾伦·格拉斯哥从进化论的视角对南方社会的考察来得全面。

第三章

南方的问题：
格拉斯哥小说对社会历史的生物学阐释

进化论对格拉斯哥的影响明显不同于华顿。在华顿的小说世界中，适者生存的法则更多地适用于人物生存的环境，并不十分强调人的动物性存在。换言之，我们从华顿作品中看到的是人物如何在适者生存的社会环境中行动或生存，但人物本身并不完全受制于其遗传因素。否则，《欢乐之家》中莉莉凭借其自身的遗传优势就不至于走向毁灭。实际上，华顿关心的并不是人物的生物性特征，而是人物生存的社会环境是否符合达尔文进化论的基本原则。就此而言，华顿考察得更多的是进化论的社会寓意，其焦点是达尔文在《人类的由来》中所关心的道德和种族的社会学意义。与华顿相比，格拉斯哥追溯到《人类的由来》之前，看到的更多的是达尔文在《物种起源》中关注的遗传、变异、环境在生物进化过程中发挥的作用。

按照达尔文的说法，《人类的由来》只不过是《物种起源》中所阐述的观念的应用；因此，无论像华顿那样把重点放在《人类的由来》上，还是像格拉斯哥那样聚焦于《物种起源》上，其结果本来不该有太大的区别。然而，事实并非如此。当格拉斯哥把重点放在《物种起源》上时，华顿对道德和种族的关注就被格拉斯哥对遗传和环境的关注所替代，使得其作品更多地纠结于人物的生物学属性与环境之间的对抗。值得注意的是，尽管格拉斯哥强调其作品在社会历史层面上的意义，但她作品中的社会或历史并不完全受制于人的生物学属性。如果说华顿作品所描写的是进化论主导下的人类社会，那么作为小说家的格拉斯哥——并不是作品人物及叙事人的格拉斯哥——所强调的是她所谓的社会历史环境的影响。就此而言，格拉斯哥一方面受到进化论的影响，在作品中通过人物和叙事人的视角紧盯人物的遗传、变异等生物学属性，另一方面又通过作品情节的安排，试图超越生物学特征对人的束缚，展示和倡导人物在阶级、性别甚至在一定程度上种族的越界行为和生存。

与华顿相比，格拉斯哥对进化论的了解可能并不那么全面，对进化论也没有那么忠实。用今天的话来说，她并不是进化论的忠实粉丝。从其自传《内心的女人》（*The Woman Within*，1954）看，格拉斯哥接触达尔文的进化论与其姐姐卡里·格拉斯哥（Cary Glasgow）以及姐夫麦克科尔马克（George Walter McCormack）有关。卡里骨子里有着一股反叛精神，不仅写小说，而且还阅读达尔文和亨利·乔治（Henry George 1839–1897）的著作，被人称为“古怪的格拉斯哥小姐”（58），而麦克科尔马克对格拉斯哥的影响则使她推翻了其“遗传而来的最后的偏见”。在麦克科尔马克指导下，格拉斯哥发现了“维多利亚时代伟大的科学家”，而这其中就包括达尔文：“在他的建议下，我研读了《物种起源》，直到最后能够通过针对每一页的考试。”（*Woman* 88–89）对于出生于文化相对保守的弗吉尼亚家庭的格拉斯哥而言，阅读《物种起源》显然是离经叛道的行为。格拉斯哥深知，“达尔文的名字本身在少数听说过这个名字的人当中就是诅咒。‘呸！呸！不就是这个人说我们都是猴子的后代吗！’”

格拉斯哥的父亲在发现她读“这本邪恶的著作”时，“先是斥责，接着就是道德说教”，继之而来的则是为此而“义愤填膺”。此时的格拉斯哥20岁不到，阅读《物种起源》似乎更多的是反叛行为，而并非出于对达尔文理论的信奉：“我太年轻，对达尔文的假设只字都不懂，直到多年之后才理解和重视这本书。而且，直到那时，对我的影响与其说是自然选择这一特定的科学理论，还不如说是比它更为古老且无所不包的有机进化哲学。”（*Woman* 92）明显地，格拉斯哥把阅读达尔文当作了反叛传统、寻找自我的标志，甚至日后她对《物种起源》的“理解和重视”也并不意味着她赞同达尔文的进化理论。在麦克科尔马克自杀身亡之后，格拉斯哥和其姐姐卡里又开始重新研读“更新近的生物学和人种学”。格拉斯哥在回想这段经历时说：“当我现在回顾之时，我不明白这些研读怎么会有丝毫的益处。”她接着说：“我现在为深入了解《物种起源》甚至斯宾塞的《综合哲学》而感到高兴。这一知识当时给予我的不止是更为宽阔的知识视野和更为深远的视角，但对此我今天已经不明白了。”（*Woman* 101–102）这些话既透露出进化论对青年时期的格拉斯哥所产生的影响，又透露出晚年的格拉斯哥对这样的影响觉得有些不可思议。

其实，无论在青年时代还是在晚年，格拉斯哥都在内心里对达尔文及其自然选择的进化理论怀有坚定的信念。1896年6月，她在哥哥亚瑟·格拉斯哥（Arthur Glasgow）的资助下第一次到欧洲旅行。根据她在《内心的女人》中的记述，她在伦敦期间曾经前往威斯敏斯特教堂，但她缅怀的对象不是英国文学之父乔叟，而是把一支玫瑰敬献在了达尔文的墓前。（120）从中不难看出，青年时期格拉斯哥对《物种起源》作者的敬意。晚年格拉斯哥对进化论的信念则可以从她的一篇题为《我的信条》（“What I Believe”）的文章看出来。这篇文章最初发表于1933年4

月12日的《国家》（*The Nation*）杂志上，后来又按照其意愿作为附录收录于《内心的女人》一书中。虽然文章表面上并没有提到达尔文和进化论，但文章中所列陈的信条却根植于达尔文在《物种起源》中阐述的进化论思想。她在文章中列举的信条之一是“通过教育和优生学”“以仁慈的方式消灭无益的富人和无益的穷人这两个社会中无用的极端阶层”（*Woman* 305）。如果说达尔文把马尔萨斯（Thomas Robert Malthus 1766–1834）的人口学理论运用到其生物学研究之中，格拉斯哥在此反其道而行之，看到了达尔文进化理论的社会意义，并把它运用到社会学领域，用以解决社会问题。[1] 在此，格拉斯哥超越了《物种起源》中的自然选择观念，甚至部分地涉及达尔文在《人类的由来》中论及的文明社会中自然选择的作用，但本质上并没有远离遗传与变异的进化理论。实际上，她也用遗传和优生学的理论审视自己。她认为她在身心上主要遗传了母亲的特征，但她也承认自己身上有着来自父亲的遗传特征：“但是我们［指格拉斯哥和其父亲］由不同的材料构成，我从他身上没有遗传到任何东西，除了我的眼睛的颜色，还有就是继承了他靠无限的自我牺牲而积累起来的信托基金中的一份。我身心中的一切东西都要归因于我母亲，两个对立面的结合也有可能是我身上永久的性格类型冲突的源头。”（*Woman* 16）对优生学的信念则在一定程度上成了格拉斯哥选择单身的理由。她一生中有过多次恋爱的经历，但都没有修成正果，其中的部分原因是终身困扰她的耳疾。这一问题不仅影响到她与他人的正常交往，而

1. 达尔文从马尔萨斯的人口以几何级数增长的理论中得到启示，提出了自然选择的进化理论。他在《物种起源》中说：“由于每一物种出生的个体远远超出可能生存下来的数量，而且常常由此引发生存竞争。因此，任一生物，如果它有任何细小而有利的不同之处，就会在复杂而条件各异的生活条件下具有更多的生存机会，并因此而得以自然的选择。”（5）

且还使她担心她会把这一身体疾病遗传给下一代。她原本就觉得自己天生缺乏“母亲的本能”，认为“把另一个生命带到一个让我经历了如此之多的精神屈辱的世界上来是无可挽回的不义之举”，但当她了解到自己的耳疾之后，拒绝结婚生子就成了她的“道德信念”（*Woman* 108），因为她怀疑其耳疾“可能是遗传来的，而把疾病传给下一代是对生命的犯罪”（*Woman* 153）。日后，她的这一怀疑似乎得到了证实，因为她发现其侄女也因此而受尽折磨，而问题的根源在于其父亲家族遗传之中失聪的问题虽然“隔了许多代，但在很久之后又会回来摧毁生命或希望”（*Woman* 245）。

格拉斯哥在《我的信条》中提出的另一信念同样是自然选择的社会学应用：“我相信，变化正在来临；至于是好是坏，谁敢预测呢？[变化]不一定就是进步；进化并不意味着向上演进。”（*Woman* 306）对此，她还在文章结尾处强调其对进化论的信念时再次加以重申：“我还相信其他的东西，而这些东西与我所认为的永恒的问题密切相关。我相信这个星球上的生命是进化而来的。虽然我认为这一进化并不意味着向上演进，但我确实相信人类已经摸索着走出了原始的黑暗。我还相信，人类在从低等形态向上演化的漫长进程中已经积累了一些崇高的美德，或者也许可以更准确地说，积累了一些人类称之为真理、正义、勇气、忠诚、同情的崇高的美德观念。”（*Woman* 309–310）格拉斯哥在此一再坚持进化并非进步的观念，而这一观念正是达尔文自然选择的进化理论对19世纪宗教和道德观念的巨大挑战。正如迈尔（Ernst Mayr）所说：“达尔文严重破坏了维多利亚时代进步和可完美性的观念，他证明进化带来变化和适应，但它并不必然导致进步，且永远不会导致完美。”（1–2）实际上，格拉斯哥所谓的“崇高的美德”大体上就是达尔文在《人类的由来》第一卷中论述的道德能力。在达尔文看来，道德能力其实也是自然选择或生存竞争的一部分。不过，格拉斯哥所接受的进化理论似乎主要局限于《物种起源》所阐释的自然选择，而非《人类的由来》试图论证的进化之于文明社会的意义。在她的观念中，崇高的美德似乎与自然选择是相对立的。她更看重人类在进化过程中所积累起来的崇高美德，但“崇高的美德”到“崇高的美德观念”的转变是从实在的美德到无形的观念的让步，透露出来的是她对人类文明和进步的怀疑，而这又是对自然选择的进化观念的肯定，也即她对进化论的坚定信念（“我相信这个星球上的生命是进化而来的”）以及她对进化论的社会学意义的怀疑（“进化并不意味着向上演进”）。

格拉斯哥对进化论的怀疑最为鲜明地体现在她对遗传这样的人的生物学属性的怀疑。她认为，在消灭“无用的极端阶层”的过程中，不仅需要优生学，而且还需要教育，甚至于还把教育置于优生学之前。在《我的信条》一文中，她用相当大的篇幅阐述阶级的流动性。在她看来，“美国最强大的力量”来自“大众意识的压力，而非阶级意识的压力”。她认为，“社会分工是表面的”，“本质上”具有“流动的特征”。按照她的分析，如果“让一位思想活跃的美国劳动者与一位思想同样活跃的美国银行家互换位置”，几周之后无论哪一个都“说不清他的阶级归属”。据此，她相信一个人是否风度优雅或体面可敬与教养有关，而无关乎“精美的打扮或财富”，甚至于无关乎种族。在她看来，那些出身王孙贵胄之家的人虽然血统高贵，但也不乏粗野无礼之辈；与之相反，“教养良好的人虽然有可能穷困潦倒，而且经常穷困潦倒，可能身陷贫民区，但他们终究不属于贫民区，并且通常会踏出贫民区。”正因为如此，格拉斯哥崇尚的并非那些出身高贵的人，而是那些“高尚自律的人”和“在徒劳无助面前坚忍不拔的精神”（*Woman* 307–309）。不难看出，格拉斯哥并没有一味夸大遗传等生物学属性的作用，而是强调人的生物学属性和教养、环境之间的相互作用，既在一定程度上肯定人的生物学属性的意义，又试图以教育改造人的动物性，突出教育的作用和人的意志，力求在作为文明产物的人类和作为动物的人性之间求得平衡。对此，她在《内心的女人》中说得更为清楚：“我喜欢人类，但我并不热爱人性。”（*Woman* 80）她所谓的人类（human beings）显然是文明的产物，而她指的人性（human nature）无疑是人的生物学属性，也即人的动物性。对此，莱柏（J. R. Raper）的解释颇有见地：“‘人性’之于‘人类’的关系犹如‘生物学’之于‘文明’的关系”（“Glasgow and Darwinism” 4）。

就此而论，格拉斯哥并非传统意义上的自然主义作家。尽管近年来有研究者试图把她与华顿、薇拉·凯瑟一起归入自然主义作家的行列，认为其《后代》、《贫瘠之地》等作品是自然主义之作，[1] 然而，她既不是豪威尔斯那样的温情的现实主义作家，也不同于克莱恩、诺里斯、德莱塞等自然主义作家。事实上，她对自然主义文学作品似乎一直抱有拒斥心理。在一篇题为《文学现实主义和唯名主义》（“Literary Realism and Nominalism”）的文章中，她通过一位假想的读者之口，把刘易斯（Sinclair Lewis）的自然主义小说作品《大街》（*Main Street*，1920）称为“文学唯名主义”：“借用一个哲学术语，并为了使之适用于一个特例而变通一下，刘易斯先生的文学唯名主义难道比波特夫人的感伤更接近于真

---

1. 沃克把格拉斯哥的《后代》、《劣等星球相位》和凯特·肖邦的《觉醒》（*The Awakening*, 1899）以及伊迪丝·华顿的《欢乐之家》、《夏日》（*Summer*, 1917）一起归为自然主义小说之列。（Walker 134）坎贝尔认可沃克的做法，但她在讨论美国女性作家的自然主义作品时却选择了《贫瘠之地》。（Campbell 153）

实的经历吗？如果对生活的诠释描写的并非现实，而是事物之名，其中会有真实性吗？在文学意义上来说，它可能是唯名主义，而不是现实主义。”[1]（130）在《某种程度》（*A Certain Measure*，1943）中，格拉斯哥更加明确地质疑了自然主义文学的纪实性创作方法：“犹如我不是一个纯粹的现实主义作家一样，我从来也不是一个纯粹的罗曼司作家。如果我能碰上这么一个词的话，我宁愿把我自己称为一个真实主义者（a verist）。完整的真理必须既包括内心世界又包括外在的形象。行为本身不过是人格的外层包裹物而已。这就是为什么笔记式的纪实现实主义展现出来的仅仅是表面印象的原因所在。”（*Measure* 27–28）除了指责自然主义文学停留在现实表面、未能触及人的内心之外，格拉斯哥还对自然主义文学所描写的内容提出质疑。在她看来，即使生活不过是“衰老物质的赘生之物”，或者“整个人类产下的是一大摊披着美丽外衣的蛆虫”，作家也没有必要“把蛆虫的尸体在文学中保存下来”（*Measure* 15–16）。格拉斯哥对自然主义文学也许有些苛责，其观点也不一定正确，但有一点是很清楚的，那就是她对自然主义的表现形式和描写的内容抱有抵触情绪，明显不是自然主义作家。然而，尽管格拉斯哥算不上自然主义作家，但进化论——以及自然主义文学作品的许多基本因素——对其作品产生了深刻的影响。除了极个别早期作品以外，人的生物学属性并没有转化成格拉斯哥作品的主导力量，因而这些作品本质上也就不属自然主义文学范畴。

关于达尔文进化论对格拉斯哥作品的影响，研究者的看法基本一

1．马尔科姆·考利（Malcolm Cowley）把刘易斯“1920至1929年间的所有严肃小说作品”归入自然主义小说之列，其中就包括了《大街》。（76）

致，但他们对这一影响的程度、范围以及表现方式的理解却各不相同。莱柏通过对格拉斯哥作品的全面解读，认为其1897年到1906年间的早期作品以及1925年至1941年之间的主要作品“对达尔文进化论主题和问题上的关注相同或相似”，说明了“进化理论在她对人和世界的观念中的核心地位”。在莱柏看来，这些早期和晚期作品体现了生物学和文明之间的冲突，因而读者必须考虑这些作品中的两个尺度：一是“人物的自然驱动力”，二是“文明对它的制约”（“Glasgow and Darwinism” 401，49）。多诺芬认为，虽然达尔文对格拉斯哥早期作品的影响主要体现在男性人物身上，但这些作品情节中的“边缘地带”也有一些“有意思的女性”（Donovan，*After the Fall* 131）。霍利鲍（Lisa Hollibaugh）则发现研究者大多聚焦于进化论对格拉斯哥早期作品的影响，但她并不认同这样的做法。按照她的分析，既然“格拉斯哥的哲学和文学成长依赖达尔文的进化理论”，我们就应当能够在《贫瘠之地》这样的后期作品中发现进化论“存在”的证据。在她看来，在格拉斯哥的早期作品中，人物主要是男性，“遗传而来的品格和压倒一切的环境力量最终决定了人物的成败”，进化论战胜了加尔文主义，但在《贫瘠之地》这样的后期作品中，随着格拉斯哥的注意力从男性人物身上转移到女性人物身上，“科学和宗教形成了一致的关系”（32–33）。霍利鲍的意思是，进化论（也即“科学”）对格拉斯哥的影响并不局限于其早期作品。

进化论对格拉斯哥作品的影响也许比霍利鲍所说的更宽泛，更接近于莱柏所说的生物学与文明之间的冲突，或人性与人类之间的冲突，而不一定局限于科学和宗教之间的冲突。但霍利鲍的观点的积极意义在于，她指出了达尔文进化论对格拉斯哥作品持久且一贯的影响，尽管这样的影响并不总是而且很少处于主导地位。实际上，即使是被莱柏排除在外的格拉斯哥的中期作品也清楚地显示出她对人的生物学属性的关注。这些中期作品约占格拉斯哥作品总量的三分之一，其中包括《古老的法则》（*The Ancient Law*，1908）、《普通人的罗曼司》（*The Romance of a Plain Man*，1909）、《老教堂的磨坊主》（*The Miller of Old Church*，1911）、《弗吉尼亚》、《生活与加布里埃拉》（*Life and Gabriella*，1916）、《建设者》（*The Builders*，1919）、《单打独斗的人》（*One Man in His Time*，1922）。不管这些作品的文学价值或重要性如何，它们不仅在格拉斯哥的作品中起到承前启后的作用，而且还延续了其早期作品对人的自然属性的关注。且不说《弗吉尼亚》和《生活与加布里埃拉》这样相对比较重要的作品，即使在《古老的法则》这部很少受到研究者关注的作品中，进化论的观察视角也比比皆是。事实上，尽管格拉斯哥的小说创作前后经历了40多年的时间，作品所涵盖的时代背景也从美国内战之前一直延伸到20世纪40年代，反映了各个不同时期的历史风貌，且作品人物各不相同，人物所处的环境大相径庭，主题也不尽相同，但人的生物学属性与环境/教育/社会之间的矛盾关系贯穿于所有这些作品。无论是受进化论影响最深、最接近于自然主义作品的《后代》，还是进化论色彩最弱但政治色彩最浓的《建设者》，都把作品主题建立在人的自然属性与社会属性和环境之间的冲突之上。

然而，我们也不能过于夸大进化论对格拉斯哥的影响。一方面，达尔文进化论不仅是19世纪末20世纪初美国知识界、思想界、文学界的重要思想，而且还是格拉斯哥文学生涯的第一个台阶，因而进化论思想一直或显性或隐性地存在于她的思想深处，体现在其文学作品之中，不管她对它持正面的还是负面的看法。另一方面，尽管格拉斯哥的文学创作以进化论为开端，但在其漫长的文学生涯中，她不停地在思想上和文学创作方法上提高自己，同时也经常改变其作品的主题内容和作品风格。在《后代》发表之后，她一度把注意力集中到作品风格、人物视角等创作技巧上，从各国文学大师那里汲取营养。其后，她又把注意力从创作技巧转移到思想内容上，在思想上丰富自己，其中尤其是对叔本华、斯宾诺莎哲学的关注。到了其文学生涯的晚期，她似乎开始重视心理学，特别是弗洛伊德和荣格的心理学理论。不仅如此，在以上这个过程中，她的作品还在总体上体现出从男性世界到女性世界的转变，出现了向弗吉尼亚政治、历史、社会、传统的回归，甚至在末期还隐现了她对种族问题的关注。再者，尽管对人的生物学属性的关注一以贯之地存在于格拉斯哥各个时期的作品之中，但除了极个别情况，这样的关注基本上都没有上升到作品主题的高度；人的生物学属性在大多数作品中也没有成为推动作品发展和作品主要人物生活轨迹的主导力量。相反，人物的成败多数情况下为教育、社会习俗、人物意志所左右。正因为如此，格拉斯哥的作品本质上不属于自然主义的范畴。

一、失败者：格拉斯哥的进化论实验

在格拉斯哥的进化论实验作品中，人物的生存竞争往往以失败告终。其中，最显著的例子是她最早的两部小说——《后代》和《劣等星球相位》——以及中期作品《弗吉尼亚》。不过，由于《弗吉尼亚》中女主人公弗吉尼亚的悲剧与性别和传统相关，与地理上的弗吉尼亚的文化、历史、风俗有着明显的关系，并非真正意义上的进化论实验作品，所以本节暂不把它作为讨论对象。与《弗吉尼亚》不同，《后代》和《劣等星球相位》把人物从其出生的环境之中抽离出来，把她们置于纽约这一大都市中，创造了一个更为远离历史、文化、家庭、风俗的理想实验环境，使人物不受这些因素的干扰，从而更好地剖析了人物行动背后的生物性与社会性之间的冲突。在简短的三章之后，《后代》的主人公19岁的迈克尔·阿克谢姆就离开了美国南方小镇普莱格斯维尔附近乡村的家乡，来到纽约，从而至少在表面上让他远离以遗传为基础的社会环境。《劣等星球相位》开篇时，出生于南方乡村的女主人公玛丽安娜·穆辛已经身处纽约，为了做歌剧演员而打拼，而男主人公安东尼·阿尔加西夫由于父母——一个是纽约人，另一个则是南方来的克里奥尔女子——早亡，是在斯皮尔斯神父的照料下长大成人的。与格拉斯哥中后期作品中那些坚忍不拔的人物——特别是女性人物相比，这两部作品描写的主要人物试图摆脱出身和家庭背景束缚，依靠自身的奋斗而实现自己的梦想。然而，尽管这些人物表面上部分地远离了其生物学属性的羁绊，甚至在生存竞争中不无成功之处，但他们本质上都是失败者，因为他们所追求的生存并非动物性的存在，而是人生的意义；这样的人生的意义远远超出动物的需要，是作为社会一员的意义，其中包含着爱情、理想、责任等情感与道德因素。就此而言，格拉斯哥在这两部作品中所作的生物学实验，其意义在于作品在有意或无意之中证明了动物性的破产，证明了人的存在并不等同于人性。

格拉斯哥把《后代》献给“G. W. McC.”，也即其姐姐卡里·格拉斯哥的丈夫乔治·瓦特·麦克科尔马克。这一献词与该作品的主题内容直接相关。麦克科尔马克被格拉斯哥称为她的“导师”和她所认识的“最高级的知识分子”（*Woman* 79）；正是由于他的影响，格拉斯哥才接触到达尔文的《物种起源》和亨利·乔治的《进步与贫困》（*Progress and Poverty*，1879），而这两部著作的作者又是19、20世纪之交美国进步时代（The Progressive Era 1890s—1920s）最重要、最具影响力的人物。1897年12月5日，刚刚卸任不久的伊利诺伊州州长沃特盖尔特（John Peter Altgeld）在缅怀乔治的讲话中称“他给时代的经济思想所留下的印象几乎与达尔文给科学世界的印象一样伟大”（777），而古巴作家和革命家何塞·马蒂（José Martí）则认为“乔治对社会科学的影响只有自然科学中的达尔文可与之相媲美”（425，n8）。麦克科尔马克的影响正好出现在格拉斯哥创作《后代》之时，因而自然地影响到这部作品的创作。晚年的格拉斯哥在《内心的女人》一书中回忆说，由于受到麦克科尔马克的启发，她偶然间在一家二手书店花了30美分买下了《进步与贫困》一书，如获至宝，并为“亨利·乔治对世界穷困的审视及其依据事实所作的严谨而冷峻的推理”所折服。至于该书是否影响到《后代》的创作，格拉斯哥给出了一贯两可的说法：“在我开始创作我的第一本粗陋的书《后代》的时候，它可能或可能没有影响到我的主题。我所努力寻求的更多的是艺术，而不是灵感，因为作为刚刚开始写作的作家来说，我需要的灵感要少得多，但他至少激励了我的观点的革命倾向。”（*Woman* 79–80）其实，她并非不需要灵感，而是她已经在《物种起源》中找到了灵感。在《某种程度》中，她把《物种起源》称为“良好而强大的灵感”，认为其“最初创作的小说”就是对这一灵感的“回应”（*Measure* 58）。研究者从这些话中看出了达尔文进化论对格拉斯哥早期作品的影响，而没有重视甚至完全忽视了《进步与贫困》对《后代》及之后作品的影响；实际上，格拉斯哥以上的话为我们提供了理解其作品的途径。《后代》的主题内容从根本上来说就是《进步与贫困》所讨论的社会问题（具体地说是经济问题），而《物种起源》只是为审视这一问题提供了灵感。据此，《后代》所讲述的迈克尔·阿克谢姆的故事并不是《物种起源》所提供的进化论思想的应用，而是对这种思想的“回应”。不管这样的回应是正面的还是负面的，进化论在这部作品中只是作品切入问题的视角和方法，而不是作品的核心问题和主题内容。换言之，格拉斯哥在作品中试图以进化论所提供的视角为切入点，观察人类，审视社会，而非表达对达尔文进化理论的支持。

《后代》对进化论的回应相当扣题，呈现出浓重的进化论色彩。1897年该书匿名出版时，有的书评家还以为作者是一位男性，甚至有编辑和书评家认为作者可能是哈罗德·弗莱德里克（Harold Frederic 1856–1898），而格拉斯哥本人虽然对弗莱德里克作品“令人郁闷的神学意味”很不以为然，但她对这样的猜测似乎也颇感得意。（*Woman* 121，123）弗莱德里克是小说《塞伦·威尔的毁灭》（*The Damnation of Theron Ware*，1896）的作者，而该书被考利归入美国自然主义小说之列。[1] 这虽然不一定说明《后代》就是一部自然主义作品，但即使不论作品的故事情节和人物刻画，作品的书名、标题页题记以及各卷的标题已经呈现出相当明显的进化论特征。书名“后代”（descendant）把人物、人类与其祖先联系起来，强调人物作为家族遗传的产物，突出人物特征的由来。就此而言，“后代”这一书名实际上是从达尔文的《人类的由来》书名之中的“由来”（descent）衍生而来的，具有鲜明的进化论色彩。格拉斯哥为《后代》选择的标题页题记——“人不在自然之上，而在自然之中”——出自19世纪德国生物学家恩斯特·海克尔的《人的进化》（*The Evolution of*

---

1. 除了弗莱德里克的《塞伦·威尔的毁灭》之外，考利所开列的美国自然主义小说名单还包括克莱恩、诺里斯、杰克·伦敦、辛克莱（Upton Sinclair）、菲利普斯（David Graham Phillips）、德莱塞、刘易斯、多斯·帕索斯（Dos Passos）、法莱尔（James T. Farrell）、赖特（Richard Wright）、斯坦贝克（John Steinbeck）等小说家的部分或全部作品。（Cowley 76）

Man）的第二卷（456）。[1] 虽然海克尔对达尔文进化论在德国的传播和接受起过重要的作用，但严格意义上来说他是拉马克主义者，相信生物在生存环境中获得的特征会遗传给其后代，而这有别于达尔文自然选择的进化理论。因此，海克尔并非达尔文进化论的信奉者。然而，就格拉斯哥的题记而论，海克尔的观点至少在表面上应当与达尔文的观点并无太大的差别。事实上，按照莱柏的说法，这一题记"仅仅是达尔文《人类的由来》中论点的改述"，那就是"人与低等动物之间并无类别的差别，只有程度的不同"（"Glasgow and Darwinism" 104）。不管这一题记的进化论含义是什么，或者它具有什么样的进化观念，格拉斯哥借用这一题记意在突显的是人的自然属性，也即与人类相对的人性或人的动物性。与题记一样，《后代》各卷的标题——《类型变异》、《个体》、《驯化》、《返祖》——都是生物学术语，因而给各卷的内容贴上了鲜明的进化论标签，从而在一定程度上把整个作品定义为生物学实验。此外，各卷的标题之下还分别选用了出自哈维（William Harvey 1578–1657）、叔本华、席勒和易卜生的题记。其中，第一卷的题记"一切皆由卵生"的观念出自17世纪英国实验生理学家哈维的《动物生殖文集》，[2] 意思是一切生命都来自已有的生命，因而与作品标题"后代"所强调的"由来"和遗传相吻合。第三卷源自席勒的题记——"人之生活不过是错误而已"，从反面说明了人类问题的生物学根源，[3] 而第四卷出自易卜生的题记说明遗传并不

1. 格拉斯哥在《内心的女人》中说，"我借阅了所有我听到别人提及或书中引用过的德国科学家的书"（*Woman* 91），其中可能就包括海克尔的《人的进化》。
2. "一切皆由卵生"是根据拉丁文原文"omnia omnino animalia, etiam vivipara, atque hominem adeo ipsum ex ovo progini"概括出来的。原文的大意是"几乎所有的动物，甚至那些胎生的动物，包括人类自身，都是由卵而生的"（Harvey 2）。
3. 席勒的话出自其1802年的诗作《卡珊德拉》（"Cassandra"）第八节第三行。

仅仅局限于生物属性，也即“我们从父母那里遗传而来”的特征，还包括“各种各样死去的理想和无生命的陈旧信念”。不过，这样的理想和信念似乎潜伏在我们身上，“没有活力”却“一直抓住我们不放”，“无法摆脱”（207）。如果我们把这一题记的内容与这一卷的标题联系起来，就会发现格拉斯哥借助题记指的是本卷中与返祖现象相关的内容，意在说明人类并没有摆脱其动物性的一面。不过，这一题记在一定程度上与第二卷出自叔本华的题记——“人人都把他的视界的极限当作世界的极限”（Schopenhauer 69）——一起，指向人类超越生物学的属性，意指小说表现的并不纯然是生物学属性控制下的迈克尔·阿克谢姆的故事，而是其生物学属性与意志相互冲突之下的人生轨迹。

《后代》在叙事视角、人物刻画、故事情节、主题内容等方面也深受进化论的影响。在晚年回忆《后代》的创作时，格拉斯哥曾经因为“细致而持久地阅读科学著作”对其创作产生的负面影响而感到遗憾，但她同时也觉得应当“感谢科学方法的训练”，因为这样的训练“使［她］有可能把经验哲学建立在扎实的进化论之上”（*Measure* 59）。不过，《后代》在这一点上有别于华顿的《欢乐之家》。华顿把进化论的视角赋予其人物，通过莉莉及其小圈子成员审视生物学属性的影响。与华顿的人物叙事视角不同的是，格拉斯哥在作品中所采用的是以作者为中心的全知叙事视角，进化论观念成了叙事人以及作品中次要人物观察主人公阿克谢姆的主导视角，而这一视角所反映出来的进化论观念在很大程度上与阿克谢姆的个人意志相冲突。在描写阿克谢姆乡村成长经历的前三章中，无论是叙事人还是那些观察阿克谢姆的次要人物无不重视其生物学属性，把他与自然、动物性相联系，以遗传、身世为标准衡量其社会地位。在这三章中，我们看到的阿克谢姆是农户沃特金斯夫妇收养的孤儿，既无依无靠又没人疼爱，是一个如瘟疫一般遭人嫌弃、令人避之不及的人。个中的原因在于其低下而又不光彩的出身：他的父亲是一个恶棍；母亲则是一个愚蠢无知的乡村姑娘，先是被阿克谢姆的父亲诱骗、抛弃，后又死于难产。因此，从阿克谢姆在作品中第一次出场开始，他就是一个与家庭、社会完全割裂开来的生物体。少年阿克谢姆"身体轻盈，肌肉发达，棕色脸庞的轮廓分明，眼睛细长又机灵"，但在全知的叙事人眼里这不是文明人的形象，而是"一只从森林的灌木丛中钻出来到移动的阳光下取暖的动物"（4）；他虽然"被人称为迈克尔·阿克谢姆"，但实质上只是"棕色肉体和蓝色棉布之间无足轻重的结合"（9），仅仅是"大自然广袤的竞技场中一个微不足道的人类形状"（14）。作品对阿克谢姆从少年成长为青年的描述极为简短，却同样把他与自然相联系，说"他个子一下子蹿高了，犹如麦地里疯长的杂草"，而"19岁的他就犹如一棵朝气蓬勃的青松那样轻盈、挺拔"，"有着农夫健壮、厚实的样子，但又有胜过农夫的宽阔额头"（17），是一个"有毅力的天才，适于竞争，并在竞争中生存"（19）。就阿克谢姆的个性特征而言，格拉斯哥通过把他的父母驱逐于文本之外以排除家庭和社会环境对他的影响，使之完全成为父母遗传因素的综合体。在叙事人的眼里，"两种性质迥异的血液在他的血管里相遇融合，合成了第三种精神混杂的天性"，使其"内心的精神"具有双重性，"既能吃苦又贪图安逸，既知识渊博又愚昧无知，既目光短浅又未雨绸缪，既俯首帖耳又桀骜不驯"（23）。以上这些通过叙事人的进化论视角展现出来的阿克谢姆完全集中在人的生物学属性上，把他等同于动植物，等同于遗传因素的产物，充其量只是生物学属性定义之下的生物体。在这样的视角之中，人的社会地位和阶级属性完全取决和依赖于生物学特征。我们看到，在叙事人的眼中，额头的宽度成为判断阿克谢姆是否属于农民阶层的标准，甚至于书中那位关心、引导阿克谢姆的牧师的个人发展也受制于其下巴的长度：“确实，人们发现他所缺乏的圣人的特征就是其下巴。要是下巴再长一英寸，他就有可能被人奉为圣人；要是下巴再短一英寸，人们就会把他当作傻瓜。物质就是这样战胜精神的。”（4）在此，“物质”指的无疑就是生物学属性。

与叙事人一样，作品前三章中的次要人物显然因为阿克谢姆的“物质”性遗传因素而排斥他。他所在的小城普莱格斯维尔，其名字就是“瘟疫之城”（Plaguesville），这意味着这里的居民缺乏精神生活，完全为其生存环境和遗传因素所制约。就此而言，遗传或“物质”的视角已经成为小城的瘟疫。更重要的是，对于以遗传为标准看待世界的小城居民来说，阿克谢姆不光彩的出身本身就是“道德瘟疫”，在阿克谢姆和他周围的“小世界”之间“划出了一道看不见的圆圈”（17），把他与普莱格斯维尔居民区分开来。他的养母视之为“妓女的孩子”，甚至认为她丈夫不事农耕的毛病是上帝对他“包容妓女的后代”的“惩罚”（11）。后来，当青年阿克谢姆打算离开普莱格斯维尔时，她感到如释重负，因为用她的来说，“你走得越早越好……这是很好的解脱。我可不想让我的孩子与妓［女］的后代打交道。”（26）阿克谢姆少年时遭到同龄人欺凌，青年时又让姑娘们唯恐躲之不及，更让她们的父母对他防备有加。小镇居民鄙视和防备他，正是因为他不光彩的出身和他身上的遗传因素，因为他们“都一个个怀着低俗的兴趣等待着［他身上］悄悄地流露遗传，显现血统”（18）。牧师虽然关心和指导他，但即便他也认为“血总归是血”（18），担心阿克谢姆会看上他的女儿爱米丽，拒绝邀请他参加她的16岁生日聚会，甚至在他与阿克谢姆讲话时找借口把女儿支开：“去，去，亲爱的，你母亲需要你，我敢保证。”（23–24）最终，他还主动借钱给阿克谢姆，目的就是为了确保阿克谢姆离开普莱格斯维尔，远离爱米丽。

值得注意的是，尽管前三章中阿克谢姆在普莱格斯维尔的生活完全为其出身所代表的遗传因素所困，我们还是应当把格拉斯哥与叙事人及其作品中的次要人物区分开来，不能把两者等量齐观，混为一谈。其实，无论作者还是主人公阿克谢姆自己都不认可作品这一部分中处于主导地位的进化论视角。就格拉斯哥而论，她在此营造的进化论视角和环境仅仅是对进化论的回应，而不是附和与赞同。虽然作品第一卷的标题“类型变异”本身就是一个生物学术语，叙事人及小城居民看到的也是阿克谢姆身上的“类型”，作品所要突出的却是他的“变异”。再者，格拉斯哥把故事发生地称为“瘟疫之城”，其中也分明隐含着她对其居民以遗传这一“物质”因素为标准衡量个人的批评，表达了对作品叙事人以及作品中那些因为阿克谢姆的出身而鄙视他的人物的指责，而这就意味着格拉斯哥在一定意义上站在了阿克谢姆的立场上。实际上，尽管格拉斯哥与其笔下的阿克谢姆有着诸多的不同之处，但他们之间也不无相似之处。两者都具有强烈的反叛精神，两者身上都具有从父母那里遗传而来且相互冲突的个性特征，甚至作品中阿克谢姆钻研“政治经济学问题”的情节很可能是以格拉斯哥本人研读亨利·乔治的政治经济学著作的经历为现实依据的。（20）关于阿克谢姆研读政治经济学一事，作品其后还有进一步交代。阿克谢姆在鼓励妻子雷切尔读书时说：“你以为我生来就这么任性吗？你知道吗，少年时期农场上唯一的一块地是我耕种的，而耕作之后，到了晚上我在又累又饿的情况下还要一点点啃政治经济学。很多时候早上起床还要点上蜡烛，试图赶在饮牛喂马前再看上一小时书。如果你愿意的话，可以把这称作有抱负，表示称道，但这是出于自私的欲望，想要比那些人多知道一些，以胜过他们。激励我的是仇恨，不是抱负。”（106）对格拉斯哥来说，阿克谢姆的故事从一开始就是他试图摆脱其遗传、出身及环境影响的历程，或至少是一个“变异”的过程，而不是一个听凭生物学属性摆布的过程。在这一过程中，普莱格斯维尔的居民、他们的观念甚至父母和出身都成了阿克谢姆的仇恨对象。如果说普莱格斯维尔居民如躲避瘟疫一样躲避阿克谢姆的话，阿克谢姆也在仇恨的驱使下竭力像躲避瘟疫一样逃离普莱格斯维尔这个瘟疫之城，以摆脱遗传以及由遗传观念控制之下的环境，而帮助他逃离的则是坚忍的意志以及借助这一意志实现的“自我教育”和“自我奋斗”（19）。由于他有着“天才的额头”所象征的聪慧（24），还有比“天生的敏学能力更有用的顽强的忍耐精神”，阿克谢姆不仅“轻松地超越了班上那些健壮的农家子弟”（20），而且还青出于蓝胜于蓝，胜过了他的老师和引导、鼓励他看书学习的牧师，为他战胜普莱格斯维尔的恶劣生存环境打下了基础，为他接下来到纽约拼搏作好了准备。就此而言，作品前三章描写的与其说是阿克谢姆早年生活的动物性，还不如说是他凭借个人意志超越和摆脱动物性的人生起点，其主导力量并非遗传，而是个人意志力以及意志力支撑下超越遗传的变异能力。

小说第四章虽然属于第一卷，但这充其量不过是一个次要而简短的过渡章节。在这一章中，阿克谢姆来到纽约，开始了全新的人生。在这里，“没有任何过去的联系把［他］与过去捆绑在一起”，特别是“他的第二次出生”之中“没有了困扰其第一次出生的诅咒”，有的“不过是未来”。他知道远离了出身的困扰之后他还面临着环境的考验，但在他看来“环境［总会］在坚定的意志面前轰然坍塌”。他下定决心，要“像上帝创造亚当一样，凭借其双手和指引双手的脑袋，创造一个全新的迈克尔·阿克谢姆”（28）。在其新生活的开始阶段，他经历过找工作的失败，在码头上当过临时工，饿晕在街头时还接受过妓女的施舍，在找工作的过程中还一度因出身不好——“不好的血统”（34）——而遭到拒绝，甚至还有过自杀的念头。不过，他已经总体上摆脱了遗传的羁绊。到该章结束，他终于找到了一个用头脑而不是靠体力的工作，成为《偶像破坏者》杂志的编辑。随着他成为编辑，阿克谢姆的故事也就从个人与遗传的抗争转变为个人与环境的抗争，而这个环境并非自然环境或普莱格斯维尔的“原始环境”（28），而是“现存秩序”和“制度”，是社会制度“以自由之名保护之下的压迫”以及“以法律之名[保护之下]的不公”（28）。从此，格拉斯哥把阿克谢姆从其原始环境之中解放出来，让其进入第二卷中的社会环境，展示其作为一个“个体”与社会环境抗争的自我奋斗历程。

然而，逃离普莱格斯维尔并不意味着遗传与出身从此退出了阿克谢姆的故事。在纽约，他觉得所有的男男女女都不过是“运动中的原子”（50），而他自己“不过是在成千上万个原子之中按给定的线路运动的一个原子而已”，“没人质疑他的出身，没人在意他的身份”（28），似乎人人都可以无视遗传，甚至无视传统习俗。当一位名叫西蒙兹的缺场人物在《偶像破坏者》编辑部求职时，遭到了阿克谢姆的断然拒绝，因为此人试图强调其出身“一等人家”，声称“其祖父曾经做出过什么了不起的成就”。对此，阿克谢姆的反应是，“我与你祖父有什么毛关系？”（42）然而，他的这种想法显然过于天真了。虽然从普莱格斯维尔移置到纽约使他摆脱了生物学主导下以遗传和出身为社会地位衡量标准的“原始环境”，并且他在纽约的自我奋斗在总体上是在文明的社会环境中进行的，但作品并没有把遗传和出身完全从这个文明的环境中驱逐出去。相反，对人的生物学属性的关注以及以此为标准的社会行为仍然普遍存在于作品之中。与作品第一卷的标题《类型变异》一样，作品第二、三、四章的标题《个体》、《驯化》、《返祖》有着明显生物学或进化论含义，最清楚不过地把阿克谢姆在纽约的自我奋斗纳入到进化论的视野之中，从而至少在表面上把他的故事演绎成为具有社会学意义的生物进化故事，显示出一定的社会达尔文主义的色彩。

事实上，阿克谢姆在纽约的自我奋斗历程在一定程度上也是进化观念的诠释。如果初到纽约的阿克谢姆在求职过程中因为“血统不好”而遭到拒绝只是一个小小插曲的话，其自我奋斗中的两个重大事件——他与雷切尔之间的婚姻以及他枪杀自己的追随者基尔的事件——则有着明显的进化论色彩。作品对阿克谢姆的父亲交代极少，但他似乎是一个不负责任的流浪汉，而阿克谢姆的母亲——按照普莱格斯维尔牧师的说法——则是“一个笨手笨脚干农活的女人，身材魁梧，脸蛋姣好又粗俗”（7）。两者显然没有正式结婚，因此阿克谢姆憎恨其父母。在他看来，“自然法则没有听命于教会的婚姻预告”（23），言下之意是说他父母在没有牧师主持下结婚就结合，结果使他成了一个私生子。阿克谢姆是婚姻制度的反对者。他视婚姻为“牺牲女性的摩洛神”，一个“在原始或好斗的社会里曾经有益的制度”，但它“在好斗的社会转变为工业社会之后成了这一社会进步的梦魇”（75）。因此，当他与来自南方且同样具有反叛精神的年轻画家雷切尔·加文坠入爱河时，两者选择了反叛婚姻习俗，直接生活在了一起，而没有经过正式的结婚仪式。就此而言，阿克谢姆与雷切尔的自然婚姻不仅重复了其父母的婚姻之路，而且在一定意义上印证了阿克谢姆身上的遗传特征。作品并没有明确遗传因素在这一婚姻之中究竟起到了什么样的作用，特别是没有区分这一遗传特征到底是来自阿克谢姆父亲的家族，还是阿克谢姆从其父母的婚姻之中所获得的遗传特征。关于遗传，达尔文并没有否认获得的特征可能遗传给下一代的可能性，但德国动物学家魏斯曼则认为与种质特征相对的体质特征是不可遗传的。[1] 格拉斯哥熟知《物种起源》，因此对达尔文的观点应当非常熟悉。不过，从作品看，她对魏斯曼的遗传理论也应当并不陌生。作品中，阿克谢姆应森普夫人的要求带字条给安娜·阿拉德小姐时，顺手从地上拾起了一本打开着的魏斯曼的著作《遗传》。[2] 这引起了他的兴趣，所以他问阿拉德小姐说："你同意他的观点吗？"让他气恼的是，后者只是"面无表情地"说了一句："他很有意思。"（174）既然阿克谢姆在此提及魏斯曼的遗传学"观点"，我们也就可以由此判断他和作者格拉斯哥应当了解书中的遗传学观念，或者说格拉斯哥在此把她自己阅读魏斯曼遗传学著作的经历写进了作品。不过，不管格拉斯哥到底试图在阿克谢姆父母的婚姻和他与雷切尔的婚姻之间建立怎么样的联系，其中的生物学意义应当是清楚的。

比阿克谢姆的婚姻更为明显的是他枪杀基尔这一事件本身所具有的进化论寓意。作品第四卷之所以被冠以"返祖"的标题，原因正在于阿克谢姆枪杀基尔的行为被视为文明社会中动物性暴力倾向的再现。在枪杀基尔之前，雷切尔因为发现阿克谢姆与阿拉德小姐关系亲密而离他而去，这让他倍感挫折。与此同时，他又为了抵制《偶像破坏者》的董事的压力而一气之下决定辞职，应聘《经济学学刊》主编之职。因为前一件事，他被杂志原来的主编德里斯科斥责为"该死的流氓"（240），因而

1. 魏斯曼提出的种质论认为生物体由种质和体质两部分组成，种质是可以遗传的，而由环境或器官的使用与否所造成的体质变化是不会遗传的。

2. 此处指的可能是魏斯曼的《遗传和亲属生物学问题论文集》（*Essays upon Heredity and Kindred Biological Problems*，1889）一书。

觉得荣誉受到了伤害而怒不可遏。后一件事则让他的追随者基尔认为他出卖了原则，是他为了自身的利益而作的“交易”。愤怒之下，阿克谢姆开枪打死了基尔。作品关于阿克谢姆枪杀基尔的细节描写耐人寻味。他的一只手从抽屉里掏出手枪，而“另一只手又充满激情地伸了出去，好像是要把基尔挡开”，同时嘴里还喊着“小心，基尔……小心”（242）。在这一场景中，我们既看到阿克谢姆作为一个文明人试图保护基尔的一面，又看到其身上透过文明的表面而显露出来的动物性的暴力本性。莱柏认为，基尔是阿克谢姆的“另一面”，而阿克谢姆枪杀基尔“象征性地谋杀了他从前的自我”（“Glasgow and Darwinism” 127–128），但比这更为明显的是谋杀基尔的暴力行为是返祖现象，是阿克谢姆身上隐藏着的原始的暴力倾向的显现。这一点清楚地体现在德里斯科对此事的反省之中，而德里斯科——正如莱柏所言——是作品中“作者的代言人”（“Glasgow and Darwinism” 103）。听到阿克谢姆枪杀基尔的消息之后，德里斯科深感自责，因为他觉得自己伤害了阿克谢姆的尊严，激发了其“未经训导的天性”。在德里斯科看来，阿克谢姆是“被人忽视但又起到支配作用的法则的受害者”，而这样的法则在“一连多代不为人注意”之后会“回归到孩子的孩子头上”。他所讲的显然就是“返祖”现象或“隔代遗传”现象。遗憾的是，出现在阿克谢姆身上的返祖现象涉及的是与文明相对立的人的野性。德里斯科在阿克谢姆身上看到的“并非一个反叛制度的人，而是反常的进化对正常进化的反叛”，是“古老的野蛮类型……被文明击退之后不时出现在人类历史之中对社会发动古老而野蛮的战争的类型”。按照德里斯科的想法，如果他没有激发阿克谢姆本性之中“原始的暴力”，而是诉诸“其本性之中更好的一面”，也许就不会出现基尔被枪杀的悲剧。（246）

《后代》中的进化理论主要体现在德里斯科身上。尽管作品中的一位帕特斯基小姐有着“科学研究的禀赋”，正在完成一部有关“蜈蚣习性”（165）的论著，另外还有一位英国议会议员“对蜈蚣的习性和美国人的习性颇感兴趣”（166），但作品真正浓墨重彩描写的却是受过专业生物学训练的德里斯科。此人兴趣广泛，“缺乏原则”，“没有固定的信念”，一边贪图文明社会带来的享乐，一边冷眼旁观文明社会的种种弊端。他在大学里学过拉丁语、希腊语、梵语，钻研过古典文学，攻读过法律，拿到过文学学士学位，毕业后却“怀着狂热的激情投身于自然科学”，并“在生物系主任的关爱和老师的推荐下”，像达尔文一样“前往南美洲作博物学考察旅行”。他经常在《科学评论》上”发表论文，甚至还出版了“一部关于南美洲海胆的小小论著”和“另一部有关初级神经系统的著作”（59–61）。其后，他一度转向民俗学研究、政治评论，当上了《偶像破坏者》的主编，但他似乎保持着对自然科学——特别是生物学——的兴趣。德里斯科不同于阿克谢姆，并非进化力量的试验品，但他不仅多多少少保持着对进化论的兴趣，而且还是一个以进化论的眼光观察社会的人。他把阿克谢姆的暴力行为解释为返祖现象，并从进化论的角度审视他自己和他的远房堂妹施托伊弗桑特–史密斯夫人。施托伊弗桑特–史密斯夫人虽然长着“德里斯科家族的鼻子”，但她称之为“伦道夫家族的鼻子”，原因是“她祖母嫁给了弗吉尼亚的一个伦道夫家族的人”。对此，德里斯科很不以为然，因为“称之为伦道夫家族的鼻子并不可能使之直挺起来”（63）。就其自身而言，他还相信他从父亲那里遗传了风湿病，因为后者“在南美洲与一些蜈蚣同处一个帐篷之中时得了［风湿病］”（52）。另外，他还断言他的良知是从他的一位清教徒先祖那里遗传而来的，因为清教徒是“有良知的罪人”（153）。由此可见，德里斯科对遗传的看法更接近于达尔文的进化论遗传观，而显然不同于魏斯曼的种质论遗传理论，因为他父亲的风湿病明显地来自环境；按照种质论，获自于环境的体质特征是不会遗传的。与之相反，根据达尔文的观点，良知这样的道德观念以及源自环境的变异都有可能传给下一代。不过，作品中最充分展示德里斯科对生物学兴趣的是爪哇人的发现。海克尔曾经推测亚洲的热带地区才是人类的发源地，认为人们会在印度尼西亚找到人类进化的证据，甚至还把这一尚未发现的证据称为“无语猿人”（Pithecanthropus alalus）。虽然他派去寻找这一证据的学生无功而返，但深受其理论影响的荷兰人类学家杜布瓦（Eugène Dubois 1858–1940）却在1891年发现了被称为“爪哇人”的直立猿人。作品中，“杜布瓦和其更新世发现的报道”让德里斯科“极度兴奋”，使其“昔日奋斗不懈的精神又重上心头”。他显然是达尔文进化理论的信奉者，而海克尔的推测和杜布瓦的发现让他意识到终于有了“拿出我们祖先的骨头以证实达尔文进化论”的机会。为此，他决心要“组织一支人类学考古远征队到热带亚洲去发掘”，以“寻找［人类起源的］确切地点”（190–191）。

如果说德里斯科主要是从进化论遗传学的视角审视世界的，那么叙事人的进化论视角突出的主要是环境的作用。按照莱柏的分析，叙事人把“环境而不是遗传”视作“败坏了阿克谢姆超常精力”的力量。（“Galsgow and Darwinism” 130–131）确实，叙事人在作品中一方面强调阿克谢姆问题的生物学根源，另一方面又强调了环境没能把其生物学特征塑造成文明的力量。在叙事人看来，自然在阿克谢姆身上过于“挥霍无度”，使其旺盛的精力“不断地处于沸腾状态”，不受“意志或理智”的约束，需要找到“某种耗散其自身的外在力量”（104），并最终在环境的作用下成为破坏性的力量。叙事人似乎并没有否定遗传的作用，甚至还说阿克谢姆从他未曾谋面的父亲身上遗传而来了“一丝悔恨之意”。不过，叙事人更强调的是遗传或生物学属性应当得到文明力量的引导，而这样的引导则更多地取决于环境的力量。换言之，如果德里斯科把阿克谢姆的问题主要归因于遗传的话，那么叙事人则在承认遗传因素的前提条件下强调环境可能产生的影响，认为人是遗传因素与其生存环境之间相互作用的结果。因此，阿克谢姆被视为“文明和未开化的天性交叉作用”之下产生的“奇怪而又复杂的生物”，而他的“未开化的天性”能否转化为积极的因素，主要取决于其生存的环境是否是文明的力量。（104）早在作品第一卷中，叙事人就说有机生物的固有特征会“顺从地塑造自身”，以适应“我们生活范围之内那些塑造我们个体天性的环境”（18）。在叙事人看来，阿克谢姆就犹如制陶艺人转轮上的陶土，“不幸地变了形”，“恢复不了其原有的圆形”（50）。换言之，叙事人认为错并不在陶土，而在于制陶人，在于环境。在作品第一卷第四章中，叙事人在描写初到纽约的阿克谢姆时认为，“环境正在造就[阿克谢姆]，而[他]却忙于诅咒环境”（30）。接着，叙事人又在第二卷第二章中从环境的角度剖析阿克谢姆的成长经历，但叙事人关心的并非阿克谢姆如何在短短的五年时间里从一个乡村小子摇身一变成为一个令人瞩目的杂志主编，而是环境在其中的作用。阿克谢姆的成功当然得益于其坚忍的人格，靠的是恶劣的生存环境之中的自我教育和个人奋斗，但叙事人从中看到的却是阿克谢姆的早年生存环境如何扭曲了他的人格；由于缺乏关爱，没有正常的家庭教育和人文环境，他的聪慧、坚忍、意志以及自立自足精神的转化都建立在以仇恨、对抗、暴力为基础的个人奋斗之上，使之成了一个在仇恨和愤怒驱使之下的成功“狂人”（49），而不是一个心智平衡的文明人。在叙事人看来，“环境很强大，而人类很弱小”；阿克谢姆根本无力反抗，完全成了环境的牺牲品和受害人。如若不然，“他的力量也许会与温情相融合，其勇气也许会与仁慈相结合。”（50）很明显，叙事人试图从人的原始动物性以及文明特征这两个极端的角度审视阿克谢姆。一方面，阿克谢姆的动物特征在特定的环境中使其走向成功；另一方面，由于缺乏文明的制约，他的个人奋斗最终以悲剧告终。由此，我们也就看到整部作品传递出来的相互矛盾的信息，那就是作品既像自然主义作品那样展现了人在其自然属性和强大的环境面前的无能为力和非道德特征，又试图通过叙事人的立场和视角，介入自然属性和环境的作用领域，以人类文明的道德标准评判阿克谢姆的行为。

与叙事人和德里斯科的视角相对立和冲突的是阿克谢姆的视角。无论是叙事人的环境决定论，还是德里斯科的遗传决定论，都把阿克谢姆的问题归结于其生物学特征，归咎于其人的表形之下未受文明熏陶的动物性。换言之，阿克谢姆的悲剧在于他为动物性本能所驱使，是文明缺位的结果。如果德里斯科把阿克谢姆枪杀基尔的暴力行为归因于人的动物性不正常地出现在文明社会之中，是返祖现象的体现，如果叙事人从一开始就把阿克谢姆的问题归因于塑造其动物性的环境，那么阿克谢姆本人则试图与遗传、环境划清界限，强调他不是类型，而是类型的变异，主张其作为一个个体的发展可能性，反对以遗传的观点评判人，试图凭借个人的奋斗抵制进化论世界观。这一点在作品第一卷前三章中表现得十分清楚。不过，当他置身于纽约之时，阿克谢姆立即意识到他的问题“不在人，而在制度”（31）。他的话既点出了作品最初三章的主题是他与人——普莱格斯维尔以家庭出身为标准评判他的人——之间的矛盾，又点明了作品的主题由此转变为他与制度之间的矛盾，成为其在纽约的个人奋斗历程的主旋律。虽然家庭出身和人的生物性属性不时地还会出现在其个人奋斗之中，但每当此时，这样的生物性属性和遗传都是他所竭力反对和对抗的。他之所以拒绝雇用西蒙兹，原因正在于他反对以出身为评判个人的标准，而阿拉德小姐之所以“令他恼火”，使他的眼睛里“闪过不快的光”，原因正在于她认为魏斯曼的遗传学理论“有意思”（174）。在环境问题上，阿克谢姆的观点也有别于叙事人的看法。叙事人所讲的环境往往与人的生物性属性相关，是塑造人的生物性属性——“生物生存的事实”（18）——的力量。这一意义上的环境虽然并不排除一般意义上的社会环境，但它更多的是进化论意义上的环境，与出身和遗传密切相关。同时，叙事人所讲的环境还与命运有着一定的关系，是人无法抗拒的非理性力量。叙事人在作品中认为“命运在区区小事上发挥着巨大的作用”，而人不过是它驱使之下的“玩偶”（173）。就此而言，叙事人所指的环境有着强烈的自然主义意味。阿克谢姆也觉得“他曾经是不利环境的受害者”（81），其中的“曾经”二字明显把“环境”限定到了其出身和遗传之中，同时也指涉在这两个因素障蔽之下的普莱格斯维尔社会。不过，“曾经”二字同时还意味着那是从前之事，而现在——在纽约——并非如此了。实际上，叙事人也完全清楚阿克谢姆的这一观点，所以才会在作品中展示后者意识之中对环境的看法：“环境［总会］在坚定的意志面前轰然坍塌”。至此，我们非常清晰地看到阿克谢姆对环境的看法与叙事人的观点截然相反，在他看来，环境是完全可以战胜的。这两种相对立的环境观传达出来的是对人的生物学属性的两种态度：叙事人以及德里斯科是进化论世界观的支持者，而阿克谢姆则是这种观念的反对者。此外，意志战胜环境的观念之中还透露出另一条信息，那就是阿克谢姆的环境概念更多地与社会环境相关，其中包含的是体制、社会习俗、文明礼仪、社会规范、现存社会、经济制度，特别是——对他来说——这一切的一切之中所包含的种种压迫和不公。所以，如果说叙事人和德里斯科看到的是阿克谢姆与其生物学属性冲突之中的悲剧，那么阿克谢姆所看到的其个人奋斗的悲剧则是个人与社会制度之间的冲突所引发的悲剧。

如果悬置作品表面具有进化论色彩的叙事框架，把叙事人和德里斯科的进化论主导下的叙事视角从作品中剥离出去，那么作品中围绕阿克谢姆的故事呈现出来的就是人物与现存的政治、经济、文化、阶级、性别等一系列不公平、不合理的传统之间的冲突，是个人与不够开化的制度之间的冲突。从阿克谢姆的视角来看，离开普莱格斯维尔意味着离开了生物学属性这一瘟疫，从而置身于与制度的冲突之中。当然，他与出身和遗传之间的矛盾还不时隐现，但他已经不像叙事人或德里斯科所认为的那样是为生物学属性所驱使的个体，而是一个挣脱并与生物学属性相对立的个体，一个独立于生物学属性之外、与不公平的制度为敌的文明个体。客观地看，德里斯科最初在雇用阿克谢姆时也没有考虑过其家庭背景，而阿克谢姆的个人奋斗在总体上也并没有因为其出身和遗传因素受阻。相反，自学成才的经历才是其个人奋斗之中最为关键的因素，而个人奋斗的成功使得他有能力对抗制度的不公。德里斯科决定雇用阿克谢姆，不仅因为阿克谢姆是一个有“目标”、有“能力”的人，而且还在于他正是《偶像破坏者》需要的“人才”和“聪明的脑子”（34–35），而阿克谢姆的才华明显是其勤奋好学的结果。阿克谢姆的才华和习得的知识最终使他成为了主编，由此也就使之成为制度的偶像破坏者。不同于冷眼旁观芸芸众生的德里斯科，也不同于作品中仅仅把激进思想挂在嘴上的森普尔，阿克谢姆被瓦格纳（Linda W. Wagner）称为“[纽约]最开明群体当中反民主、反上帝、反婚姻的代言人”（*Glasgow* 22）。他与社会习俗格格不入，游离于制度之外，是社会改革的信奉者和婚姻制度的抵制者。在一定意义上，他之所以枪杀自己的追随者基尔，原因主要在于后者指责他背弃了社会改革原则，而这是对其信念和荣誉的侮辱。阿克谢姆生活中的另一重要内容是他与雷切尔之间的非正统婚姻关系。尽管在进化论遗传理论意义上来说，这一非正统婚姻关系可能是其父母婚姻模式的重现，但作品似乎并没明确两者之间的联系。如果说阿克谢姆在诸多制度问题上只能是一个信奉者或倡导者，那么在与雷切尔的婚姻问题上他就是一个实践者。在他与雷切尔的关系中，两者同为反叛者，两者的婚姻关系实际上就是其反婚姻观的现实体现。在这一婚姻中，雷切尔一度为了阿克谢姆而牺牲了自己的追求，但她最终坚持了自己的艺术追求，与其画作《从良妓女马格德莲》一样（82），是一个具有独立精神的女性。相反，阿克谢姆移情别恋的对象阿拉德小姐则是传统女性形象，是“一个年轻的圣母玛利亚”（187）。从阿克谢姆的角度来看，他与雷切尔的关系是对抗制度的实践，而从作品情节安排来看，格拉斯哥自然地把女权主义的观念植入到阿克谢姆与女性的关系之中。不过，无论我们是从作者的角度看，还是从阿克谢姆的角度看，阿克谢姆与女性的关系都是他抵抗制度的重要内容。类似地，雷切尔本人的经历也并非受制于生物学属性的故事。与阿克谢姆相反，雷切尔的“祖上无可挑剔”；她的“一系列女性祖先们”都是“善良”、“正直”、“体面”的女性。然而，用她自己的话来说，她是一个“解放了的”女性。换言之，她似乎也与阿克谢姆一样是类型变异。因此，如阿克谢姆一样，雷切尔在纽约的个人奋斗也是与“制度”的较量，而不是受制于其生物学属性的个体。事实上，其堂姐范德姆夫人之所以当着她的面不认她，原因并不在于其家庭出身，而在于雷切尔结交的人——特别是阿克谢姆——与上流社会格格不入，而这一原因显然根植于等级观念和阶级意识，属于阿克谢姆所说的“制度”范畴。

阿克谢姆的“制度”概念中还有一个格拉斯哥关注的重要内容，那就是等级观念和阶级意识的基础——经济制度。与叙事人和德里斯科的进化论视角相对立，阿克谢姆是以经济的眼光看待社会不公的，而这显然构成了作品中分析社会和人的两种对立的视角。格拉斯哥把她自己阅读乔治·亨利的经历移植到阿克谢姆身上，所以我们看到阿克谢姆在普莱格斯维尔时期就秉烛钻研政治经济学，看到他有意辞职去做《经济学学刊》的主编，看到森普尔把贫穷视作诸多社会问题的根源（“扫除了贫穷，你就扫除了犯罪”），看到基尔把贫穷称为“雄心壮志的无情的节流阀”（44，135）。对阿克谢姆而言，就像在婚姻问题上他似乎有所驯服一样，他在阶级问题上也有一定驯服的倾向。正如叙事人所言，“他［对贫穷白人］的同情是激进的，他的趣味是贵族的”；尽管“他认为他的生活献给了”穷困的人类，但“他本性中贵族的一面压倒了激进的一面”（178-179）。格拉斯哥在此可能透露出对社会改革者的讽刺——这一点在德里斯科和森普尔身上更为明显，但我们也应当看到，至少在阿克谢姆看来，他的生活在很大程度上就是与造成贫困和不公的经济制度的斗争。在其成功之后，阿克谢姆确实表现出“昔日对贫穷的憎恨和无法容忍的厌恶”（186）；见到那家他初到纽约时进过的廉价餐厅的招牌——“腌牛肉加洋葱，10美分”，他心里升腾起的的确是“令人畏缩的对贫困和肮脏的厌恶”。然而，这并不能说明他背弃其生活原则，并不标志着他离弃和嫌恶了“几乎与之亲密无间的下层民众”（178）；相反，这恰恰说明了他致力于消除带来贫困和不公的经济制度。当然，阿克谢姆与制度的斗争总体上并不成功。他本人与雷切尔的婚姻以失败告终，而他与社会制度的斗争既遭到上流社会的蔑视，又不为下层民众所理解，最终成了未竟的宏愿："'给我一半的机会，'他说，'我终将与世界分出个高低！'"（276）

那么，《后代》的核心主题到底是什么呢？按照莱柏的分析，格拉斯哥"综合运用"了进化论、人类学、心理学、社会学、伦理学等19世纪末众多的"新科学"，其中涉及不同"年龄、阶级和性别之间的竞争"，但真正推动作品的冲突是阿克谢姆身上"过多的精神和情感活动与其仍然处于胚胎期水平的道德观念之间斗争"（"Glasgow and Darwinism" 107，118）。从总体上看，格拉斯哥无疑把她所接触到的众多新理论、新观念综合运用到作品之中，其中尤其是各种进化理论以及与这些理论相关的考古学、人类学、心理学知识，同时也涉及阶级、性别、政治、经济、宗教、道德、文化、家庭、婚姻、伦理、习俗、种族、民主等许多庞杂的话题。因此，作品虽然不乏闪光之处，但在视角和内容上不免杂乱，主题不够明确。再者，叙事视角与人物视角之间的矛盾也使得作品主题显得不一致。无论是作品标题、各卷的标题，还是叙事人或作品中一些次要人物的视角，都在很大程度上把进化理论甚至自然主义观念置于作品的主导观念之上，强调阿克谢姆的生物学属性。然而，阿克谢姆自己的视角及其个人奋斗经历反映的主要是他作为一个反叛者与他所谓的制度之间的矛盾，尤其是婚姻习俗和经济制度造成的社会不公。格拉斯哥把这两个相互矛盾的方面融入到作品之中，一方面借此展现阿克谢姆作为一个独立于生物性之外的个体与制度的矛盾，另一方面通过叙事人和德里斯科的视角把阿克谢姆纳入生物学框架加以考察，使作品成为作者对进化论的回应。不过，这样的回应是否意味着她对进化论的肯定，或者说她到底在作品中支持了阿克谢姆的观点还是叙事人或者德里斯科的立场，我们恐怕不一定能得出明确的答案。说到底，格拉斯哥把她自己接触到的理论分解到了作品不同的层面和不同的人物身上，在一定程度上可能也意味着她自身在这些问题上的矛盾态度。

与《后代》一样，1898年的《劣等星球相位》也是格拉斯哥的进化论实验。两者在人物设计、情节安排、主题内容等方面有着许多相似之处。两者的故事都发生在纽约，女主人公都是出生于弗吉尼亚且都有着反叛精神的艺术家。一者是身为画家的雷切尔，一者是身为歌剧演员的玛丽安娜。两部作品的男主人公都是公众人物：阿克谢姆是杂志编辑，阿尔加西夫为教师和神父。两部作品甚至还共享了约翰·德里斯科这一人物。就主题内容而言，《劣等星球相位》讲述的玛丽安娜·穆辛和安东尼·阿尔加西夫之间的故事，在很大程度上重复了《后代》中雷切尔和阿克谢姆的故事在女性、爱情、婚姻、家庭等问题上的关注。其中，特别是两部作品都涉及女性在个人追求与家庭生活之间的矛盾。更为重要的是，两部作品都从进化论的视角刻画人物，审视人物行为，安排人物结局。格拉斯哥把这两部作品称为“成功的失败之作”（*Measure* 48），而在一定程度上我们也可以借用她的话，把阿克谢姆和阿尔加西夫视为成功的失败者。就阿克谢姆而言，其个人奋斗应当说并不算失败，但他最终因为没有控制住原始的暴力冲动而走向毁灭。阿尔加西夫的失败恰恰表现在其成功上；在经历了生活的磨砺之后，他无奈之中回到了他所拒斥的宗教怀抱，成为一位为其教民所景仰的牧师。

不过，两部作品也有所不同。从时间上看，《劣等星球相位》的历史语境似乎要早于《后代》。在《后代》中，德里斯科是一个为痛风所苦的老者，乐得把编辑的位置让给阿克谢姆，做一个旁观者。《劣等星球相位》中的德里斯科是阿尔加西夫上大学时“高年级班”的学生，而后者在作品中才27岁。以此推断，作品所描写的年代应当至少比《后代》

早20年，不会晚于19世纪70年代。[1] 当然，这一点不过是推断而已；作品虽然提到阿尔加西夫在大学期间曾经“跟随德里斯科前往其位于阿迪朗达克山里的木屋，作了好几个月的植物调查”（65），从中我们可以看到《后代》中德里斯科的影子，但在《劣等星球相位》中，格拉斯哥似乎把德里斯科对进化论的兴趣转移到了阿尔加西夫的身上，并无意于突出其进化论研究者的身份，更无意于借此说明作品的时代。就男性主人公而论，阿克谢姆和阿尔加西夫处于进化的两个极端。阿克谢姆经过自我教育而取得了个人奋斗的成功，却仍然被视为文明社会中的“原始人物”。这一点清楚地表现为他缺乏同情心且又被仇恨所驱使的人格上。阿尔加西夫则代表着文明标尺的另一个极端。他充满同情心，甚至超越了进化的进程，因而也是一个与社会格格不入的人物。实际上，如果用《后代》卷首题词的话来说，阿克谢姆和阿尔加西夫这两个社会的怪胎一个“在自然之中”，另一个则“超越了自然”，两者都没能在文明与自然之间找到平衡。就女性人物而论，尽管雷切尔和玛丽安娜在身世、个人追求以及个人奋斗经历上有着诸多相似之处，但两者也走了不同的发展道路。雷切尔经过了反叛到驯服再到反叛的过程，最终以一个成功者的姿态出现在阿克谢姆面前。与之相反，玛丽安娜的死实际上使之成为作品中的悲剧性人物；她更多地被生物属性所驱使，最终却没有为了自己而牺牲

---

1. 这里是以约翰·德里斯科在《后代》和《劣等星球相位》中的年纪为判断标准的。不过，格拉斯哥似乎并不十分在意这一点，因为作品中的其他证据似乎把作品的历史年代定位于19世纪末。例如，作品在论及斯皮尔士神父时说他“在19世纪末”显得是“一个奇特而又可悲的人物”（*Phases* 105）。再如，作品中有人怀疑阿尔加西夫匿名发表的论文可能是“赫胥黎教授生前未发表的论文”（207），而事实上托马斯·亨利·赫胥黎1895年才去世。此外，书中提及魏斯曼的“种质”遗传理论，但魏斯曼的《种质：一种遗传理论》（*Das Keimplasma: eine Theorie der Vererbung*）一书出版于1892年，1893年才译成英文。从这些证据看，作品的时代背景应当是19世纪末。

阿尔加西夫的前途，表现出利他的道德意识。

值得注意的是，格拉斯哥在《劣等星球相位》中继承和发展了《后代》中的经济主题。阿克谢姆和雷切尔的非正统婚姻使得两者维持着经济独立性，这使得雷切尔处于困境。阿克谢姆钻研过亨利·乔治的经济学著作，初到纽约时差点因为找不到工作而自杀。其后，他与制度的抗争说到底是与不公平的经济制度的抗争。在《劣等星球相位》中，玛丽安娜在阿尔加西夫的影响下阅读约翰·穆勒的作品。在这一点上，玛丽安娜与阿尔加西夫的关系与格拉斯哥和其姐夫麦克科尔马克之间的关系不无相似之处。在麦克科尔马克的指导下，格拉斯哥阅读过穆勒的著作。在《内心的女人》中，格拉斯哥提及她"18岁时"是"约翰·斯图尔特·穆勒的热心信徒"（186），并在其影响下成了"热心的主张妇女参政者"（42）。另外，她还在该书中论及钻研穆勒的著作，因此"以优异的成绩通过了"弗吉尼亚大学政治经济学教授乔治·弗雷德里克给他学生出的考试试卷（78–79）。[1] 从中，我们推断她可能读过穆勒的《女性的屈从地位》（*The Subjection of Women*，1869）和《政治经济学原理》（*Principles of Political Economy*，1848）。在《劣等星球相位》中，由于阿尔加西夫忙于写作和谋生，玛丽安娜为了排遣婚后备受冷落的寂寞，借阅读消磨时光。在得知玛丽安娜阅读穆勒的著作之后，阿尔加西夫的反应是："穆勒？……这可是个良好的开端。女人都应当了解政治经济学。很高兴你对它感兴趣。"由此，我们可以判断玛丽安娜所读的是《政治经济学原理》一书，而这一点也可以从作品随后的细节内容中看出来。紧接以上引文，玛丽安娜给阿尔加西夫的回答是："我还没看完第一页

1. 关于格拉斯哥阅读穆勒的政治经济学著作的类似表述，也可参阅 Glasgow，*Measure* 57。

呢，……不过第一页上写到‘一匹平纹细布，这不知怎么令我联想到了做那顶软帽的事。你说怪不怪？读到这一点让我很高兴，因为我肯定对帽子没有过别的想法——而且还挺好看的。”（111）玛丽安娜所说的“一匹平纹细布”一语确实出自《政治经济学原理》。[1] 在书中，穆勒以它为例，说明它“迥异于自然提供的物质”，是人类“劳动和操劳”的“最终产物”（30）。除此以外，书中还有两处相关的细节。其中一处直接提及了穆勒著作的名称：“玛丽安娜在激烈的兴奋之中拿起穆勒的《政治经济学》，开始认真研读起来”（114）。另一处出现在两者有关他们即将出世的孩子的讨论之中。玛丽安娜担心没有抚养孩子的经济能力，觉得把孩子带到世上来，使之“与贫困和痛苦作斗争”是“罪过”。在这一过程中，她对阿尔加西夫说：“反正我觉得是罪过似的，……穆勒说……”，听到这里，阿尔加西夫打断玛丽安娜的话说：“你这是用我的武器来对付我，……为了家庭和谐，玛丽安娜，请不要给我引用穆勒的话。”（128）虽然玛丽安娜没能把穆勒的话引用出来，但从对话的语境看，她所要引用的是穆勒在《政治经济学原理》中有关人类劳动的观点：

> 但是，还有另外一种使用劳动的方式。这种方式同样导致劳动，尽管它更为间接，这就是把人作为对象的劳动。每个人都是靠一个或数个人的很多劳动而从婴儿被抚养成为成人的。如果不付出这样的劳动，或只是付出了部分的劳动，孩子就不会长大成人，就不会使之到时候成为劳动者。就社会总体而

1. “一块平纹细布”一语出自穆勒的《政治经济学原理》第一卷第一章，但无论玛丽安娜读的是哪一个版本，它在文中的位置都在该章的第二页上，而不太可能出现在第一页上。

言，抚育其幼年人口的劳动和花费构成了生产条件的一部分支出，并且将由幼年人口未来劳动成果的增值部分加以补偿。(50)

从以上引文判断，玛丽安娜想对阿尔加西夫说的是养育子女不仅要付出劳动，而且还涉及“花费”，要有经济能力。阿尔加西夫肯定熟悉穆勒的观点，但他显然难以面对家庭生活给他的工作和经济能力所带来的压力，所以他打断了玛丽安娜的话。很明显，格拉斯哥把自己阅读穆勒的经历用到了玛丽安娜身上。阿尔加西夫对玛丽安娜所说的话——“穆勒？……这可是个良好的开端。女人都应当了解政治经济学。”——似乎让我们看到了麦克科尔马克引导她阅读穆勒时的情景，表达了格拉斯哥自己对穆勒的看法，也展现了她认为女性应当了解政治经济学的观念。就此而言，作品中有关穆勒的内容说明了格拉斯哥与阿尔加西夫以及玛丽安娜在有限程度上的认同关系。

更为重要的是，格拉斯哥还借作品中与穆勒有关的内容把人物以及性别问题纳入到政治经济学的框架中加以考察。有关玛丽安娜阅读穆勒著作的描写说明了阿尔加西夫对社会问题的关注（因为穆勒的著作毕竟是他的藏书），但这也反映了玛丽安娜不得不放弃自己的个人追求，把丈夫作为生活的中心，透露出来的更多是她失去个人追求、成为一个家庭主妇之后所感到的寂寞和冷落。与格拉斯哥不同的是，玛丽安娜主要是出于无聊才阅读穆勒的；对她来说，阅读穆勒的著作不过是消磨时光罢了。然而，作品通过相关细节的描写也揭示了阿尔加西夫和玛丽安娜故事的主题内容。格拉斯哥虽然并没有把穆勒的《女性的屈从地位》纳入作品视野，但玛丽安娜婚后的寂寞和无奈以及她的个人追求之间的矛盾却由穆勒的“一匹平纹细布”一语引申出来。通过穆勒的话，玛丽安娜想到了她所做的那顶软帽，而这顶软帽却又与其个人梦想相关。其实，玛丽安娜所说的软帽是她“用一块黑纱和几朵黄色玫瑰花做成的一顶歌剧帽”。阿尔加西夫当天回家时她正在试戴这顶帽子。这顶歌剧帽说明，虽然玛丽安娜婚后成了家庭主妇，但内心里仍然怀念她所热爱的歌剧，显示出传统女性角色与她追求的职业女性角色之间的冲突。再者，这顶歌剧帽也象征着两者的家庭生活为其经济水平所困。对此，格拉斯哥通过简单的对话展现得淋漓尽致：“‘我忘记［时间了］，’玛丽安娜说，‘但家里一点面包也没有了，所以你还得去买面包。哦，你又没买沙丁鱼，是不是？我说的是罐装火腿——，还有他们给我们拿来的鸡也真的太小了。’”不仅如此，玛丽安娜想买手套却没钱，当天甚至于都没钱打发上门要钱的洗衣女工，更不要说买歌剧帽了。（110）由此可见，作品中的这顶歌剧帽并不完全是穆勒所说的“劳动和操劳”的产品，更是困扰阿尔加西夫和玛丽安娜家庭生活和事业发展的重要因素。这一因素不仅影响到两者的爱情和婚姻的基础，更说明了他们没有抚育后代的经济能力，而没有这样的能力，按照穆勒的说法，“孩子就不会长大成人”。格拉斯哥也许就是根据穆勒的这句话设计了作品的情节，让玛丽安娜和阿尔加西夫一步一步陷入经济绝境，并最终让他们的女儿伊索尔德早早夭亡。作品中，阿尔加西夫为了“一点点微薄的稿费”而发表了“一系列有关性的起源的文章”（147），结果被他任教的女子学校解职。这使得其本来就拮据的经济状况雪上加霜，而恰恰此时伊索尔德因为出牙而患病，使夫妇俩走上经济绝境。为了挽救伊索尔德的生命，阿尔加西夫想尽了办法，但他既借不到钱，又拿不到应该到期的稿费，根本没能力按照医生的吩咐让伊索尔德在6月天热前离开纽约。在此情况下，伊索尔德成了真正“无助的动物”而最终不幸夭折。（134）可悲的是，阿尔加西夫和玛丽安娜的经济困境并没有就此结束。为了生存，玛丽安娜不得不与阿尔加西夫分手，随团出国演出。其后，在巴黎演出时，她又因为生病而被剧团抛弃。无奈之下，她不得不嫁给了一个在她身无分文时帮助过她的英国人。玛丽安娜与这位英国人之间并无感情可言，但所幸的是她得到了丈夫的叔父的好感，并在其死后得到了一笔遗产。对于玛丽安娜而言，她离开阿尔加西夫并非因为两者之间的感情出了问题，甚至与作品中潜在的女性意识也没有太大的关系，完全是经济困境逼迫下所作的不得已的决定。正如她对阿尔加西夫所说："这不是选择，……这是迫不得已。除了挨饿，还有什么别的办法吗?"（172）同样，阿尔加西夫也在经济困难的迫使下重操他早已弃绝的宗教职业。他的经济状况并没有因为玛丽安娜的离开而有所好转，相反却每况愈下。伊索尔德的死以及玛丽安娜的离开使他情绪低落，失去了写作的心境，从而也就没有了经济来源。为了支付房租，他不得不典当了他心爱的书籍和父亲传给他的怀表。逆境让他一度想到用他"为实验目的而收藏"（184）的氰氢酸结束自己的生命，更使他意识到人的生活是一个"存在二元性"，一边是"纯粹精神"，一边又是一个"血肉构成的生物体"，但两者都必须以经济为基础，因为"贫困比意志和肉体更强大"。贫困使得玛丽安娜卷入一个又一个男性的生活，贫困也使阿尔加西夫不可能走上"朝向知识的青云直上的胜利之路"（185）。显然，格拉斯哥把玛丽安娜和阿尔加西夫置于"存在二元性"的两端，让他们分别代表"血肉构成的生物体"和"纯粹精神"，但其目的并不止于要证明"爱情是独立于物质条件之外的自足力量"是一个谬论（112）。通过两者的爱情故事，格拉斯哥考察的是我们生存的这个劣等星球上精神和肉体这两个相位，揭示根植于经济体制的"贫困"对人类文明的危害。

格拉斯哥在《劣等星球相位》中把进化理论和政治经济学问题结合起来，把前者作为探索后者问题的视角和途径。瓦格纳把这部小说称为格拉斯哥"最具自然主义特点"的作品，认为它所要表达的观念是："激情无法解释，爱情是命中注定的悲剧，且命运也控制着居住在这个星球上的人们的结局"（Wagner，*Glasgow* 26）；类似地，沃克因为《后代》和《劣等星球相位》"在主题和创作技巧上的相似之处"而把格拉斯哥与诺里斯、克莱恩、德莱塞等美国男性自然主义小说家相提并论，认为玛丽安娜"既是遗传又是环境"的产物，而格拉斯哥通过玛丽安娜与阿尔加西夫的故事探讨的是玛丽安娜和"组织化的宗教"所代表的人类"浪漫的理想主义"的"弱点"（Walker 145，141）。《劣等星球相位》是不是自然主义作品无疑是一个值得讨论的话题，但有一点是肯定的，那就是格拉斯哥确实在作品中以进化论的视角审视玛丽安娜和阿尔加西夫故事的主题思想。

具有讽刺意味的是，《劣等星球相位》的进化论观念首先出自《圣经·传道书》的题记："我又转念，见日光之下，快跑的未必能赢，力战的未必得胜，智慧的未必得粮食，明哲的未必得资财，灵巧的未必得喜悦。所临到众人的，是在乎当时的机会。"[1] 莱柏认为，格拉斯哥用这一题记"反驳了斯宾塞"，其中传达出来的是赫胥黎的看法，那就是"'善与美'往往在生存竞争中被摧毁，而'丑和恶'却生存下来"。在莱柏看来，格拉斯哥在书中"违反了"美国人有关进化论的两种"流行学说"：一是作品削弱了斯宾塞所信奉的人类社会会因为适者生存的法则而进步完善，

1. 《圣经·传道书》9：11。这里所采用的通行译文意思基本清楚，但最后一部分，也即"所临到众人的，是在乎当时的机会"原文是"but time and chance happeneth to them all"，结合《劣等星球相位》的语境，其意应当是"人生都受制于时间和机缘"。

二是作品削弱了“大多数美国文人所信仰的在仁慈的神的指引下的进化改良论”（Raper，“Glasgow and Darwinism” 180）。斯宾塞把适者生存的法则应到社会领域，反对人为的社会干预，似乎相信人类社会会在适者生存的法则控制下走向完美。相反，赫胥黎则认为“适者”（the fittest）生存并不意味着生存下来的都是最好的（the best）。他在《进化和伦理》（*Evolution and Ethics*，1894）中说，我们不能把适者生存的“进化伦理”用于人类，人类也不会因为适者生存的进化法则而走向“完美”。他解释说，在“植物王国”里，如果地球冷却下来，最后生存下来的“可能不过是地衣、矽藻以及使雪变红的那些微生物”；同样，就社会中的人而言，越是初级的文明，适者生存的法则所起的作用越大，而这意味着“最强大、最独断专行的人往往会践踏较弱者”。在他看来，“社会进步意味着每一步都要阻止［适者生存的］宇宙进程，并用另一进程替代它”，这样才能保证生存下来的不是适者，而是“那些伦理意义上最好的人”（80–81）。格拉斯哥熟悉达尔文、斯宾塞以及赫胥黎的作品，[1] 一定知道后两者把达尔文的进化理论运用到社会学领域时所得出的截然相反的结论，并通过作品题记对之作出回应。由于它在作品文本中的特殊语境，题记的宗教寓意被转化为进化论观照下的社会观，借此传达了相当悲观的人生观，那就是，与一切物种的进化一样，人类的进化进程是遗传和变异共同作用的产物，其中充满着机缘巧合，并非上帝的创造或设计论证的结果。由此可见，格拉斯哥虽然在题记中引用《圣经》的内容，但她借此巧妙地传达了

---

1. 上文已经提及格拉斯哥对达尔文的《物种起源》以及斯宾塞的《综合哲学》的了解，而关于她对赫胥黎著作的了解主要出现在1897年的三篇关于《后代》的书评中，而她本人也在《某种程度》中谈及赫胥黎：“正如大家都清楚的那样，赫胥黎是一个有其风格和特点的大师”，但并没有点明具体的作品。详见 Scura 6，9，12以及 Glasgow，*Measure* 58。

她对社会的批判，同时也把阿尔加西夫和玛丽安娜的故事纳入到进化论的框架之中，为作品设定了悲观的色调和情节走向。作品中，无论是“灵巧的”玛丽安娜之死，还是“明哲的”阿尔加西夫的虚伪的宗教职业，或者是他们的女儿伊索尔德的夭折，都证明他们并非适者，而是生存竞争的牺牲品。

进化理论也同样体现在作品的人物刻画之中。虽然玛丽安娜和阿尔加西夫都是具有反叛精神的人物，前者从南方保守的社会环境之中来到纽约寻求个人的艺术追求，后者放弃前程似锦的宗教职业投身于科学研究，但格拉斯哥在作品中把他们定位于人类进化进程的两个极端阶段上，让玛丽安娜代表着不受道德观念束缚的人的动物性享乐本能，而阿尔加西夫则与《后代》中的阿克谢姆形成对照，是一个超越时代的高度文明的人，代表着为道德情感所左右的利他主义者。

玛丽安娜是遗传和生物学属性的体现。与《后代》中把纽约街头的人们描写成“移动的原子”一样，作品第一部第一章中身处纽约街头的玛丽安娜被描写为“无以名状的同质”“个体原子”之一。所不同的是，格拉斯哥把纽约完全描写成一个由人的动物性所主宰的世界。在这里，人人都是“动物般的存在”，都是“相互混杂到一起的陌路人”，“非人一般无视等级和习俗”，好像人人都是“无法逃避的悲剧命运追逐之下的”“物质材料”，“散发着肉体欲望的温热和燔祭虚荣心的气味”（4）。在接下来的一章中，作品从源头上追踪梳理了玛丽安娜的祖辈身上所具有的遗传和变异特征。她的男性祖先胡格诺教徒马塞尔·穆辛·德·边恩哥从法国来到美洲，其女性祖先则是一个瑞士冒险家的女儿。穆辛不仅设法从瑞士冒险家手上攫取了后者不择手段得到的土地，在上面建起了一幢宅子，而且还把瑞士冒险家拒之门外，并为了繁衍后代娶了瑞士冒险家的女儿。

穆辛的生存竞争似乎是顺理成章的“自然顺序”，但他的妻子很快撒手人寰，把刚刚出世的儿子留在了“不友好的星球上”（17）。为了让这个他仅有的“前途渺茫的苗裔延续香火”，穆辛节衣缩食，结果到孩子长大成人时穆辛自己也一命呜呼了。其后，他的后代开始默默无闻地一代代相传，逐渐失去了第一代穆辛名字中的贵族标志“德·边恩哥”，留下的只有其“好冒险的血液”（18）。到了美国内战之后，最后一代穆辛仍然保持着其祖先高贵的“诺曼人的血液”，仍然守着其祖先的宗教信仰，却把摇摇欲坠的宅子交给了其从前的黑奴，开始了背着竖琴四处漫游的生涯。在漫游的日子里，他爱上了一位信仰天主教的爱尔兰姑娘。其后，两者不顾性情和宗教信仰的不同结为夫妇，各自暗中盘算着改造对方。他们的女儿出生之后，夫妇两人分别按照自己文化的习惯为她起名为“玛丽·穆辛”和“玛丽·安娜·穆辛”。他们的女儿长大之后，把这两个名字合二为一，把自己的名字改为“玛丽安娜”，并抛弃了父母的宗教信仰，成为美国圣公会教徒（19–20）。在母亲死后，玛丽安娜因与继母不和而前往纽约打拼，想要做一名歌剧演员。玛丽安娜虽然不一定是按照格拉斯哥自己的形象塑造的，但她身上确实有着作者的痕迹。类似于格拉斯哥把父亲的名字“Francis T. Glasgow”和母亲的名字“Anne Jane Gholson”合成到她自己的名字“Ellen Anderson Gholson Glasgow”之中，玛丽安娜的名字“Marianna”既包含了她父亲为其所起的法语名字“Marie Musin”，又包含着母亲按照爱尔兰习惯为她起的名字“Mary Ann Musin”。两者的名字也象征性地表明她们身上都有遗传自父母的性格冲突。格拉斯哥在《内心的女人》中认为，她父母的婚姻是“两个极端的结合”，而她自己则因此遗传了“永恒的类型冲突”（16）。玛丽安娜显然也有着来自遗传的类型冲突；她游走四方的生活轨迹，她对歌剧艺术的衷情，明显地反映了其祖辈血统之中的诺曼民族的冒险精神，也让人看到其父亲抛弃家产、背起竖琴游走他乡，做一名“吟游歌手”的形象。（18）此外，正如同格拉斯哥强调自己“精神或体质上的一切”主要遗传于其母亲一样（*Woman* 6），作品在描写玛丽安娜为新出生的伊索尔德做睡裙时，坚持要用她自己的亚麻布旧衣服改做，而不愿意买新的棉布，其中就透露出她所受到的来自其女性先辈们的影响：“这在血液之中……除了丝绸，我祖母无法容忍任何其他材质的衣服。……她的一切东西，从睡帽到短袖衬衣，都是用柔软的白色丝绸做的。我母亲遗传了这一品味，即使穷到每周只能吃两回肉的地步，也从来不穿棉袜。我跟她一模一样，只是她为此而感到自豪，而这却让我丢脸。”（136）其中，“丢脸”一说并不是说玛丽安娜不喜欢穿丝绸衣服，而是说她为穷得穿不起丝绸服装而觉得没有脸面。这一点也提醒读者，作品中玛丽安娜从其女性祖辈们那里遗传了追求物质享受的性格，说明了她对“色彩斑斓之美的渴求”来自“传统”（144）。实际上，对声色之美的喜爱以及对物质享受的追求正是玛丽安娜这一人物刻画之中最鲜明的特征，也是其最突出的动物性特征。作品点明了她身上有着“过去多个世纪图像崇拜者的遗传”以及“对色彩的感官渴望”（29，14）。早在16岁时她就凭着一张照片迷上了一个她从来没见过的在押强盗，而作品中她第一次出场时，她去的是纽约的一家音像店，买的则是一张德国男高音歌剧演员马克斯·阿法瑞（Max Alvary）在《天鹅之歌》中扮演罗英格林的剧照。玛丽安娜对歌剧的热爱是她的个人追求，但这一追求与其说是对艺术的热爱，不如说是她对声色世界和物质享受的自然表现。当她声称“我的美感就是我的灵魂”之时，她所讲的并不是善，而是动物出于自然和本能对物质享受的追求，而这——正如她对阿尔加西夫所说——是“纯粹的动物对生存的热爱”：

> 我热爱世界。我热爱生活和呼吸，热爱血液在我血管里流动的感觉。我热爱跳舞、唱歌、吃饭、睡觉。生活中最简单的感官之愉于我都是美味。如果我当不了王后，我宁愿做街头的乞丐，而不愿无所事事。如果我做不了人，我宁愿做一只阳光下的蝴蝶，而不愿不再存在。只要我还有蓝天、空气以及身边的世界，我就不会痛苦。我所热爱的是生活，是生活的物质成就。只要人们让世界向我敞开，我就会幸福。只是，如果我被抓起来，关进丑陋的地牢，我宁愿去死。即使到那时我还会怀着希望。……我和你不同，太不同了！你靠思考，而我靠感觉。你都是精神，我都是感觉。只有在我听到、看到或感觉到美丽的事物之时，我才能实现我的自然所在。

玛丽安娜在这番话中所表达的自然、感性且与身体相关的人生观被叙事人称为“唯物哲学”（75–76），而作品借此刻画的则是玛丽安娜这个完全为生物属性所驱使的人。作品事实上把她与色彩相联系，把她的脸和心情比作“如万花筒中的色彩一般转瞬即逝”（7），说她是一个“令人猜不透的中国谜语，充满着快速的惊奇和颤动的变化，会随着环境变化而色彩万端”（26）。作品描写她“渴望色彩和谐的效果和优美的图案”（30），把“饱含热烈色彩和情感满足的生活”视作“她所渴求的食粮”（31），说身处剧场让她感到“一股辉煌的原始血液像彩色的火焰奔涌在她的血管之中”（118）。作品甚至于把她比作植物，说她“在贫瘠土地上她会枯萎失色，而一抹阳光又会让她舒展灿烂”（144）。事实上，尽管除了她在作品的最后阶段显现出对阿尔加西夫前程的一点道德顾虑，尽管她的故事最终以悲剧告终，但主观上她的一生就是一个“逃离贫穷和丑陋，奔向美和鲜亮色彩”（175）的过程。

玛丽安娜的身世和经历传达出来的是悲观的人类进化观念。她的第一代祖先马塞尔·穆辛·德·边恩哥虽然身无分文，但他毕竟是胡格诺教信徒，只是因为“信仰和财富”的原因才离开“故土”来到美洲的。尽管他“寻求宗教自由”的“使命失败了”，但他好歹实现了财富梦，获得了土地，建了宅子，娶妻生子，在“物种保护”方面尽到了责任。然而，他的家族从一开始就不兴旺，总是代代单传，并且全部湮没在历史之中，没有任何人建立过丰功伟绩。他们一代不如一代，不仅失去了名字中的贵族标志，而且第一代穆辛所建的宅子到了玛丽安娜的父亲手上时也已破败不堪，并最终被他交给了从前的奴隶看管。更为严重的是，到了玛丽安娜这一代，第一代穆辛的宗教信仰已不复存在，而从他开始的物种保护也以作品中玛丽安娜之死和伊索尔德的夭折而终告失败，而这象征着一个物种的消亡。这一消亡更象征着人类走向堕落的进化过程。从第一代穆辛到玛丽安娜的进化过程不是进步和完善，而是走下坡路，是一个物种和精神的衰亡历史。其实，第一代穆辛的成功经历完全是动物性的生存竞争。作品在这一点上语焉不详，但所提供的极少信息足以暗示穆辛以及他的瑞士老丈人以不道德的手段取得了财富：“他［穆辛］看上了南边一条河岸上的一块土地，于是他通过为那个瑞士冒险家做了点什么事，在其猝不及防之际把这块土地弄到了手，而这块地当初又是以只有［瑞士冒险家］自己才知道的手段得到的。”由此可见，两者都是以见不得人的手段攫取了那块土地。穆辛随后把瑞士冒险家拒之门外，并娶其女儿为妻，两者都是无涉道德的生存竞争行为。前者的原因在于“美德并不在于拒绝为了获得好处而行恶，而在于拒绝承认获得了好处”，而后者则与爱情无关，完全是因为瑞士冒险家的女儿是十几个可选的姑娘之中“在保障苗裔昌盛方面最具希望的女性”（16–17）。莱柏把玛丽安娜与格拉斯哥所说的“躲躲闪闪的理想主义”[1]相联系。（Raper, “Glasgow and Darwinism” 190）就玛丽安娜追求声色享受这一点来说，这样的说法也许不无道理。然而，透过这一表层，我们从其家族的历史中看到的更多的是适者生存的动物本能，是格拉斯哥在作品中一再强调的人类“准野人祖先”的“准原始”动物本能的体现；（147，43，74）无论是其第一代祖先不择手段的掠夺行为，还是玛丽安娜对声色享乐的追求，实际上都体现了人类身上与文明无关的适者生存的原始本能。在这一意义上来说，玛丽安娜家族的衰亡史就可以被看作是适者生存的自然法则主导之下“准原始”人类进化史的缩影。作品中，格拉斯哥通过“悲观主义的信徒”保罗之口所表达的正是对人类文明这种准原始状态的挞伐。（9）玛丽安娜与保罗同处一幢公寓楼，因为父亲不再为她提供生活费而曾经打算嫁给保罗——在此，我们看到玛丽安娜与其第一代祖先一样把婚姻视为生存竞争的一部分。保罗否定世上存在美的事物，因为美本身“只是寻求新奇的病态的想象力的产物”。在他看来，自然、宇宙、文明都没有什么美可言：“我们说自然是美丽的，但这不过是我们用来表达感官妄想的一个词而已。自然不美。它的色彩有着严重的缺陷。自然丑陋，宇宙丑陋，文明丑陋，我们丑陋。”他把“粗鄙”视为“宇宙最显著的要素”，断言“如果还有什么比自然还要粗鄙的话，那就是文明了”（12–13）。他甚至警告阿尔加西夫说“最为愚蠢的是那种因为他有点头脑就忘记了他是动物的人”（38–39）。保罗的悲观主义与作品题记所隐

1. 格拉斯哥有关“躲躲闪闪的理想主义”的说法，详见 Glasgow, *Woman* 97, 104 以及 Glasgow, “‘Evasive Idealism’ in Literature: An Interview by Joyce Kilmer” 122–129。

含的世界观和进化观相一致，是对斯宾塞乐观的社会达尔文主义社会学观念的质疑，其中所强调的人的动物性本质反映了玛丽安娜生存竞争的本质，体现了人类文明的准原始性。

与玛丽安娜一样，阿尔加西夫也是适者生存法则的牺牲品。两者一个落后于文明进程，为感官所驱使，是自然的存在，另一个超越于文明进程，为精神所困，是道德的存在。阿尔加西夫是一个与动物性世界完全割裂的不可知论科学家的人物形象，是一个"与贫困和科学联姻"的人。（107）他与贫困的联姻主要反映在他与玛丽安娜的婚姻之中，而他与科学的联姻则通过他的生物学和进化论研究展现出来。阿尔加西夫与达尔文不无相似之处。他的兴趣主要在科学研究上，接受的却是神学教育，而且在作品第二部中他实际上成了神父。同时，他还为了谋生不得不从事教育工作。就其科学研究而言，虽然作品通过玛丽安娜的阅读让我们看到了他对政治经济学的兴趣，但他的研究主要是与进化论相关的生物学、考古学、人类学；这一点我们可以从他书架上"塞得满满当当的那些用旧了的英文、法文和德文著作"中看到。这些书中包括德国博物学家、植物学家、生物学家劳伦兹·奥肯（Lorenz Oken 1779–1851）的《论生殖》（*Die Zeugung*，1805），达尔文的《动物和植物在家养下的变异》，苏格兰内科医生约瑟夫·米利根（Joseph Milligan 1807–1884）的《塔斯马尼亚土著部落方言词汇》（*Vocabulary of the Dialects of some of the Aboriginal Tribes of Tasmania*，1866）等。[1] 他房间里的陈设——柜子里摆放的"胚胎生长的标本"、桌子上的"显微镜和生理学实验的多种仪器"、

1. 格拉斯哥在作品中把《动物和植物在家养下的变异》和《论生殖》两本书分别置于阿尔加西夫房间中的南北两个书架上，使之形成了"对峙"关系。（35）通过这一精心安排的细节，她似乎意在说明奥肯基于先验论的自然观与达尔文的进化理论之间的对立关系。

壁炉架上方悬挂的“骷髅和两根交叉的骨头”及其下面“一连串显示神经系统初级进化的图片”——也同样透露出其生物学家的身份。(35)阿尔加西夫的进化论研究还显著地体现在其研究之中。自从大学期间随德里斯科作过植物学考察之后，他的兴趣就从神学转向与进化论有关的研究。他曾经到“埃及和亚述旅行和挖掘”，还作过“古代印度研究”(37)。为了生计，他在“各式各样的评论杂志上”发表“准科学性的文章”(101)，甚至还为了让玛丽安娜和患病的伊索尔德离开纽约，不得已“为一家周末报纸撰写保健文章”(148)。他所发表的一系列讨论性起源的论文导致他被女子学校解聘，而他匿名发表在《科学周刊》上的一系列文章则被人怀疑是赫胥黎的遗作。作品中，阿尔加西夫似乎已经完成了一部标题为《疏注：人的历史，个体发生学科学的特别应用》的专著草稿，(37)但他目前潜心研究和试图解决的却是遗传学问题。具体地说，就是他所谓的有关“获得性状遗传”的生物学研究著作。(36)作品通过他与玛丽安娜的交谈以及他的自言自语交代，阿尔加西夫试图在这部著作中提出“一种遗传理论”，以调和“达尔文的泛子、魏斯曼的种质以及高尔顿的血统”。他期待从每一种理论中发现“斯宾塞所谓的真理的胚芽”，[1]借此“构想一种［他］自己的包含所有这些理论之精华的理论”，而他的根本观点是“经过大力改良的泛生论可能会站住脚跟”(51，55)。这里的三种遗传理论都与获得性状是否能通过亲代遗传给子代相关。达尔文在《动物和植物在家养下的变异》一书中提出“泛生论”遗传理论。在该书第27章中，他把泛生论作为一个遗传理论的“暂定假设或猜想”，认

1. 用现代遗传学的观点来看，这里所谓的“真理的胚芽”以及下文所说的“泛子”、“种质”、“血统”都是生物学家所要寻找的控制遗传的“基因”，尽管这些其实并不是真正意义上的基因。

为“众多新获得的性状，不管有害的还是有益的，不管是最无用的还是最有用的，常常原原本本地被遗传［给下一代］”，而且这样的遗传“是惯例，而不遗传是异常”。达尔文把决定遗传的“粒子”（granule）称为“泛子”（gemmule），认为由于泛子会因环境的变化而改变，因此亲代获得的性状就可能通过“带有新获得的特征”的“泛子”而遗传给子代。（*Variation*，vol. 2：357，372，374，394）达尔文的泛生论遭到了众多生物学家的质疑；高尔顿的血统论和魏斯曼的种质论实际上就是对达尔文泛生论获得性状能否遗传的回应或纠正（*Variation*，vol. 2：350，n1）。虽然从现代遗传学的角度来看，达尔文、高尔顿、魏斯曼的理论都存在问题，但在格拉斯哥创作《劣等星球相位》之时，人们还没有真正重视现代遗传学之父孟德尔19世纪中叶有关豌豆的遗传学实验。作品中阿尔加西夫对获得性状能否遗传的研究显然反映了当时生物学家对泛生论及其相关问题的兴趣，也说明了阿尔加西夫及格拉斯哥实际上意识到这些理论本身可能存在的问题。格拉斯哥本人也许更多地只是想通过阿尔加西夫的进化论研究赋予作品以进化论视角，而无意于借此表达她本人对这一生物学问题的看法。事实上，正如阿尔加西夫自己所言，他试图综合和调和达尔文、斯宾塞、赫胥黎等人相互矛盾的看法。然而，就获得性状能否遗传这一具体的生物学问题而论，阿尔加西夫似乎更赞成达尔文的泛生论，而“斯宾塞所谓的真理的胚芽”一说也在一定意义上透露出他赞成斯宾塞把自然选择的进化法则用于人类社会。作品中，他对自然的信心——“对于追随自然的心灵来说，自然界没有任何令人厌恶的东西”——也在很大程度上说明了他对社会达尔文主义的乐观态度。（48）虽然他对眼前的人类文明不无愤世嫉俗的看法，认为“人类实在惹人生厌”，而“我们所谓的文明”不过是“薄薄的一层虚伪”，“纯粹是虚假的东西”，但他总体上抱着乐观的态度，相信“一万年之后”“[真正的]文明将会到来”（46–47）。由此，我们不难发现，阿尔加西夫对人类社会的看法既与作品通过他与玛丽安娜的故事所要展示的对社会的看法相抵触，也有悖于赫胥黎所说的进化的“宇宙进程”。

与其进化观念相联系，阿尔加西夫在作品中处于人类进化进程的精神和理性的一端，代表着“高度发达的社会本能”（Raper，*Sunken Garden* 5）。格拉斯哥把阿尔加西夫描写成一个与其所处的那个社会格格不入的人，是一个另类，好像是“未来文明”的“先锋人物之一”（74），又似乎是“一个失落部落的幸存者”，是“那些曾经与上帝同行的纯洁的先知”（72）之一。他自己则声称：“我不是神学家，而是科学家；我不是信徒，而是不可知论者；我不是牧师，而是一个人”。（68）阿尔加西夫本质上是一个完全脱离人的动物属性，独立于世俗情感、传统观念、宗教实践甚至于性别差别之外，冷眼观察人类文明的人。他超然于世俗之外，可以为了“验证效果的不同”而用威士忌酒和啤酒把自己灌醉，也曾经与“相貌最一般、最具美德的酒吧侍者的女儿谈恋爱”，目的就为了亲自证明这个姑娘的“美德是其平凡相貌符合逻辑的结果”。（64）在大学期间，他甚至于还养成了就同一神学话题“从相反方向撰写论文”的习惯。（66）日后，他还专门出版布道文以驳斥他自己匿名发表在《科学周刊》上的科学论文。很显然，阿尔加西夫不同于《后代》中的阿克谢姆。虽然格拉斯哥把两者都描写为孤儿，但阿克谢姆象征着“人性”，也即人的动物性，而阿尔加西夫处于人类文明进程的高级阶段。不同于作品中的玛丽安娜，阿尔加西夫远离声色享受和物质追求，是一个“没有色彩，疲惫不堪”（34）的形象。用书中人物对他的评价来说，他身上“没有一点儿优秀的原始血液，不过是一架没有色彩的推理机器而已”

(38)。阿尔加西夫与阿克谢姆的区别还在于他充满同情心，是一个利他主义者。在大学期间，他曾经把“生活费用压缩一半”，将剩余的钱资助“一位靠打工拿大学学位的”年轻机修工，而他自己并没觉得这么做是什么“慷慨大方之举”(65)。

同情心和利他精神更是阿尔加西夫与玛丽安娜之间关系的基础。如果说玛丽安娜一直试图从爱情中寻找情感的寄托，最终却不得不为了生计而一再与包括阿尔加西夫在内的男性缔结婚姻关系，那么阿尔加西夫在与玛丽安娜交往之初甚至都没有把她当作异性，完全是同情心才拉近了他们之间的距离。玛丽安娜第一次来到其公寓寻求安慰和帮助时，阿尔加西夫对她的态度好像是“内科医生询问病人消化情况”一样，“纯然没有意识到性别不同”(44)。在同情心的驱使下，他置社会习俗于不顾，与玛丽安娜分享食物。最终，在玛丽安娜因为父亲停止提供生活费而不得不考虑离开纽约之际，他才出于同情与之结为夫妻。与玛丽安娜的交往在一定程度上把阿尔加西夫身上的原始动物属性激发出来，但两者的婚姻本质上是阿尔加西夫所代表的“现代文明的最高类型”与玛丽安娜所代表的“准原始性”和“未经规训的情感”的结合。(43)

值得注意的是，阿尔加西夫和玛丽安娜的交往与婚姻促使两者朝着相反的方向发展。就玛丽安娜而言，作品描写的主要是追求自我和声色满足的动物性，但她最后为了保全阿尔加西夫的社会地位而放弃了与之一起享田园生活的计划。与之相反，与玛丽安娜的交往和婚姻迫使阿尔加西夫走出科学研究的理性世界和无私的精神家园，为物质生存而挣扎，为情感而苦恼。最终，他在命运的捉弄下继承了斯皮尔斯神父的衣钵，过上了体面的生活，但这无疑是一个极大的讽刺，因为对于他来说，这正是他所逃避和不屑的虚伪生活，是失败的人生、悲剧的人生。

二、失败的成功者：进化论背后的经济

在《后代》和《劣等星球相位》之后，格拉斯哥的兴趣出现了变化，开始关注斯多葛派哲学、东方神秘主义以及弗洛伊德的精神分析学说。不过，她对进化论的兴趣并未就此消失。如果我们从整体上审视其作品，有关遗传、变异的描写几乎出现在其后所有作品的人物身上；即使在她生前发表的最后一部小说《今生今世》（*In This Our Life*，1941）中，她仍然把主人公罗伊称为“类型变异”。这些作品的主题、时代、故事各不相同，但作品的主人公大多与阿克谢姆以及阿尔加西夫一样，都是失败者。不过，也有少数例外，而这其中最为突出的是《生活与加布里埃拉》的女主人公加布里埃拉·凯尔以及《贫瘠之地》的女主人公多琳达·奥克利。这两位分别来自城市和乡村的女主人公的独特之处在于，两者虽然在作品之初都是格拉斯哥在《她们委曲求全》（*They Stooped to Folly*，1929）中所谓的“失足的女人”或“被毁了的女人”[1]（161，240），但她们都靠着坚强的意志取得了经济独立。加布里埃拉被丈夫乔治·福勒抛弃，而多琳达被恋人杰森·格雷洛克抛弃，并且还怀有身孕，因而两者都成了婚姻或爱情的受害者、弃妇，但前者最终成为成功的女帽经营商，后者则通过辛勤劳动成为颇有成就的农场主。值得注意的是，加布里埃拉和多琳达的成功，或她们作为生存竞争的适者，既与其经济相关，也与两者刚毅的人格背后的遗传因素相关，是两者的结合决定了她们成为生存竞争的成功者。

---

1. 格拉斯哥在《某种程度》中把南方小说中多琳达这样的女性人物称为“弃妇”（the betrayed woman），并认为这类女性人物“终于做了一回胜利者，而不是受害人”。（*Measure* 160）

《生活与加布里埃拉》（以下略作《生活》）是格拉斯哥弗吉尼亚风尚小说中的最后一部，时间背景是1894–1912年。这一时间要比三年前发表的《弗吉尼亚》的时间背景——1884–1912年——晚十年。按照格拉斯哥的看法，《弗吉尼亚》描写的是“作为信守维多利亚传统理念的女性”，而《生活》虽然是前者的“配套研究”，但它与这一“伟大的传统彻底分道扬镳”，展现的是“作为现实的女性”（*Measure* 97）。在她看来，《弗吉尼亚》这部“真正精致的小说”“几乎没有被人注意”，而《生活》虽然要“稍逊一筹”，却“出奇地成功”（*Woman* 222）。就作品水准而言，《生活》也许算不上上乘之作，甚至有批评者认为它是格拉斯哥创作的“最乏味的故事之一”（Raper，*Sunken Garden* 15）。然而，就作品内容而言，女主人公加布里埃拉也毋庸置疑是格拉斯哥笔下最成功的人物。加布里埃拉不仅与《简·爱》的女主人公一样长相平平，[1] 而且还像格拉斯哥作品中众多的女性人物一样遭遇了种种挫折。然而，她并没有成为时代、环境、遗传、家庭、婚姻、事业的牺牲品。相反，她最终凭借着坚忍不拔的意志和不断进取的勇气成为一个胜利者。作品开篇时，加布里埃拉已经结婚十年的姐姐简因为丈夫的不忠，一年中第三次带着孩子逃回娘家，而这让加布里埃拉下定决心不走姐姐的老路。为此，她与未婚夫亚瑟·佩顿解除婚约，走出家门谋生，成为在当地的一家商场卖女帽的售货员。其后，她嫁给了纽约富家子弟乔治·富勒，并随之移居纽约，成了两个孩子的母亲。乔治自己一无所长，没有独立的经济来源，酗酒，对婚姻不忠。无奈之下，加布里埃拉与乔治离了婚，依靠在迪奈

1. 格拉斯哥在《某种程度》中论及《生活与加布里埃拉》时说，“自《简·爱》以降，没有小说家有勇气把女主人公描写成心地善良、长相平平而又让人疼爱的人物。”（*Measure* 102）

德夫人经营的衣帽商店工作养活孩子和自己。她的经济和居住条件从此不断好转，到她38岁时孩子们已经长大成人，而她自己也成了一个成功经营者。在感情生活上，离婚之后的加布里埃拉心里仍然对亚瑟·佩顿怀有好感，既拒绝以感情换取富有的克罗伯勒法官对其商业经营的支持，又拒斥出身社会底层、白手起家的百万富翁本·欧哈拉的示爱。作品最后，当加布里埃拉回到故乡里士满时，这才意识到她已经与亚瑟所代表的弗吉尼亚的过去格格不入。于是，她匆匆赶回纽约，并在车站上找到了正准备离开纽约的欧哈拉。这样，加布里埃拉在经济和爱情两个方面都取得了成功，从而使之既有别于《后代》这样的早期作品中那些受遗传因素控制而落败的男性主人公，又有别于《弗吉尼亚》中那样受传统习俗的制约而成为牺牲品的女性主人公，同时也不同于《贫瘠之地》中多琳达那样取得部分成功的男女主人公，成了格拉斯哥的主人公中独一无二的人生赢家。

加布里埃拉的成功首先与作品中格拉斯哥观察人物的生物学视角有关。不同于《后代》和《劣等星球相位》,《生活》中并没有真正的生物学和进化论理论家。作品仅仅在介绍一个被人称为巴芬顿上校的思想保守的弗吉尼亚律师时提及了达尔文的名字，且其中反映出来的还是反进化论观念：“他对社会运动和文明发展了无兴趣，就犹如他对艺术或科学提不起兴趣来一样。由于达尔文的不检点，他对科学一向表示怀疑。”（151）然而，这并不意味着格拉斯哥在作品中放弃了进化论视角。恰恰相关，作品以及作品人物对几乎所有人物的性格和行为的观察中都使用了进化论视角：加布里埃拉与她的表嫂普西一样出身于“一个‘不会轻易改变主意的’种族［家族］”（30）；加布里埃拉的顾客斯宾塞夫人有时“粗俗无疑”，因为“弗吉尼亚的一些最高贵的血液”已经“被一些最坏的血液大量稀释”（64）；与加布里埃拉的丈夫乔治私奔的弗洛丽遗传了其母亲斯宾塞夫人的“金红色头发”（65），而她身上“那一点儿遗传自其父亲家族的优秀血缘显然被其母亲血统中奔流的粗鄙压倒了”（227）；迪奈德夫人的“娘家是奥格雷迪家族”（212，279），而这是爱尔兰著名的贵族家族；迪奈德夫人的顾客普莱塞律治夫人之所以能嫁给暴发户普莱塞律治的长孙，原因在于后者“遗传了其祖父对家庭女佣的爱慕”（302）。在那些与加布里埃拉感情生活相关的人物当中，其未婚夫佩顿的敏感表情与其“纯正的血统”相关，其皮肤显示出“高贵出身的品质”（33），而他的固执己见则根植于“通过大脑进入其家族血统的无法消除的成见”（38–39）。加布里埃拉的婆婆富勒夫人“出身伦道夫家族[1]”（90），“血管里流淌着殖民时期英雄的血液”（129），而她自称是“一个轻佻之辈”（135）。与之相反，加布里埃拉的公公阿奇博德·富勒有着“苏格兰–爱尔兰血统”，其祖先曾经是“长老会的殉道者”，因而他显露出“其虔诚的祖先”身上的那股子“苦行僧般的奉献精神”（153）。遗憾的是，加布里埃拉的丈夫乔治既没有遗传其母亲那“天使般的”性情，也没有其父亲性格中的“完美的理性”（168）和商业头脑，而是光大了其母亲身上轻佻的性情，“不安分、不稳定、爱享乐”（128）。与佩顿和乔治不同，加布里埃拉最后的恋人欧哈拉“缺乏教养，缺乏品味，缺乏必需的学校教育”，根本没有什么端得上台面的家庭背景可言。在加布里埃拉眼里，除了性格，欧哈拉“无疑达不到她遗传而来的水准”（479）。类似地，加布里埃拉的儿子和女儿的长相和性情也与遗传有着密切的关系。她认为其儿子阿奇遗传了凯尔家族的棕色眼睛，而她的母亲和女佣则坚持说阿

1．伦道夫家族是弗吉尼亚的望族，是殖民地时期该州最富足、最有政治影响力的家族。

奇“已经活脱脱就是［加布里埃拉父亲的］样子”（244）。相反，加布里埃拉的女儿范妮则“越长越像［乔治］”。他们一个遗传了其祖父阿奇博德的理性品格，一个遗传了其父亲乔治的轻浮，一个让加布里埃拉感到自豪，一个则令她担心、烦恼。加布里埃拉身上既“嫁接了”其“母亲遗传之中的苦涩而又甜美的性情”，又遗传了“凯尔家族性格之中坚毅的血统”（349）。她长着“凯尔家族的小而有力的双手”（302），具有“凯尔家族贵族血统的外形”（349），但其讲话时的冷峻表情又与其母亲的祖父“巴塞洛缪·伯克利教士的肖像”（32）有几分相似。此外，她还有着其家族“自然天成的优秀特征”（349），天性之中既有“遗传而来的谨慎性格”（351），又不乏“浪漫的爱尔兰品格”（260）。

不过，对加布里埃拉影响最大的因素还在于婚姻和性格这两个方面的家族遗传。作品通过凯尔夫人、加布里埃拉及其裁缝波莉小姐之口三番五次重复的一句话是“［凯尔家的人］婚姻很不幸”（57，161，180，218，219，249）。在凯尔家族的不幸婚姻中，处于情节之外的有加布里埃拉的叔叔汤姆和姑妈约翰娜的婚姻；前者结婚半年之后妻子“精神错乱了”，后者则“（据传言）是伤心而亡”（218）。另外，按照波莉小姐的说法，加布里埃拉的堂妹奈莉的婚姻也不太好，充其量“只能算马马虎虎”（249）。除此以外，加布里埃拉父母的婚姻对凯尔夫人来说也不算幸福。一是因为这桩婚姻对她来说不过是“梦想者与现实之间犹豫不决的妥协”（7）；二是因为其丈夫早早就过世，使得她不得不靠亲戚朋友的接济而生活。在作品中在场的婚姻中，加布里埃拉的姐姐简与丈夫查利·格雷西的婚姻是一桩“不成功的婚姻”。查利是一个拈花惹草的浪荡公子，与简的法国裁缝勾勾搭搭，其行为已经“激起了全城人的公愤”，简自己却“死要面子”，逆来顺受。（5）尽管作品中她已经一年之中第三次气得跑回娘家，但到头来还是跟着丈夫回家了。凯尔夫人把不幸婚姻视为家族遗传中的诅咒，所以她一再希望相貌并不出众的加布里埃拉“永远不要结婚”（57）。事实上，加布里埃拉并没能走出凯尔家族的婚姻怪圈，最终与乔治成就了凯尔家族另一桩不幸的婚姻。所幸的是，她不同于其他家族成员，并没有成为她所说的“这个世界上可怜的简们”（281）之中的一员。

加布里埃拉之所以没有成为另一个简，关键在于其永不言败的性格，特别是其性格之中不屈服的勇气。勇气之于加布里埃拉故事的关键地位可以从作品的副标题——“一位女性勇气的故事”——中看出来。对格拉斯哥来说，“勇气”就是“加布里埃拉性格中的美德”，就是“生命的关键时刻某种促使她战斗而不是缴械投降的原始本能”（308）。如果说家族遗传使得她在性选择中遭受打击，那么她仍然需要凭借其原始本能，才能具有那种“我要幸福，我有幸福的权利，但这要靠我自己”（334）的勇气，才能走出不幸婚姻的阴影，独立开创一片属于自己的天地。在这方面，加布里埃拉似乎得益于源自其父母的优秀的原始本能。一方面，遗传自其父亲的“战斗精神”使得她能够与“苑囿其少女时代的惰性和腐朽”（281）抗争，从而使她有别于家族中那些婚姻的受害者。另一方面，加布里埃拉的原始本能还可追溯到其母亲的祖父的伯克利血统，也即作品中一再提及的“伯克利良知”（30，188）。伯克利家族是英国久负盛名、人丁最为兴旺的家族之一，其历史可以追溯到11世纪诺曼人征服英国的时期。尽管作品中并无这方面历史的交代，仅仅简单提及了凯尔夫人的祖父巴塞洛缪·伯克利教士，但从作品看，伯克利良知指的是伯克利家族血统中“经过几百年激进信仰的培育”（188）而形成的性格，是潜藏在伯克利家族成员的性格之中那种永不放弃、勇敢面对现实的“铁的气质”（106，112，187，242，325，440）。

加布里埃拉的勇气无疑体现在她面对挫折和追求幸福时所表现出来的铁的气质中。她不同于凯尔夫人，做任何事都能坚持到底。她也不同于简，不会默默忍受，而是主动应对。当简面对丈夫的背叛而束手无策之时，加布里埃拉却认为“人总得做点什么，哪怕尖叫也成”（4）。事实上，当一家子亲朋好友想着如何为简挽回面子时，只有加布里埃拉敢于面对现实，提出解决问题的办法：“我来照顾孩子。……我会为他们奉献一生。只要简再也不回去的话，我可以到店里去找份工作，哪怕干到手指露出骨头也无所谓。”（25）日后，当她与乔治的婚姻失败时，她意识到虽然家族遗传使她像简一样成了“傻瓜”，但她决心“不能永远做一个傻瓜”（180）。她拒绝了克罗伯勒法官对她生活上和生意上的经济支持，一边艰辛地抚养两个孩子，一边谋求事业上的发展。在她看来，“关键并不在环境，而在于性格”（481），而性格又是一种无法通过训练得到的与生俱来的“精神意识”（428）。她在人生奋斗中逐渐认识到指引她走向成功的既不是爱情，也不是教养，而是性格。具体而言，她之所以有别于简或凯尔夫人，原因正在于她在遭受挫折时直面人生的刚烈性格，也即作品中综合了“坚硬”、“强硬”、“冷酷”、“理性”等多层含意的“hard”或“hardness”。她敬佩其他女性在困难面前不屈不挠的精神，在自己的生活中更是意志坚强。她身上“隐藏着的强硬”（106）让乔治感到气愤，而富勒夫人也责备她对乔治过于强硬，但正如加布里埃拉回应富勒夫人时所说，“我也许强硬，也许还要强硬下去。强硬才会有安全。”（180）面对乔治的种种劣行，面对自己失败的婚姻，坚强成了“她在孤独之中远离绝望的庇护所”，因为在她看来“坚硬总比折断要好”（181）。实际上，她的这种刚烈的性格使得她非但没有被失败的婚姻击垮，反而促使她重振旗鼓，在迪奈德夫人的服装店里独当一面，成为商业上的成功者和家族经济的支撑者。

然而，我们似乎不能夸大作品中生物性属性的作用。诚然，作品在对待乔治和弗洛丽这两个人物的态度上似乎过度强调其生物属性的作用，带有一定的自然主义特征。同样，格拉斯哥明确把作品称为“一个女性勇气的故事”，而作品中加布里埃拉的勇气源自遗传，结果至少在表面上把加布里埃拉的成功归因于遗传因素。这一切似乎说明作者有意宣扬生物决定论。不过，从整体上看，生物学属性的作用似乎更多地只是作品的观察视角，而非决定性的推动力。其一，如果说凯尔夫人所说的“凯尔家族的人都婚姻不幸”传达出来的是生物决定论的话，作品绝大部分篇幅所描写的加布里埃拉的故事展现出来的正是她冲破这一遗传魔咒的历程。从作品结尾的安排看，我们有理由相信她与欧哈拉的婚姻会有一个完美的结局。从进化论的角度看，加布里埃拉和乔治都不同于其父母，充其量只能算作变异，虽然前者代表着好的有利的变异，而后者则是不好的变异。其二，比遗传更重要的是打破传统的樊篱。作品中的凯尔夫人、简以及富勒夫人无疑就是格拉斯哥笔下南方社会传统的装饰。对这些女性来说，“生活的主要目的是保住面子”（166），结果却使她们成了传统的帮凶和受害者。与这些受害者不同，作品中的新女性形象——加布里埃拉、迪奈德夫人，甚至于弗洛丽——都是“教养”（culture）及“环境”（circumstances）的破坏者，而这里所谓的教养和环境指的是禁锢南方女性的传统。（281）这三位女性都来自弗吉尼亚，但她们都走出了南方传统，在大城市追求和实践自我。迪奈德夫人凭着自己的“冲劲”把服装店办得红红火火。她虽然先后结了四次婚，生了六个孩子，但她并没有因为婚姻的不幸而举步不前：

是的，我在这个行当中大获成功。如果我能远离男性的话，我本可能在退休时积攒一大笔钱以安度晚年。不过，我天生喜欢男性，而且总为他们栽跟斗。每当我没了男性而混得好一些之时，另一个男性就会出现，而我也抵制不住他的诱惑。我经不起婚姻的诱惑，而这对我这样做生意的女人来说就是灾难。（357）

在此，格拉斯哥颠倒了性别的社会结构，把迪奈德夫人置于男性的地位上，使之与那些南方社会中成为婚姻牺牲品和受害者的女性分道扬镳，成为新一代女性的模范。不过，作品在一定程度上把20世纪之交新女性的形象分成了两个：一个是追求性自由的弗洛丽，一个是追求独立自我的加布里埃拉。就加布里埃拉而言，与亚瑟·佩顿解除婚约，在里士满做售货员，前往纽约，与乔治的婚姻与离婚，在迪奈德夫人的服装店工作，直到最后决定追随欧哈拉，完全是一个与南方传统决裂的过程。不过，与迪奈德夫人这个模范相比，加布里埃拉与南方传统的决裂似乎要艰难得多。作品中，离开南方之后，她仍然不断地怀念南方的贵族传统，特别是代表这一传统的亚瑟，直到最后回到南方时才发现她已经与之格格不入，这才匆匆赶回纽约去找欧哈拉。欧哈拉“有血性且爱闹腾”，是一个“充满活力、满口俚语之人”（437）。他出身社会底层，代表着“民主的某些倾向”（478），是一个完全靠自身的努力在西部开发中白手起家的富豪。受南方贵族传统的影响，加布里埃拉开始时对欧哈拉怀有抵触情绪，最后却放弃了她的贵族偏见，认同和接纳了他所代表的新的价值观念，而这象征着她“与过去的决裂”（*Measure* 101）。

最重要的是，加布里埃拉的故事反映了独立的经济地位在女性独立中的关键作用。格拉斯哥在《某种程度》中说，加布里埃拉是“一个天生充满活力而又独立的人物”，但她“至少在某种程度上是一个进步之中的经济秩序的象征”。格拉斯哥解释说，南方在经历了内战所造成的“贫困和匮乏”之后，19世纪90年代初的一些具有反叛精神的年轻人开始打破“习俗的固定模式”，其中包括女性当中“献身精神”逐渐被“独立主见”所取代的变化，其表现之一就是那些“失去了家业的人家”的子弟为了生计而成批离开南方，“向北迁徙”（*Measure* 97–98）。加布里埃拉显然是这些向北迁徙的弗吉尼亚人之一，而其故事也正是这一特定历史语境下年轻一代女性生活的写照。在丈夫去世之后，凯尔夫人和她的两个女儿失去了经济支撑，只得靠在家做针线活和亲戚们的救济而勉强维持生计。在这种情况下，走出生活困境、谋求生计成为加布里埃拉面临的最大难题。因此，她在贵族传统与生计之间选择了后者。她解除了与亚瑟的婚约，走出家门做了售货员。她与乔治的婚姻则使得她有可能离开南方，而其中其实也不无经济的考量。乔治毕竟是来自纽约的富商子弟，而她给这一婚姻所附加的唯一条件——凯尔夫人必须随之去纽约——也反映了她有意通过婚姻解决其家庭问题。虽然这一婚姻最终既没能给她带来幸福，也没能使之有能力帮助凯尔夫人解决生计问题，但纽约为她提供了施展经营才能的平台，使之有可能取得经济上的独立，并进而保障其作为一个女性的独立性。

加布里埃拉与经济的关系在作品中有两个指针意义的标志。一个是她工作的两个商店，另一个是她的居所环境。就前者而言，无论是出嫁前在里士满的布朗迪旺及普卢默纺织品店的工作，还是被乔治抛弃之后在时尚的迪奈德夫人服装店的工作，都反映了经济秩序变革之中女性生存状态的变化。一方面，女性为生活所迫，抛弃传统观念，走出家门，谋求生计；另一方面，女性的经济独立改变了她们的家庭和社会地位，给她们带来更大的独立性。加布里埃拉的居所环境同样也反映了经济条件的变化，而这样的变化也正是其独立性的外在表现。作品开篇第一句中描写的里士满加布里埃拉家的“前厅里深深的维多利亚时代的昏暗”（3），传达的是苑囿其少女时代的贫穷而又压抑的氛围，同时也代表着她所要逃离的传统和地域。与之不同，位于纽约五十七街上的乔治父母的宅第摆出一副“极其丑陋的尊严”（126），散发着财富的气息，但对加布里埃来说那毕竟是寄人篱下，并非自己的天地。在她与乔治的婚姻破裂之后，她带着两个孩子搬到了上西区的一幢“阴森而饱经风霜的公寓楼”里，表明她与楼里住的那些人一样成了“钱包里没钱，但又有傲气的人”（293）。最后，她在女儿范妮的强烈要求下，搬到了西二十三街上“门面带有粉刷过的壁柱的老房子”（335）里。[1] 按照范妮的说法，那里住着“一位著名却并不流行的小说家”。现实中，伊迪丝·华顿父母的宅邸就在西二十三街上。[2] 由此可见，这条街在当时的纽约应当是相当体面的地方，而这也说明了加布里埃拉在经济上已经有了相当的实力。如果说加布里埃拉的刚烈性格给了她与过去决裂的勇气，那么独立的经济地位则是独立人格的前提和保障；如果没有经济上的成功与独立，她的生存都是问

---

1. 格拉斯哥特别注重作品中所涉及的这些场所。她在《某种程度》中论及这些场所的细节，其中包括乔治父母的宅子的“褐色石头门面”，加布里埃拉被“乔治抛弃之后”在上西区的“临时庇护之所”，甚至还为了细节描写的准确性以租房的名义“从上到下”检查过西二十三街的一处宅子。(*Measure* 100)
2. 华顿父母的宅邸位于西二十三街十四号，华顿就出生于此；这里的房子都是建于19世纪四五十年代的多层小楼。格拉斯哥称加布里埃拉的这一新住处是“老房子”，所指的可能就是这些有着半个多世纪历史的建筑。我们不知道范妮所说的那位小说家是否影射的是华顿，但当时的华顿确实是“一位著名却并不流行的小说家”。关于华顿的出生和其父母在西二十三街的宅邸，参阅 Lee，*Edith Wharton* 15，17。

题，更遑论其女性的独立与自由选择了。

与《生活》相比，《贫瘠之地》不仅是格拉斯哥写得最好的作品，而且在南方文学中还有着十分重要的地位。格拉斯哥本人把这部作品视为“得自于我整个生活的大丰收”，认为直到这部作品开始她才能够“轻松驾驭技巧”，“控制风格和素材”（*Woman* 270，127），而小说的出版商则强调作品的现实主义手法之于南方文学的意义，认为“现实主义终于随着《贫瘠之地》越过波托马克河”（Scura 241），来到了南方。作品描写的多琳达的故事的成功之处当然与格拉斯哥的创作技巧以及作品的现实主义有着密切的关系，这也正是格拉斯哥所说的对风格和素材的控制。换言之，格拉斯哥经过近30年的创作之后，终于能够十分娴熟地把现实主义的创作手法或风格运用到多琳达这一南方女性人物的故事创作之中，能够老到地控制其作品的题材和主题了。作品在主题上其实与《后代》或《劣等星球相位》差别并不大，但作者此时已经不再依赖《后代》中的德里斯科和《劣等星球相位》中的阿尔加西夫这样的人物视角中的进化论观念了。这并不是说进化论观念在《贫瘠之地》中已经不复存在，或者格拉斯哥到了这部作品已经放弃了进化论视角。恰恰相反，作品有着明显的进化论印记。事实上，研究者往往忽视的一个重要方面是，无论是作品中多琳达的经济上的成功，还是她作为一个女性的成功奋斗历程，都与她得自于父母的遗传特征相关。

尽管《贫瘠之地》中没有了进化论学者的形象，格拉斯哥在作品人物的刻画上仍然延续了进化论的视角。多琳达的恋人杰森医生明显地遗传了其父亲的性格特征。他意志薄弱，酗酒，不善经营，完全受制于环境的力量，且在两性关系上缺乏道德操守，最终导致家破人亡。杰森的父亲与黑人女仆生了一堆私生子，而杰森自己先是与吉尼娃·艾尔古德订婚，一年后又移情别恋，致使多琳达未婚先孕，最后又抛弃多琳达而娶吉尼娃为妻。按照书中的兽医凯特尔德拉姆先生的说法，杰森“虚度了一生”的原因在于血统出了问题：“坏血，坏血，坏血感染是没治的。”（464）遗传同样也影响着多琳达家族。在作品第一章的最后三段中，格拉斯哥集中交代了从多琳达的曾外祖父约翰·加尔文·阿伯内西直到多琳达的家族背景。通过这一内容以及作品后来的有关交代，作品逐步揭示了主导多琳达性格和生活轨迹的遗传因素。多琳达的曾外祖父约翰身上有着英格兰和爱尔兰血统，是一位“能言善辩的《福音书》布道者”（7），而“他的正直、坚定和节俭也足以保护其后人，让他们至少一连三代不会衰败”（8）。不过，他的后代人丁并不兴旺。他唯一的儿子因砍树而丧生，只留下一个名叫尤朵拉的女儿。尤朵拉长大之后，嫁给了一个名叫乔舒亚·奥克利的“白人穷鬼”（9），生了两男一女，也就是多琳达以及她的哥哥约西亚和弟弟鲁夫斯。作品把尤朵拉与乔舒亚的结合称为“异质种族”（44）之间的婚姻，因为前者属于“好人”（5）阶层，代表着苏格兰和爱尔兰血统，后者则出身于“杂交血统”（44），两者之间有着天壤之别。按照格拉斯哥的描写，尤朵拉内心里有着其祖父对宗教的狂热和刚毅的性格，而乔舒亚虽然是“善良而不知疲倦的劳动者”，但他摆脱不了“‘白人穷鬼’一事无成的天性”和“徒劳无益的精神”。尤朵拉的祖父无力阻止她与乔舒亚之间的婚姻，无奈之下只得“用他的有生之年为他的曾孙辈积累一笔充裕的遗产”，而乔舒亚也不出所料，一辈子辛苦劳作，结果还是“以其阶级的方式，把［创业者］留下的一切败了个精光”（9）。家族遗传在多琳达这一代上还在继续。约西亚遗传了乔舒亚的埋头苦干的性格，一辈子默默无闻，而鲁夫斯则更像尤朵拉，“遗传了其母亲对安静的恐惧”（42），游手好闲，耽于幻想，不敢面对现实，到头来因为卷入命案而远走他乡。

遗传在多琳达身上的表现更为突出。格拉斯哥把多琳达称为乔舒亚和尤朵拉这两个“对立面结合”的产物，认为她体现了“遗传而来的类型冲突”（*Measure* 158）。多琳达对土地的热爱以及她身上难得一现的意志薄弱时刻可能源自乔舒亚，但她的性格特征似乎更多地来自母亲，来自“更优秀的阿伯内西家族的血统”。这其中不仅包括她身上那些与生物学相关的特征——“少见的智力介质”（44）、性格上的“优点”和“弱点”（106，104）、“思维习惯”（69）、“自制力”（310）、“感情问题上令人捉摸不透的苏格兰人的沉默寡言”（100），而且还包括她身上具有的社会学意义的特质——对仆人的“谦卑情感”以及“对黑人的直觉理解”（340）。作品把这些性格特征定义为“遗传而来的”，从而把多琳达的命运与其祖先联系在了一起。此外，多琳达的故事还重复了阿伯内西家族的女性祖辈的情感模式。多琳达的曾外祖父有六个姐妹，其中一个同样叫做多琳达的曾经因为感情不顺而试图跳进推动磨坊转轮的激流里自杀，但被人救起后之后却恢复了理智，另嫁他人。另外一个名叫阿比盖尔的妹妹因为看上了一个没见过几次面的男性而精神失常，其家人不得不把她关起来，但她最终度过了感情难关，到海外传教去了。按照尤朵拉的说法，阿伯内西家族的女人在感情问题上“向来执着”（102）。与这两个曾姨奶奶相类似的故事后来也发生在多琳达的母亲尤朵拉身上。尤朵拉受到祖父的宗教影响，同时还因为迷恋“印度的珊瑚礁和非洲阳光明媚的泉水”（120），所以答应嫁给一个名叫戈登·凯恩的在刚果传教的教士。两者订了婚，但就在尤朵拉准备动身去刚果前夕却传来了凯恩离世的消息。作品中，尤朵拉把阿伯内西家族女性在感情问题上的纠葛与遗传和性别联系在一起。一方面，她认为阿伯内西家族女性对感情的执着源于家族遗传。另一方面，她又认为女性对感情的执着在一定程度上也是超越家族的特征，是试图通过婚姻摆脱现实的“天性”：“祖父经常说女人打算恋爱时，男性并不重要，因为她会把感情的薄纱披在稻草人身上，把它佯装成帅小伙。但是，他是一个男性，我想他有他看待这个问题的方法。如果女性对感情过于执着是天性使然，那么看淡感情同样是男性的天性。我得出的结论是，对大多数女人来说，感情看似愚蠢至极，其实不然。这不过是逃离现实事物的挣扎而已。”（103）

对于多琳达来说，她对杰森的感情很大程度上也是逃离现实的挣扎，不过对于她的故事来说，这一点并没有太多的意义，因为如果停留在这一层面，那么多琳达的故事显然是失败的。她与杰森的恋爱故事显然再现了遗传因素控制之下阿伯内西家族女性的故事。在这一点上，多琳达和杰森既展现出共同点，也呈现出不同之处。两者的共同之处在于，作品把杰森的失败和多琳达的成功都归因于遗传，就此而论，两者的故事本质上没有道德意义或者与道德价值无关。正因为如此，尤朵拉认为“事情的结局并非任何人的错”（121），而多琳达最终也意识到杰森之所以背叛她的感情，根本原因还在于“其天性之中固有的软弱”。在多琳达看来，即使杰森走了一条“堪称楷模的美德之路”，这样的软弱“也会把他引向毁灭”（469）。然而，从另一个方面来说，两者的故事也迥然有别，因为杰森的遗传使之走向了失败，而多琳达的遗传却使之取得了成功。杰森失败的根本原因在于其遗传而来的软弱性格，而多琳达的成功则源自阿伯内西家族的坚强个性，是家族遗传中那种拒绝被挫折打倒，能够走出感情失败，勇敢面对现实的勇气和刚毅以及坚定的意志。这正是多琳达与其曾姨奶奶多琳达、阿比盖尔以及母亲尤朵拉情感故事的共同之处，是多琳达能够成功的关键之所在。作品中，多琳达从其女性祖辈的故事中学到和继承的正是不因感情的挫折而一蹶不振的精神品格。虽然她像其女性祖辈一样一度“追逐男性”，但与她们一样，她在遭遇挫折之后，勇敢面对人生，而“不让任何男性毁了［她们的］生活”（104）。就此而言，多琳达的成功很大程度上要归功于其遗传而来的坚强性格。

坚强的性格是多琳达遗传自其祖辈的最重要因素。格拉斯哥把《贫瘠之地》称为“性格小说”（*Woman* 275），并在该书的前言中强调性格在多琳达故事中的核心地位：“［多琳达］存在于任何一个人类学会了在没有乐趣的情况下生活的地方，任何一个刚毅的精神战胜了徒劳无助的感觉的地方。这本书是她的书；一切次要的主题、情节和印象都与性格就是命运这一主导意义融合在了一起。”（*Measure* 154）其中，格拉斯哥既点明了“性格就是命运”这一主题，又说明了此处的“性格”（character）实际上指的是人是否具有意志力、吃苦耐劳的精神和人格品质。这一意义上的性格虽然有别于纯生物学意义上的品种特征，但按照达尔文在《人类的由来》中的说法，与那些通过自然选择得到的品质特征一样，物种的“高级精神、毅力、勇气”这样的通过性选择得来的“性格特征”也可以遗传给下一代，并且在相同的条件之下，在男性与男性之间的竞争中或在男性与女性之间的竞争中，具有这样的性格特征的一方“通常会更出色”。虽然达尔文认为这样的性格特征会“更完整地遗传给雄性，而不是雌性”，但他同时也说，“的确幸运的是，整个哺乳动物之中，性格特征普遍遵循了两性遗传均等的法则，否则男性就会在智力天赋上［大大］超越女性。”（vol. 2：328–329）格拉斯哥所谓的性格决定命运显然与达尔文所说的性格在生存竞争中的作用相吻合。不过，她并没有把性格特征的遗传放到多琳达的哥哥约西亚或弟弟鲁夫斯身上，而是按照两性遗传均等的法则，把阿伯内西家族刚毅的性格赋予给女性主人公多琳达。听了尤朵拉讲述的其曾姨奶奶们的情感纠葛之后，热恋中的多琳达暗下决心，“不管发生什么，……她的生活将不会因为任何男性而毁于一旦。她的生活可以没有杰森；她的生活可以没有任何男性。”当她被杰森抛弃，面临未婚先孕的压力时，她实际上与其曾姨奶奶们和母亲尤朵拉一样，成了性选择中的失败者，但她也像她们一样，没有被逆境打倒，而是在刚毅性格的支撑下继续自己的生活，并最终成为生存竞争的胜利者。格拉斯哥把这样的刚毅性格称为“铁的气质”。在回忆童年阅读的宗教书籍时，多琳达似乎有点不确定这种铁的气质到底源于遗传还是其曾外祖父的宗教信仰：“坚定的意志，独立的性格，生活的勇气，这些特点如果不是她遗传而来的，那就是她从其曾外祖父播种的土地深处收获来的。”（411）不过，当作品再次论及这一话题时，多琳达（或者从格拉斯哥的角度来看）则完全没有了这样的疑虑：

> 说到底，把她从不幸之中解救出来的不是宗教，不是哲学，不是她自身之外的任何东西。支撑她度过逆境的铁的气质不过是比她自己还要古老、比环境还要强大、比变动不居的表面情感还要深沉的本能，不过是那个说‘我不愿意就范’的本能。尽管圣约的词句已经改变，但古老的勇气仍然融汇于其精神之中。（459–460）

在此，格拉斯哥在很大程度上弱化了性格之中的意志成分，把性格转化为遗传而来且无法控制的本能或冲动，从而把它归入生物学范畴。事实上，多琳达最终把她当初陷入情感纠葛的天性与其刚毅的性格都视为本能的冲动的结果："她现在明白了，曾经毁了她幸福的强烈冲动正是使她能够从废墟中重建生活的力量。不顾后果的勇气曾经启动了她胜负难料的人生事业，最终却铸成了不屈不挠的勇气，而靠着这样的勇气她又击退了一事无成的结局。"（460）多琳达的这番话显得纷乱而缺乏理性，但格拉斯哥借此传达的信息却是明白无误的，那就是，多琳达的人生轨迹，不管是其性选择的失败，还是人生竞争的成功，无论这样的失败或成功源自遗传还是性格，一切都是其生物学属性决定了的。

作品中另一具有进化论色彩的内容是巧合因素。达尔文在《物种起源》中认为，习惯可能造成本能的变异，但这样的变异远不如自然选择造成的变异——"巧合造成的本能变异"——那么重要，而"同样未知的原因"也造成了"身体结构上的细微偏差"（209）。达尔文的意思是，物种进化遵循自然法则，但进化主要不是使用或习惯引起的，而是基于巧合的变异。与性格相比，《贫瘠之地》中巧合的作用或许要小得多，但仍然是人物与环境的斗争中一个不可忽视的因素。在一定程度上来说，作品人物的性格有点类似于达尔文所说的本能，而作品中的种种巧合却促使人物向着不同的方向发展、变异、消亡或进化。多琳达的曾外祖父"在巧合之风的驱使之下"（6）离开了弗吉尼亚山谷来到平原之上，杰森的性格因为童年时碰巧被蛇咬了一口而更加软弱，而多琳达的生活轨迹中也同样充满着巧合因素。因为"某种巧合"（29），她在回家的路上碰到了驾着马车经过的杰森，从此两者开始交往。同样因为巧合，她遇上了到里士满去进货的裁缝西娜·斯尼德小姐，而这成为她生活中"缔造历史的微不足道的巧合之一"（67），因为为了吸引杰森，她把准备为家里买奶牛而积攒下来的钱请斯尼德小姐做了一件蓝色羊绒裙。在得知自己被杰森抛弃了之后，她来到杰森家，并在仇恨的驱使下拿起仓库门边的猎枪朝他开了一枪，但恰巧没有击中他。其后，怀有身孕的她在纽约街头碰巧遇到热心的哈维夫人，而当她按照哈维夫人的吩咐找工作时又在第五大道上遇上了车祸。因为这场突如其来的车祸，她流了产，却也因此结识了法拉第医生夫妇。法拉第医生不仅帮助多琳达恢复了健康，为她提供了工作，还借了2000美元给她回乡开办奶牛场。法拉第夫人则把她介绍给了华盛顿的一位开大宾馆的朋友，从而为多琳达奶牛场的奶酪打开了市场。如果说格拉斯哥把性格视作了多琳达命运的关键所在，多琳达自己似乎把一切都归因于各种阴差阳错的巧合："她觉得影响命运的向来是小事，而不是大事，是偶然的事件，而不是难忘的重大活动。他离家这件事（指其丈夫内森最后一次出门）表面上与她在路上遇到杰森一样微不足道，就像开枪时没能瞄准，就像第五大道上她倒下的那个特定的地点和时刻。这些巧合整个儿改变了她的人生道路，但她并没有预见到或防备其中的任何一个。"（403–404）客观地看，多琳达的成功更多地应当归因于其不服输的刚毅性格，而不是作品中的巧合因素。然而，从情节设计的层面来看，格拉斯哥既然把影响生物进化的巧合因素纳入这么一部现实主义色彩鲜明的作品之中，目的在于彰显多琳达所处的世界的生物性特征，借此突显人类文明之中的生物学因素。就此而言，巧合的因素甚至于比作品中性格所展现出来的生物性更加激进，使作品带上了非常明显的自然主义色彩。所不同的是，多琳达的故事没有像其他的自然主义作品那样透露出明显的悲观色彩，相反倒是在性别层面和道德层面显得更为积极，传达出来的是较为正面的伦理和价值取向。

与《生活与加布里埃拉》一样，《贫瘠之地》在性别和道德层面所传递出来的正面的伦理和价值取向是以女性的经济成功为基础的。就此而论，这两部作品并没有太大的区别。也许是受到早年的政治经济学和进化论方面的阅读的影响，经济与人的生物学属性一直是格拉斯哥关注的两大问题。这一点我们既可以从《我的信条》一文看出来，更可以从其作品中找到大量的佐证。关于《我的信条》一文在这两个方面的论述前文已经论及，这里就不再赘言。[1] 格拉斯哥对经济问题的关注不仅出现在《后代》、《劣等星球相位》、《战场》（*The Battle-Ground*，1902）、《解脱》（*The Deliverance*，1904）等早期作品中，也出现在中《古老的法则》、《老教堂的磨坊主》、《生活与加布里埃拉》等中期作品和《她们委曲求全》、《庇护下的生活》、《今生今世》、《超越失败》（*Beyond Defeat*，1966）等晚期作品中。在格拉斯哥所有作品中，《生活与加布里埃拉》和《贫瘠之地》无疑是作品人物在经济问题上最为成功的作品。在这两部作品中，加布里埃拉和多琳达依靠刚毅的性格顽强地生活下去。她们拒绝像多琳达所说的那样"被环境的阴谋所围困"（180），也不像《弗吉尼亚》等一系列作品中的女性人物那样成为逆来顺受的弃妇或情感生活的受害者。如果那样的话，多琳达最好的结局就是走她女性祖辈的道路，成为其曾姨奶奶们那样的女性，或者成为另一个尤朵拉；她与这些女性祖辈之间在性格遗传上的相似点只存在于这一层面。事实上，真正把多琳达与这些女性祖辈区别开来，并把她与其曾外祖父约翰·加尔文·阿伯内西联

---

1. 除了上文论述的内容，格拉斯哥还在文中说她还是学生的时候就听说过"经济体制必须修正或废止"的讨论，而她自己也"在才华横溢、无所畏惧的智者指导下研究过经济学（我16岁时读的都是政治经济学，而且穆勒仍然还是我的主要先知）。"另外，格拉斯哥在文章中清楚地表达了她的一些政治经济学主张："由于我对某一特定的经济结构没有迷信，我相信我们的制度应当由那些眼睛盯着事实的经济学家来设计，而不是由具有想象天赋的先知来设计。……我相信，财富私有制应当加以遏制，不应该为了个人的利益而开发自然资源，应当确保每个人谋生的机会以及合理的劳动报酬，我们的分配手段应根据需要的增长而调整，在这个还有人饿肚子的世界上不准再空喊'生产过剩'的口号。"（*Woman* 304–305）

系起来的正是其在经济经营上的成功。老阿伯内西在退休之后来到伊丽莎白女王郡，买下1000英亩土地，开始“致力于以经济救赎［精神］”（8）。在发现无力阻止外孙女与白人穷鬼乔舒亚的婚姻时，他下决心在其风烛残年为其曾孙辈挣下一笔可观的遗产。老阿伯内西的宗教精神在很大程度上成了多琳达身上被压制的潜能，但其借助于经济手段获得精神救赎的模式在多琳达的身上得到继承和放大。格拉斯哥在1943年论及《贫瘠之地》时认为，作品中“唯一重要的是［多琳达］战胜了环境”，并因此批评研究者“过分强调了”多琳达“开垦农场”的成分，因为这“仅仅是一个插曲”。在她看来，与作品中“有关人的爱与恨、激情与幻灭的剧情相比，农耕方式并不重要”（*Measure* 160–161）。格拉斯哥何以在作品发表近20年之后作此定论有点匪夷所思，因为她的说法完全颠倒了作品的文本现实。对于今天甚至当时的读者而言，作品中的农耕方式也许显得没有那么重要，甚至会更多地欣赏多琳达的“爱与恨、激情与幻灭”，或者赞叹其中体现出来的多琳达作为一个女性在逆境中不屈不挠的精神。然而，作品现实恰恰相反。尽管多琳达的生活中不乏爱、恨、激情、幻灭，但与其女性祖辈们一样，这些只是其人生中的插曲而已。说到底，多琳达不仅在经历爱情的幻灭之前已经下定决心不让任何一个男性毁了她的一生，而且在此之后也很少让情感因素介入到其生活之中。

事实上，多琳达是一个远离情感、“讲究实际的”女人。作品一而再、再而三地通过叙事人和多琳达之口表达了她已经与爱情或浪漫“断绝了关系”（224，233，243，246，459，511）。她与内森的婚姻几乎与爱和激情没有一点关系，充其量只是两者之间结成的友情和利益关系而已。即使在两者结婚5年之后，内森的地位“比农场上雇用的高级管理员［也］好不到哪里”，“从来没有成为［多琳达］生活的一部分”（376）。

除了在性选择上花钱做了一件蓝色羊绒裙之外，作品所描写的多琳达生活和个人奋斗的历程主要是开垦农场、重振家业的人生竞争。其实，多琳达重振家业的努力并不是在经历了爱情失败之后才开始的。故事开始前一年，多琳达家的奶牛死了，家里穷得连牛奶和黄油都没有，不得不接受内森夫妇的接济。多琳达的父亲乔舒亚和弟弟约西亚似乎对此并不在意，而游手好闲的鲁夫斯只在乎黄油和乳酪可能带来的享受，根本无意于为家庭走出困境出力。多琳达虽然只能靠在内森家打理商店而每月挣10美元，但她一边帮衬家里缴税、还抵押款，一边还打算着用她积攒下来的30美元从杰森的父亲老格雷洛克手上买一头红色奶牛。虽然后来她把其中的一部分花在了裙子上，但她最终靠着从法拉第医生那儿借来的2000美元开垦农场，并在黑人劳力的支撑下，养殖奶牛，逐步扩张经营。她不仅重新开垦了她家基本抛荒的“老农场”，而且最终从杰森手上买下了他家的“五棵橡树”农场。这一过程中，多琳达不仅显现出冷静的经营头脑，而且还暴露出其性格之中固有的占有欲望。拥有“老农场”给了她“强烈的占有感”，而“保护、提升、重建、修复的冲动构成了她天性所能感觉到的最深刻的义务”（341）。她性格中的这种占有欲望和责任心促使她不断进取，直到买下了杰森的农场，拥有了“老农场”四周的所有土地。即便如此，她仍然把一切财产紧紧地抓在自己的手上，迟迟不愿意把农场交给她最心爱的继子约翰·艾伯纳。就此而言，作品开放式的结尾十分耐人寻味：

“约翰·艾伯纳，对我现在的胡思乱想你要容忍。我死了，两个农场就都是你的了。”

“我的？”约翰·艾伯纳看着她笑道，“你说不定还要结婚

> 的。佩特勒磨坊的人说，你轻而易举就可能把鲍勃·艾尔古德弄到手。”
>
> 多琳达笑了笑，笑容里透着一丝哀伤、酸楚和无尽的智慧。“哎，我已经与这一切断绝了关系，”她回答道，“谢天谢地，我已经与这一切断绝了关系。”（511）

多琳达最后的话已经重复了许多遍；她也许真的不会有真正的爱情了。然而，她会不会像当初嫁给内森一样，为了获得当地最繁荣的农场而嫁给艾尔古德呢？格拉斯哥在此留了一个悬念。不过，从多琳达的个性和占有欲来看，这并不是没有可能。何况多琳达直到最后还为自己感情生活的贫瘠之地而遗憾，更何况当初要不是杰森的出现，或者艾尔古德主动一些，多琳达说不定真的就嫁给他了。

《贫瘠之地》归根结蒂描写的是美国内战之后弗吉尼亚农耕方式的转变问题。在很大程度上，作品讲述的故事完全可以安在作品中任何一个当地农民身上，特别是多琳达的两个兄弟身上，而且那样可能会更符合逻辑，更符合现实，甚至更符合作品的进化论视角。然而，格拉斯哥事实上把故事放在了多琳达这个女性人物身上，从而使得作品自然地把农耕方式的转变与其女性视角结合起来，而这两者结合的最佳表现形式莫过于多琳达的奶牛农场，因为这既是农耕方式转型的体现，又是一种适合女性的生产方式。实际上，就整个作品情节的展开逻辑而论，作品第一章中就已经点明了内战之后农耕方式转型的迫切性。此时，土壤因为“战争和战后的佃户制度而贫瘠”，“耗尽了肥力”，而黑奴的解放、人口的外流、资金的短缺、基础设施的落后以及高昂的人工报酬等因素更使得农场失去了昔日的繁荣，结果造成大片土地抛荒，土地上长起了“扫帚草和黄樟”，并“继而像秋天悄无声息地变成冬天一样被威忌州松或橡树所取代”（4）。更糟糕的是，当地农民墨守成规，根本没有改变延续多年的耕作方式的意愿或改种其他作物的打算。为了“警醒农民”，改变他们的耕作观念和保守思想，杰森贴出告示，准备在当地学校里举办讲座，结果到场的只有内森和一个名叫约翰·阿普尔西德的白痴男孩，这让杰森意识到“让［当地农民］改弦更张就好比从山下往山顶耕地”（62），实在困难。作品中，多琳达的邻居詹姆斯·艾尔古德的“绿色英亩”农场是农耕方式更迭的典范。詹姆斯的一位远西地区的叔叔“给他留下了一小笔财富”，这就使他有了经营所需的资金，办起了“兴旺的畜牧场”（6）。与之相反，多琳达父亲的“老农场”实际上正是以上南方农业耕作模式与困境的一个缩影，既没有新的农耕理念，又没有所需的资金，所以一家人的日子也就过得辛苦而又艰难。要摆脱困境，“老农场”必须解决农耕理念和资金这两方面的问题，而这正是作品中多琳达纽约生活的关键性作用。虽然多琳达在纽约的经历显得与整个作品有点不协调，甚至于还不如加布里埃拉的纽约经历显得自然，但这一情节安排不仅使多琳达因流产而没有了抚育孩子的负担，而且也因此获得了经营农场所需的资金、产品的销售渠道以及必要的农业耕作技术的培训。在法拉第医生的助手伯奇医生的帮助下，多琳达认识了“威斯康星大学的一位教授”（238），一连几个月参加这位教授讲授的农业知识“讲座课程”，阅读相关书籍，熟记了一切“她认为将来有一天会派上用场的”知识。（240）有了知识的储备，再加上法拉第夫妇在资金和销售渠道上的帮助，多琳达才有可能回乡开办奶牛农场，也才有了日后个人事业的成功。

在一定意义上来说，多琳达的故事体现了格拉斯哥对内战之后弗吉尼亚女性和农业问题的思考。作品中，她把这两个问题结合起来，设想了女性的社会地位与经济之间的关系。作品表明，没有理念的转变和资金的支撑，困境中的南方经济就没有出路，而不解决经济问题，女性的社会地位也就没有依附。审视作品通过多琳达的故事所提供的女性和农业问题的解决之道，格拉斯哥似乎认为必须通过外力才能解决南方的问题。作品中“绿色英亩”农场和“老农场”之所以能够成功经营，都离不开外来资金的介入和支撑。前者的资金源自西部，后者的资金则来自大城市纽约。在这一点上，《贫瘠之地》和《生活与加布里埃拉》虽然都涉及性别与经济，但加布里埃拉的故事主要是一个女性的个人奋斗历程，而多琳达的故事则是社会转型时期美国南方的一个缩影，体现了阶层、性别、经济、区域、城市、乡村之间复杂的关系，是一部关于20世纪之交美国南方社会经济模式变迁的壮丽诗史，一幅场面恢宏的历史画卷。

三、以种族的立场思考[1]

《贫瘠之地》中多琳达的农场经济与南方的种族问题紧密相关；如果没有“胜过大多数无知白人女性”的黑人弗卢万娜·穆迪的辅佐和陪伴，如果没有其他黑人女性帮她挤牛奶，很难想象多琳达的奶牛农场能够办成功。实际上，黑人及相关的种族问题是格拉斯哥小说的社会和经济结构之中不可或缺、无法回避的一部分，也是其中一些作品的矛盾根源。然而，从总体上看，格拉斯哥作品中的种族问题并没有引起足够的重

1. 《贫瘠之地》中描写多琳达农场上雇用的黑人时说他们“作为一个种族还没学会思考问题”（276）。这节的标题套用了这一说法。

视。正如瓦格纳-马丁（Linda Wagner-Martin）在一篇书评中所说，格拉斯哥笔下的黑人“令人惊奇地”极少受到研究者的关注。（Review 117）之所以出现这样的现象，大概有三方面的原因：一、种族本身就是南方社会的一个核心却又复杂的问题；二、格拉斯哥本人对种族问题的种种表述复杂且往往显得自相矛盾；三、历史现实以及格拉斯哥作品在处理社会问题的风格上与研究者——特别是当下研究者——的激进或理想的期待相去甚远。

在格拉斯哥作品的种族态度上，并不乏肯定者。洛兹（Blair Rouse）对格拉斯哥笔下的黑人形象似乎是毫无保留的赞扬，甚至有点过誉。在他看来，格拉斯哥的黑人人物“几乎总是具有个性的人物”，而且这些人物在与他们相关的故事中“扮演了重要的角色”。在他看来，格拉斯哥熟悉黑人，知道“从前的奴隶、‘自由’黑人、‘新’黑人意味着什么”，了解“他们生活中所包含的希望、恐惧、挫折”（Glasgow，*Letters* 15）。莱柏认为，格拉斯哥在描写南方的种族关系时“采取了节制的手法”，而这是因为她“遵从了现实主义小说的传统”，反映了“其人物的自我克制”（Raper，“Gaps in the Record” 130）。与前两位研究者相比，古德曼（Susan Goodman）看到的则是一个具有两面性的格拉斯哥。一方面，她认为格拉斯哥“对文学的最大贡献在于她对种族问题的坦诚处理”，但另一方面认为她在种族问题上抱有矛盾的心态：“在她的日常生活中，格拉斯哥对种族问题困惑不解，在情感——往往是一些说不清的传承而来的情感——和理性之间摇摆。在其小说中，她设法打造了一个‘动态的传统’，一个承认南方白人和黑人各自独立且又相互交织的历史的传统”（183–184）。

然而，更多的研究者所持的是批评态度。1932年，《庇护之下的生活》出版之后，法迪曼（Clifton Fadiman）在《新共和》（*New Republic*）上发表书评，批评格拉斯哥对南方劳工的"艰苦挣扎""麻木不仁"，抱怨在她的作品中看不到"在随意解雇工人的工业体制掩盖之下继续存在的黑人奴隶制"（Scura 337–338）。芒福德·琼斯（Howard Mumford Jones）1943年10月16日在《周六文学评论》上发表有关《某种程度》的书评，说格拉斯哥"写的不是弗吉尼亚的生活，而是弗吉尼亚的人类生活"，这一说法让格拉斯哥感到很高兴。[1] 不过，虽然他认为格拉斯哥有权利限制其描写的对象，但他也指出其作品忽视了弗吉尼亚社会生活的诸多方面，描写的人物都是些"'好人家出身的"人、中产阶级人士、腐朽的贵族子弟以及某一种类的黑人，其中主要是'仆人'阶层的黑人。如果我们搜索她的作品，我们找不到多少'移民'群体、犹太商人、黑人自耕农、城市无产者、'外国人'以及北方佬的踪迹。"（Scura 449，448）奥金克洛斯（Louis Auchincloss）则批评格拉斯哥属于"从小就学会回避[种族]问题的一代人"，认为其作品中的黑人形象往往属于"无忧无虑、有气无力、讨人喜欢的仆人阶层"，而《单打独斗的人》这样"描写社会问题"的作品竟然"没提到黑人"（14–15）。近年来的研究者则与古德曼一样，既肯定格拉斯哥种族观的积极一面，又质疑其中的保守一面。在评论《贫瘠之地》时，阿蒙斯认为我们既不能否认作品所包含的反对种族主义的立场，又不能无视作品"在种族主题上的盲视和傲慢"。在阿蒙斯看来，这部作品本来可以借"多琳达与弗卢万娜之间的复杂关系""在种族问题上"成就"最有开创性的洞见"，但格拉斯哥并没质疑

1. 格拉斯哥在1943年10月24日致琼斯的信中对他的书评作出了积极的评价，认为这是一篇"令人敬佩的评论"（*Letters* 335–336）。

"两者之间完全不平等的关系"中所反映出来的"巨大的权力不平衡"。（Ammons，*Conflicting Stories* 175–176）科菲（David W. Coffey）在评论《今生今世》时则认为格拉斯哥"无法突破她那个时代和地域有关种族的普遍态度"（123–124）。拉斯（Elizabeth Russ）认为格拉斯哥"能够对抗某些有关种族的传统文化认识"，但由于"她深受种族主义话语的影响"，因而"无法想象与世界上不受庇护的人结成真正的同盟"。拉斯注意到混血女子梅莫里亚在《庇护之下的生活》中的重要地位。然而，在拉斯看来，这么重要的一个人物在作品中"由于固有的原因而［戏份］有限"；她的故事只能借她与作品主要人物的关系才能"丰满起来"，成了一个"被压缩为值得钦佩但说到底又被动的角色"。（756，754）从以上这些观点看，研究者欣赏格拉斯哥作品所蕴含的积极的种族内涵，但同时也诟病其保守、温和、片面、不彻底的种族观念。

作为一个土生土长的弗吉尼亚人，格拉斯哥了解南方的种族问题，并对黑人的境遇抱有极大的同情。她童年最无助的记忆之一是看到一个名叫亨利叔叔的年迈黑人被人从他住的地下室赶出来，用马车送到救济院去。（*Woman* 10–11）她还与她家的两个黑人女仆罗德·基布尔和莉齐·琼斯关系密切。格拉斯哥的母亲安妮·戈尔森是由基布尔抚养长大的，因为安妮出生后两周其母亲就去世了。日后，基布尔的后人成了格拉斯哥家庭的一部分，其中基布尔的女儿还做过她的奶妈。[1] 在格拉斯哥

1．格拉斯哥的外婆去世时把安妮交给基布尔，对她说："妈咪，帮我把她养大。"日后，格拉斯哥为了报恩，不仅为基布尔的孙女付过学费，而且还为其家族墓地支付过管理费。基布尔的孙女简姨妈——"一个天生的独裁者，有着女皇的王室做派"——后来成了格拉斯哥家的厨子，是一个让全家人都感到畏惧的人，但由于她是基布尔的孙女，所以不忍心解雇她。参见 Glasgow，*Woman* 299，28–29以及 Goodman，*Ellen Glasgow* 8。

的童年记忆中，让她感到最幸福的是她与其黑人保姆莉齐·琼斯一起度过的无拘无束的时光。她回忆中的琼斯是“一个特别的人，有着非同寻常的禀赋，意志坚强，性情开朗活泼。如果命运赋予她哪怕一点儿教育和机会，她可能就会在这个世界上为自己赢得一席之地。”琼斯在格拉斯哥的童年中显然扮演了一个慈母的角色，但她在格拉斯哥7岁时换了人家，而这成为格拉斯哥无法抚平的心理创伤：“马车来接她时，我站在前院的栅栏跟前，看着她乘车而去。这是我生命中的第一件真正的伤心事。由此开端的失落感以及背井离乡的孤独将随我走到人生的尽头。我忍住眼泪，看着马车驶向街的尽头。这一刻撕裂了我的世界，在天际留下了一个巨大的锯齿状伤痕。”（*Woman* 10–11，18–19，30）这么饱含感情的文字在格拉斯哥的作品中并不多见，充分显示了她对这位黑人保姆的依恋。

琼斯——以及在一定程度上还有基布尔——之于格拉斯哥的重要性也许还在于她们影响到其文学创作。琼斯晚上给她讲“小威利”的故事，白天则带着她在里士满四处“冒险”，到处“遍交朋友”（*Woman* 19–24）。这使她涉足里士满的黑人生活区，让她接触到其他黑人，了解他们的生活境况。所以，古德曼的看法可能是有道理的；在她看来，格拉斯哥之所以认为“她了解黑人，能够描写黑人”，原因就在于“她与琼斯以及形形色色的基布尔家族成员之间的关系”。按照古德曼的分析，格拉斯哥把她的“自我的创造性一面与琼斯这样无依无靠的女性相联系，同时又把其自我的社会性一面与［其母亲］安妮这样一个殉道者相联系”，这就使得她一方面能够过着贵族女性的生活，另一方面又“内化了琼斯所代表的他者或自我的对立面，成了一个反叛者和作家”。（Goodman 17）其实，除了她家里这些黑人的影响之外，格拉斯哥对奴隶制问题不可能充耳不闻。在《内心的女人》中，她对其母亲说过的一句话记忆犹新："当我听到奴隶被解放了的时候，我心里一阵感激之情油然而生。"格拉斯哥接着她母亲的话评论说："我们家祖上传下来的那几个仆人是幸福的。然而，毕竟还有其他的奴隶，还有拍卖台，还有奴隶贩子，还有被分开的家庭，还有被遣返的逃亡者，还有南方腹地的水稻农场。"（*Woman* 40）这几句话应当说总体上反映了南方黑奴制的主要问题，虽然开头的一句——"我们家祖上传下来的那几个仆人是幸福的"——在今天看来也许有点美化黑奴制之嫌。[1] 其实，这在很大程度上说明格拉斯哥了解南方黑奴制的复杂性，并不见得是她有意要美化黑奴制。这一点我们可以从《贫瘠之地》中多琳达及其母亲对黑人的看法中看出来："伊丽莎白女王郡的奴隶制要比其他地方更安稳一些。她母亲说过，使得人们对自己严苛的宗教也使得他们不偏不倚地公正对待靠他们生活的人；与大多数经验之谈一样，这一说法也可伸可缩，可以用到这一特例上来。"（275）

格拉斯哥经历过的两件事也表明了她的种族态度。根据古德曼的记述，20世纪20年代末，格拉斯哥在其侄女进入社交界的舞会上把自己打扮成塞缪尔·约翰逊的朋友、奴隶主帕拉戴兹小姐（Mme. Paradise，直译为"天堂小姐"）。她身穿"殖民时期风格的长裙"，而她身后跟着的一个黑人孩子则为她拿着帽子和祈祷书。按照古德曼的理解，格拉斯哥此举意在传达"支撑'天堂'的是无法容忍且又不道德的［奴隶］制度"（Goodman 184）。另一件事与格拉斯哥的妹妹蕾比（Rebe Glasgow

---

1. 古德曼认为此处格拉斯哥虽然批评了南方的"文化神话"，但这并"没能阻止她怀有这样的神话观念"。（Goodman 89）

Tutwiler）的儿子相关。1934年，格拉斯哥的这个外甥开车撞了一个黑人行人，致使其严重受伤而亡，但最终一位家族的朋友替他顶了包，而他自己并没受到指控。格拉斯哥为身亡的黑人抱不平，结果造成姐妹俩的关系长期不和。（Goodman 233–234）后来，格拉斯哥把这起车祸移植到了《今生今世》中史坦莉和黑人青年帕里的身上。

现实中，格拉斯哥也是种族平等的支持者。1920年，弗吉尼亚共和党人提名格拉斯哥曾经的未婚夫亨利·安德森（Henry Anderson）为美国第29任副总统候选人，但其种族平等的主张招致民主党人的攻击。为此，格拉斯哥停下《单打独斗的人》的创作，为安德森的种族政策辩护。在一篇题为《我的弗吉尼亚同胞们》（"My Fellow Virginians"）的演讲中，她把民主党人眼中来自黑人选举权的威胁比作其童年时代害怕的马格尔乌格尔先生："三四岁时，当我的行为举止不像一个完美的女孩时，人们就会警告我，就像今天的政治家正在警告我们的那样，如果我'不小心，表现不好的话'，马格尔乌格尔先生就会突然冒出来把我抓走的。"她认为弗吉尼亚的政治就是这么一位先生，希望人们抛弃党派之争。（60）在她看来，对黑人选举权的恐惧犹如人们用来吓唬小孩的马格尔乌格尔先生，完全是子虚乌有之事。对于格拉斯哥来说，黑奴制既是南方的过去，又影响着南方的现在。所以，南方作家不能回避黑奴制对南方社会的影响，不能对黑奴制的历史现实视而不见，写一些脱离现实的感伤作品或历史小说。在一篇题为《南方的小说》（"The Novel in the South"）的文章中，她敏锐地指出："每当南方作家逃脱狮子标本的爪子，进入一个不同种族或阶级的意识之中，他就同时失去令人倒胃口的多情和优越的身段。"（73）所谓"狮子标本"意为已经被制成标本的死狮子，并没什么可怕之处，而"多情和优越的身段"指的显然是她所反对的温情脉脉但有带有种族歧视的南方小说传统；在她看来，南方作家只有直视南方的种族问题和阶级问题，才能摆脱南方小说的多情和种族优越传统。

客观地说，格拉斯哥非常注重黑人形象的刻画，而且也因此很在意读者对这些形象的反应。在她看来，她所描写的黑人形象是以现实为依据的，忠实地反映了南方的种族历史和现实。1900年5月24日，她在致佩奇的信中提及她找到了童年时的一位黑人好友："他集伊希叔叔和凯撒于一身，而且还同样天生就是一个完美的绅士。他像伊希叔叔一样'搬走了'，因为他担心再沦为奴隶……他对其女主人忠心耿耿，同时又坚信'自由真是个绝好的东西'这一格言。"（*Letters* 33）这里所说的伊希叔叔和凯撒是《人民的声音》（*The Voice of the People*，1900）中的两个年老黑人，而她信中的话则表明她为自己作品中的黑人人物与现实中的黑人相一致而感到高兴。1925年4月21日，她在写给维克腾（Carl Van Vechten）的信中赞赏后者对《贫瘠之地》中黑人形象的评价："关于我对黑人的处理的那部分，我希望你能再说一遍，发表出来。那部分太让我高兴了。"[1] 维克腾到底是如何评价格拉斯哥的黑人人物的，我们不得而知，但如果我们考虑到他是哈莱姆文艺复兴运动的重要支持者，他信中让格拉斯哥高兴的明显是他对作品中黑人形象的正面评价。[2] 类似地，她在有关《今生今世》的讨论中声称其作品的主要主题是"人类与人性的冲突"，也即

1. 维克腾似乎并没有按照格拉斯哥的意思发表有关《贫瘠之地》的书评，但次年9月12日他在《纽约先驱论坛》上发表了一篇有关《浪漫的喜剧演员》的书评。格拉斯哥致维克腾的信参见 Glasgow，*Letters* 75–76；维克腾的书评参见 Scura 277–278。

2. 格拉斯哥1926年7月28日和1926年7月31日写给维克腾的信中同样讨论了黑人问题。她在这两封信中关心的是维克腾在其小说《黑鬼天堂》（Nigger Heaven，1926）中所描写的新黑人形象，特别这些黑人与她自己所了解的黑人之间的巨大差别。（"黑鬼天堂"这一书名指的是19世纪教堂二层黑人所在的区域。）参见 Glasgow，*Letters* 80–82。

“文明与生物学”的冲突，而在她看来，处理这一主题不仅必须考虑“三代人的思维过程”，而且还需要“认真而真实地处理两个不同的种族以及随之而来的肤色渐变和种族特征”（*Measure* 251）。具体就《今生今世》而言，她在白人阿萨·汀布莱克及其女儿罗伊和史坦莉的故事中插入了一个三口之家的黑人家庭：父亲阿贝尔·克莱、妻子密涅瓦以及儿子帕里。格拉斯哥认为她对这个黑人家庭的描写“非常接近实际形象”，是现实中南方黑人的真实写照，因为这些人物是她从现实中搬到作品中去的：

> 我曾经与阿贝尔·克莱一起在他的后院里散过步；凭着勤劳和激情，他把后院变成了一座花园。密涅瓦的族人150年来一直属于我母亲家族。密涅瓦本人集两个姐妹于一身，其中一位已经去世，另一位还生活在里士满。就帕里而言，我靠的更多的是想象，但我至少认识一个他那样的人，而且他也与类型的个体变异理论相吻合。由于我无法仅仅通过观察来自然地写出来，所以在监狱里那个场景整个写完之后我才认识到并证实了其中对基督教文明的可悲讽刺。（*Woman* 257–258）

客观地说，如果把这个黑人家庭从作品的情节中剔除，作品的主要情节并不受影响。然而，在格拉斯哥看来，这样一来作品就失去了其种族内涵，违背了历史现实。事实上，她之所以把这一黑人家庭纳入到作品情节中去，目的就是要赋予作品以种族主题，使作品符合历史现实，而这也说明了她何以在1940年12月17日致泰勒（Helen K. Taylor）的信中强调作品的种族主题：“有色人物本身就是一个主题——也许是一个次要主题，但仍然是一个与该书大主题紧密交织在一起的主题。”（*Letters* 273）

古德曼高度评价格拉斯哥的这一做法，认为她在帕里这一人物的刻画中终于"实现了把黑人人物从刻板印象中解放出来的目标"，揭露了帕里苦难的根源在于"南方人为了自我保护而牺牲了道德"。按照古德曼的说法，格拉斯哥在作品中"质疑的不仅是美国的种族偏见，而且还有白人和黑人在政治、经济以及社会方面的分离；她把黑人视作同一个人类家庭的一部分。"（Goodman 232-233）

格拉斯哥的种族观念也与进化论密不可分。尽管在1906年之后她不再把生物学特征作为主导作品主人公人生轨迹的定义性特征，但她在人物——无论是白人还是黑人——的描写和刻画过程中，从来就没有放弃过从遗传的角度审视人物的家族背景和个人品格的做法。正如她自己所说的那样，其作品的主题是人类与人性的冲突，而这一主题本质上就是人类文明与人的生物学属性之间的冲突。如果我们把这一表述置于美国南方这一特定的社会历史语境之中，那么格拉斯哥所谓的人类与人性的冲突毫无疑问是不可能离开种族和黑奴制问题而存在的。实际上，这些问题一直作为作品的历史背景和情节内容或隐或显地存在于《单打独斗的人》、《超越失败》之外的大多数作品之中，直接或间接地影响着作品的主题。诚然，由于客观上这些作品的主要人物大多是形形色色的白人，[1]黑人或具有黑人血统的人物在作品中所占的比重并不大，[2]但这并不意味着种族内涵在这些作品中在重要性上就相应成比例地增减。一个极端的

1. 古德曼根据《后代》主人公阿克谢姆的姓"Akershem"判断他可能是犹太裔。在她看来，这部作品中对阿克谢姆这一外来者的描写是日后格拉斯哥描写黑人人物形象的开端。(Goodman 49)

2. 这里所谈的种族问题主要指的格拉斯哥作品中与黑人或黑人混血儿相关的问题，基本无涉其他少数族裔群体。事实上，格拉斯哥的作品似乎并没有把英国以外的欧洲移民视为少数族裔。

例子是《单打独斗的人》。这部1922年出版的作品以“贫穷白人垃圾”人家出身的弗吉尼亚州州长吉迪恩·维奇为核心，（4）描写社会转型时期贵族阶层与新兴权力阶层之间的斗争与妥协。表面上，作品情节与种族问题没有多少直接的关系，并因此遭到奥金克洛斯的批评。这样的批评应当说不无道理，但也有失公正。实际上作品并不像奥金克洛斯所说的那样没有提及黑人。当贵族青年斯蒂芬·卡尔珮珀护送脚踝受伤的维奇的养女帕蒂回州长官邸时，为他们开门的正是一个名叫阿拜贾的黑人管家，而阿拜贾当初曾“有幸陪伴过两代卡尔珮珀家族的孩子”（19）。在此，阿拜贾身份的变化反映了内战之后南方社会关系的变化。其实，作品所反映的种种社会问题以及人物所面临的各种矛盾与内战及随之而来的重建给南方经济和社会所造成的打击有着直接的关联，其根源就在黑奴制。事实上，作品并没有把种族问题完全挡在作品之外。作品中，维奇的幕僚达罗把斯蒂芬带到贫民窟了解穷人的生活状况，让他看到一片属于斯蒂芬家的地产。经纪人为了追求利润而任由这片地产破败，因为当贫穷的白人付不起房租时，把房子租给黑人反而会得到更高的回报：“黑人区太拥挤了，他们不得不扩张，这时投资的回报还要高。黑人房客比白人更能容忍拥挤，而且花了更多的钱租到的房子却更差。”（185）客观地说，即使在其他更广泛地涉及种族问题的作品中，黑人以及他们的生存状况也与在《单打独斗的人》中一样，主要存在于作品的背景之中，这一点无疑是由格拉斯哥的白人身份决定的。不过，正如以上的引文所示，透过这些作品的种族背景，我们还是可以看到作者对处于社会边缘的黑人的同情态度。

当然，研究者的批评也并非空穴来风。格拉斯哥习惯于以种族的视角审视人和社会，因此其作品大多涉及有关种族的描写。不过，由于历史语境的原因，同时也因为种族、阶级、性别等方面的局限性，这样的描写在今天看来不可能完全避免种族偏见。然而，其中包含的种族偏见往往与格拉斯哥本人没有太大的关系。例如，《人民的声音》在描写白人女孩尤金尼亚时把黑人称为“精明而又孩子气的种族”（177）；《弗吉尼亚》中的牧师加布里埃尔见到黑人老妪梅希塔布尔时说她的穿着是“文明的外表”，而这只不过是“对优等种族的模仿”（375）；《建设者》的主人公布莱克本把黑人称为“奴性种族”，指责共和党领袖“抵制南方重建白人种族霸权的一切努力”（117）；在《贫瘠之地》中，多琳达把黑人称为“还不成熟但还算大方的种族”（275）；《庇护下的生活》中的阿奇博德夫人对待其丈夫养的狗就像对待“蒙古人种的卓越一员”（98）。

如果把以上这些例子孤立开来，其中的种族歧视内涵无疑相当严重。其实，这反映的并不一定是格拉斯哥的种族观点和立场。首先，格拉斯哥所坚持的“真实主义”的写作方式决定了她所描写的是社会历史现实，而不是理想化或者回避现实的一个虚构世界。从这一角度看，我们没有理由要求格拉斯哥避开她所描写的那个历史语境之中真实存在的种族歧视现象。其次，尽管格拉斯哥对黑奴制的种种罪恶不无了解，但其家庭出身和所处的社会环境决定了她所熟悉的并不是南方社会十分暴力的一面，也很少接触《今生今世》中帕里这样潜在的新黑人。这一点，我们可以清楚地从上文提及的她写给维克腾的信中看到。[1] 与之相关，格拉斯哥的真实主义创作原则也有别于自然主义文学，虽然她强调“南方需要的是血和反讽”

---

1. 维克腾的小说《黑鬼天堂》描写的是哈莱姆文艺复兴时期的新黑人生活。对此，格拉斯哥在第一封信中说她只是从作品中玛丽的父亲身上看到了“一点点我所了解的黑人的痕迹”。在第二封信中，她说：“我不禁要比较你所描写的哈莱姆世界里的黑人生活和我一直以来所了解的南方的黑人生活。”（*Letters* 80–81）

（*Woman* 2），但她的现实主义在文风上显得温和，与今天的研究者所期待的理想化的激进立场确实还有差距。再者，与第一点相关，格拉斯哥作品为研究者诟病的文本证据在很大程度上并非作者的种族偏见，而是作品所描写的特定历史语境之中的人物的观点。显然，我们不能以人物的种族立场为依据抨击作者本人。在以上引用的例子中，对梅希塔布尔和黑人的偏见是作品人物加布里埃尔的观点，认为黑人还不成熟的则是多琳达和她的母亲，而把狗与蒙古人种联系起来的则是格拉斯哥心目中的一个负面人物。[1]

更为重要的是，格拉斯哥所用的“种族”一词不同于我们今天所理解的种族。她惯常从进化论或生物学的视角刻画人物，其中除了“遗传”、“变异”、“血统”之外，用得最多的就是“race”（种族，与民族相关）和“type”（类型，与民族内部的某一类人相关）这两个词。在此，有两点值得注意。一、她往往混用“种族”和“类型”，因此其作品中所说的“种族”常常应当理解为“类型”。二、在使用这两个词描写人物时，格拉斯哥对黑人和白人往往一视同仁。即使在用“原始的”等贬义词修饰“种族”时，指涉更多的往往是白人，而不是黑人。以《人民的声音》为例，全书31次使用“race”及其形容词“racial”，7次使用“type”，且不管是好是坏，这些词大多用在了白人身上，与黑人相关的只有“其种族的耐心”、“其种族中的年纪最大的代表”、“其种族中敢于和白人一起投票的男性”以及上文所引用的那个例子。（105，215，271）这4处与黑人种族相关的例子表面上含有种族偏见含义的只有两处（“其种族的耐

1. 格拉斯哥特别喜欢狗，她与父亲之间的矛盾之一就是后者不喜欢狗，而且还把格拉斯哥养的一条名叫帕特的指示犬送给了别人，使她受到伤害。（*Woman* 27–28）在《庇护下的生活》中，格拉斯哥把自己对狗的喜爱投射到阿奇博德身上，而把其父亲对狗的厌恶搬到了阿奇博德的儿媳妇科拉·阿奇博德夫人身上，并通过前者之口一再念叨“科拉不喜欢狗”这句话。（39）

心”以及“精明而又孩子气的种族”），而这其中真正有贬义的也仅仅“孩子气的种族”这一例。与这些例子相比，《人民的声音》中涉及白人且含有贬义的例子则更多：白人女性控制丈夫时用的“丝绒伪装下的独裁爪子”、“其种族假惺惺的恳求”、“其种族的愤怒”、“衰退且被遗忘了的整个种族”、“种族的原始时代的野蛮人”（90，238，251，258，357）等。从以上这些例子看，如果我们要指责格拉斯哥对黑人的偏见的话，我们似乎也应当谴责她对白人的种族偏见，而这显然是说不通的。实际上，这些例子中所用的“种族”有些应当理解成“类型”，指一类人或一个家族的人，有些则应当理解成遗传学意义上的“种”。例如，在作品主人公尼古拉斯·布尔的眼里，早年曾经教过他的朱丽叶就是“一个类型的至高体现”，是“所有男性令人快乐的种族之母”（350）。在这个例子中，“种族之母”之说显得尤为怪异，但如果我们知道格拉斯哥在此混用了“类型”和“种族”，我们就不难发现这里“种族”指的是“类型”。因此，在这句话的语境中，“种族之母”其实指的就是朱丽叶这一女性人物是所有男性心目中典型的慈母形象。由此，我们也就可以回过头来理解上文“精明而又孩子气的种族”一语的真正意思，发现格拉斯哥所说的并非所有黑人都精明而又孩子气，而是尤金尼亚接触的那些黑人当中精明而孩子气的一类黑人。退一步讲，即使这样的表述含有种族偏见的成分，格拉斯哥似乎也并没有把这种偏见局限于黑人，而是将白人和黑人同等对待。比如，《铁的气质》（*Vein of Iron*，1935）借书中主要人物约翰·芬卡斯尔的德国哲学家朋友之口，对美国及美国人大加揶揄：

“美国，一个奇怪的国家，”这位德国哲学家操着模糊的腔调边想边说道，“一个与中国人一样难以区分的种族。”……毫

> 无疑问是一个奇怪的国家，其心理上稀松不古，小说中歹徒出没，思想上粗枝大叶。整个就是一个遭到受虐症蹂躏的文明！唉，对于这样一个不久前本质上还是饮血茹毛的民族，就不该期望过高。(365)

与之相类似，在弥留之际，约翰·芬卡斯尔迷迷糊糊之中听到的争执则从北方人的角度嘲讽了南方人离不开种族问题的思维定势："你们这些南方人的问题就在于你们的阶级仇恨浸透着种族仇恨。你们没有足够的勇气仇视别人，只会仇视黑人。阶级斗争一到南方，如果它还能到南方的话，它就会成为所有白人与所有黑人的斗争。"(381)格拉斯哥的作品也是以种族的方式思考问题的。不过，她的种族立场显然不同于这位无名的北方人所谴责的那种南方人的种族立场。虽然她的作品扎根于南方，特别是弗吉尼亚的社会和历史，而且她了解南方的一切问题离不开南方黑奴制所带来的问题，但不同之处在于她有勇气直面南方的问题，正视浸透着种族仇恨的南方社会。

格拉斯哥的作品在整体上都涉及种族问题，但集中反映这一问题的主要是那些与弗吉尼亚相关的作品，其中包括她所说的六部"联邦小说"[《战场》、《解脱》、《人民的声音》、《一个平民的罗曼司》(*The Romance of a Plain Man*，1909)、《弗吉尼亚》、《生活与加布里埃拉》]、三部乡村小说(《老教堂的磨坊主》、《贫瘠之地》、《铁的气质》)以及四部城市小说[《庇护下的生活》、《浪漫的丑角》(*The Romantic Comedians*，1926)、《她们委曲求全》、《今生今世》]。[1] 不过，有些不在此列的作品

1. 格拉斯哥的这一分类，参见 Glasgow，*Measure* 1–4。

也与种族问题密切相关。如《古老的法则》含有大量有关黑人及其生活状况的描写，而《建设者》和《单打独斗的人》——正如上文的相关讨论所表明的那样——涉及的弗吉尼亚政治更是与种族问题有着很大的关系。

以1850–1865年为历史背景的《战场》涉及美国内战前后弗吉尼亚的种族状况。按照格拉斯哥的排序，这部作品在时间顺序上是其联邦小说的第一部。小说主要发生地是弗吉尼亚两个毗邻的农场：莱特福特少校的切里科克农场以及安布勒州长的厄普兰兹农场，而小说所讲述的则是白人青年丹·蒙乔在美国内战前后汤姆·琼斯式的成长经历。莱特福特少校的独生女简·莱特福特不顾父亲的阻拦，与浪荡子杰克·蒙乔私奔，生下了丹，最后被杰克毒打而亡。小说开篇时，被父亲遗弃的少年丹一路行乞200英里，投奔其外祖父。莱特福特少校尽释前嫌，对丹尤为宠爱。丹很快长成青年，爱上了安布勒州长的女儿弗吉尼亚，并进入弗吉尼亚大学学习。大学期间，丹的感情慢慢转向了安布勒州长的另一个女儿贝蒂，并且像其父亲一样成了浪荡子，耽于赌博、时尚和女人，最后因为决斗被学校开除。为此，莱特福特少校认为丹玷污了家族的名誉而与他断绝关系。于是，丹带着其黑人仆人大个子亚伯来到十英里外的酒店当起了马车夫。内战爆发之后，丹带着大个子亚伯加入了南方军队。在战争中，丹结识了一个名叫皮恩托普的白人穷人，偶遇了弥留之际的父亲，目睹了安布勒州长之死，并逐渐能够不再依赖大个子亚伯的伺候而独立生活。南方被打败之后，丹拖着虚弱的身体回到被战争破坏得满目疮痍的家乡，但他的恋人贝蒂意志坚强，不仅勇敢地担起了管理两个农场的重任，更给丹带来了生活的勇气。有些研究者认为，《战场》

是一部战争小说，可与斯蒂芬·克莱恩的《红色勇气勋章》媲美。[1] 确实，为了使作品中的战争描写更加逼真，格拉斯哥翻阅了大量的历史文献，更作过实地考察。不过，她认为这部作品“准确地说不是一部历史小说”，而是“安布勒和莱特福特这两个相邻家族的编年史；它们经历了历史上的一个灾难时期”（*Woman* 21，19）。换言之，格拉斯哥虽然描写了战争，但她通过战争场景所要展现的是通过作品中两个家族所反映的社会历史；作品的重点不在战争，而在于引起这场战争的社会历史语境以及它对人物的影响。具体而言，作品描述的不是内战，而是引起内战的黑奴制以及它对丹的经历和与之有关的两个家族的影响。就此而论，丹是在这场与黑奴制相关的战争的磨砺中成长起来的。

黑奴制无疑是《战场》中的核心问题。书名中的战场指涉的当然是丹在内战中所经历的地理上的战场，但如果那样理解的话，这一标题只能用于作品后半部分与战争有关的描写。实际上，正如古德曼所指出的，作品开篇时描写的是黑人妇女和孩子被运往另一个农场的场景，而这说明“真正的战场在于种种压迫行径之中”（Goodman 88）。确实，作品开篇从贝蒂、弗吉尼亚以及莱特福特的侄孙钱普这三个孩子的视角把种族问题引入到作品之中。开始时，读者首先看到的是贝蒂和钱普之间有关黑人老妇艾尔赛的争执。贝蒂和弗吉尼亚跑着去见钱普，而先一步赶到的贝蒂兴奋地告诉钱普说艾尔赛又回来了。贝蒂之所以如此兴奋，是因为她相信艾尔赛会作法，而她不喜欢自己的红头发，希望艾尔赛能

1. 古德曼认为格拉斯哥“按照克莱恩《红色勇气勋章》的传统构思了其书中的战场场景”（Goodman 88），而莱柏则根据其他研究者的观点，认为格拉斯哥的这部作品“作为［1885–1924年间］最杰出的战争小说，可以与《红色勇气勋章》相提并论”（Raper，“Glasgow and Darwinism，”250–251；431，n3）。

够作法帮她改变头发的颜色。钱普关心的是弗吉尼亚，所以他对贝蒂没有热情，对艾尔赛的法术更不以为然。在他眼里，贝蒂还是“一个十足的屁孩”，而艾尔赛不过是“一个自由黑人”，“一个彻头彻尾的疯子”，并没有什么魔法。正当两者争执之际，弗吉尼亚赶到，身后还跟着钱普的仆人，一个名叫齐克的“脸色黑得发亮的黑人小男孩”（3）。在此，贝蒂和弗吉尼亚的出现都与黑人相关。贝蒂对艾尔赛所持的是信任、羡慕的态度，而弗吉尼亚身后跟着齐克的出场方式则象征着她、钱普以及弗吉尼亚州的社会生活的运作离不开黑人。同此，两者出现的先后顺序不仅预示着贝蒂将在姐妹俩与丹的感情中成为胜利的一方，而且她对艾尔赛的态度——特别是后者自由黑人的身份——所象征的种族关系将在作品中占上风。不过，作品中紧随弗吉尼亚而来的不仅有齐克，而且还有满满一车正被运送到迈诺上校的农场上去的黑人妇女。由于这些黑奴的主人威利斯死了，她们被以“十分低廉”的价格卖给了迈诺上校。黑人妇女们站在车上吟唱，歌声之中是一片“刺耳的苦诉”。作品描写她们“扎着头巾的头拧向想象之中路边的一张张脸庞。她们已经把她们的观众留在了身后的大农场上，但她们仍然朝着空空的大路吟唱，向路边的雪松点着头”（4）。这一黑奴家庭成员被迫天各一方的场景令人想起莉齐·琼斯离开童年时的格拉斯哥的一幕，也类似于《汤姆叔叔的小屋》中描写黑人家庭被强行拆散的场面，显得十分凄婉，令人动容，透露出南方奴隶制的不人道与残酷。

《战场》开篇的这一场景也把种族问题引入到切里科克农场和厄普兰兹农场上。与格拉斯哥的文风相一致，这两个农场所在的乡村看似平静，但平静甚至温情的表面之下却潜伏着根植于种族问题的社会和经济冲突，是弗吉尼亚种族矛盾和南北方基于种族和经济问题的矛盾的缩影。尽管两个农场的主人莱特福特少校和安布勒州长都是奴隶主，且两个农场都依靠黑奴劳力，但他们在奴隶制问题上的态度却迥然不同。莱特福特少校是奴隶制的坚定维护者。他虽然反对虐待黑奴，斥责作品中一个殴打其黑奴的奴隶主为“该死的混蛋”，并花钱买下了遭到殴打的黑奴，但他不能容忍任何“质疑奴隶制神圣权利的人”（89）。他声称：“我们建立了共和国，而且如果我们愿意的话也可以解散它。奴隶制不是我们建立的，但如果弗吉尼亚需要奴隶，那么它就一定要得到奴隶。”（86）与之相反，安布勒州长主张废除奴隶制，并且已经在其妻子的催促下“立下遗嘱，释放仆人”（19）。他认为“弗吉尼亚要和平，要联盟”；如果不废除奴隶制，弗吉尼亚就会招致战争。他还代表弗吉尼亚到蒙哥马利去参加大会，宣传其废奴主张，并在会上舌战“南方最伟大的演讲家之一”。莱特福特少校认为安布勒州长此举“损害了弗吉尼亚的荣誉”，指责他是一个“充满激情的［废奴主义］煽动者”，并一连一个星期拒绝与之握手。（86-87）很明显，格拉斯哥把弗吉尼亚的种族矛盾浓缩到了两个农场及其主人身上，使之成为对立面，既反映了弗吉尼亚州内部在黑奴以及奴隶经济问题上相互冲突的观念，也在一定意义上体现了南北方在这一问题上不可调和的立场。

种族矛盾在作品中最集中地体现在丹这一人物身上。如果说作品描写的是丹的成长历程，是关于他与弗吉尼亚和贝蒂姐妹俩的感情纠葛，那么他对种族问题的态度就是衡量其成长历程及其在这两个女性之间的选择的标尺。尽管丹直到作品第一卷第二章中才出现，而此时格拉斯哥已经象征性地展示了弗吉尼亚和贝蒂对黑人的不同态度以及她们所在的社会所面临的种族矛盾，但作品讲述的毕竟是丹的故事。全书在结构上分为《黄金年代》、《青春热血》、《战争学校》、《败将归来》四卷，分别讲述丹的浪子生涯以及他对弗吉尼亚的感情、他在感情上向贝蒂的转变、战场上他与大个子亚伯和皮恩托普的关系以及战败之后他回到贝蒂身边的四个阶段。这四个阶段反映了丹的成长历程和自我认识过程，而他在这一过程中的变化又与种族问题紧密相关。起初，丹很快融入到两个农场的环境之中。这时，虽然他对浓缩于这两个农场之中的弗吉尼亚的种族矛盾视而不见，但他的生活和感情却体现了建立在奴隶制基础之上的白人生活的黄金时代。这一点主要表现在两个方面。一、莱特福特少校指派大个子亚伯做丹的仆人，从而也就把丹的生活与黑奴制联系起来。由此开始，他的生活处处依赖亚伯。他与亚伯的关系一方面说明了南方社会生活与黑奴制密不可分，另一方面也成为检验其成长历程的重要标志。自此，一如南方白人社会与黑奴制的关系，丹与亚伯如影随形。亚伯跟着丹到了大学，丹离家出走时他也紧随其后，甚至于还随之转战沙场，照顾他的生活起居，替他行使士兵的职责。二、丹的感情起初偏向于弗吉尼亚，而正如作品开篇中有关弗吉尼亚的描写一样，她的生活方式建立在黑奴制的基础之上。具体而言，这两个问题又体现为丹与四个人（弗吉尼亚、贝蒂、亚伯、皮恩托普）的关系以及他对感情、黑奴制和经济这三个相互联系的问题的认识上。

在感情问题上，弗吉尼亚与贝蒂之间的选择体现了丹对黑奴制态度的改变。与其母亲一样，弗吉尼亚是一个依赖黑奴制而生存的传统女性。在这一点上，她与丹依靠亚伯而生存的状态本质上没有区别。即使面对惨烈的战争，弗吉尼亚仍然相信南方会取得胜利："她内心里怀着盲目而又天真的信念，相信战争之神早晚会支持南方联盟，而在此之前，哎，还有李将军一直在顶着呢。"（362）不过，与弗吉尼亚不同的是，丹本质上并非南方传统的代表，而是像他的母亲一样是南方传统的反叛者。他在感情上逐步与弗吉尼亚疏远，转向贝蒂，并通过战争的磨砺重新认识自我。贝蒂是除多琳达之外格拉斯哥最喜爱的人物，因为她身上“体现了勇敢而快乐的战斗精神，体现了打败了也不认输的精神”（*Woman* 5）。与最终死于残酷的战争环境之中、成为“战神祭坛”上的牺牲品弗吉尼亚不同，（357）贝蒂经受住了战争的洗礼，挺过了生活的困厄，承受住了失去亲人之痛，并担起了管理两个农场的重任，是真正的强者和南方的希望。更重要的是，对于丹的成长来说，贝蒂是一个理性且敢于直面南方种族现实的人物。作品开篇之时，贝蒂勇敢的反叛精神和种族观念已经初显端倪。她相信艾尔赛的法术，拒绝与弗吉尼亚和钱普一起回家，而是去找艾尔赛为她改变头发的颜色。在此之后，作品展现了一个充满同情心的贝蒂，特别是她对黑人的同情心。她曾经“在雪地里跋涉三英里”把圣诞节礼物送到“卧床不起”的自由黑人李维手中。出于同情，她缠住安布勒州长，逼着他从那个虐待黑奴的琼斯手上买下一个名叫米该亚的瘸腿黑人小男孩。（82）在圣诞夜，她忙着为所有的黑人准备礼物，装了“二十条长筒袜”和“众多的包裹”（114），弄得安布勒州长开玩笑说，“我们不是四条腿的动物，谢天谢地，这真让我感动……贝蒂，我可不喜欢为四足动物往长筒袜里放礼物。”（117）就此而论，丹感情上从弗吉尼亚向贝蒂的转变实质上体现了其本身种族观念的转变，因为弗吉尼亚的生活是以黑奴制为基础的生活，而在贝蒂的生活中，黑人则是作为与白人平等的人而存在的。

丹与亚伯之间关系的改变则更直接地与黑奴制相关。亚伯在战场上紧随丹的左右，实际上成了丹的“黑人保护天使”，但他“是否能得到自由取决于其主人是否被打败”（Raper，“Galsgow and Darwinism” 273–274）。不过，从丹的成长历程来看，亚伯在作品中的作用在于他迫使丹认识到自己的生存方式是以亚伯所代表的黑奴制为基础的。在战争之初，丹意识到，“如果他想要的话，大个子亚伯能把我们都打趴下”（284），但他似乎并没有放弃作为其白人主人的身份，一如既往地在亚伯照料下转战沙场，享受着主人的特权。他吩咐亚伯为他劈柴，因为他自己“上战场是来杀人的，不是来劈木头的”（284），他依靠亚伯为他背负和看管财物，而这些财物则是其“身份”的体现（321）。他在战场上腿部中弹受伤时，又是亚伯冒着枪林弹雨找到他，把他拖下战场，找了一辆骡拉的车子把他送到里士满接受治疗。用亚伯的话来说，“我知道，除了我，没有人会去找他的”（370）。后来，在里士满即将被北方军队攻破之际，身体虚弱的丹又在亚伯的帮助下从城里逃了出去。经过战场的种种磨难，丹对亚伯越来越怀有感激之情，同时战争的残酷和艰苦条件也把他置于黑人的生活之中，逐步消解两者之间主仆关系的界限。到了战争的最后阶段，丹不得不与亚伯分享后者所谓的“黑鬼食物”（402），其中包括亚伯偷来的一块玉米饼以及他从一个黑人女人那里得到的一大块麦麸饼和培根。丹虽然对这些黑鬼食物似乎并不介意，却很不赞同亚伯的偷盗行为，结果招致亚伯的反驳：

> 这世上偷盗的事总得有人干啊……就像有的人要做白人，而有的人要做黑鬼一样，因为可以肯定的是，同一个人不可能既是这个又是那个。不可能因为每个人都正直，他们就可以手插在口袋里，眼看着天，高视阔步。主啊，主啊，要是我在这场战争中管住我的手，不拿不偷，你现在会怎么样呢？我倒是想问问你呢。

面对亚伯的反驳，丹完全放下了主人的架子，承认亚伯的话“千真万确”（403-404）。此时的丹已经在一定程度上与亚伯处于平等的地位，不仅吃同样的食物，而且还不得不认同亚伯的逻辑与观点。到了战争结束之时，丹不仅因为与亚伯走散而不得不独立生活，而且还意识到随着南方被打败，亚伯已经获得了自由，因此他和亚伯都应当独立生存。在他们回家的路上，有一家主人同意为他们提供晚饭，条件是他们得劈柴。这时，亚伯主动要求为丹劈柴，却遭到了丹的反对：“我总有一天要从头开始的……我为我的晚饭付钱，而你为你的付钱，这才公平，对吧？何况你现在已经是自由人了。”（490）

皮恩托普在作品中的作用在于促使丹从经济的角度重新认识黑奴制和他的生存方式。不同于丹的那些贵族出身的战友们，白人垃圾皮恩托普虽然没有文化，但他与黑人亚伯一样有着极强的独立生存能力和智慧。他能够预测天气，能够辨别可以充饥的野果——“黑莓的季节是饿不死人的”（301）；他在酷暑季节行军时也轻松自如，对贵族子弟拿他开心也不愠不怒——“他是不会被惹毛的”（293）。他知道贵族子弟娇生惯养，所以才受不了战争时期的艰苦条件：“天啊，……我想你们从来没有赶着牛往山顶犁过地。”（300）对于皮恩托普来说，内战似乎并无多少意义。正如他自己所说：“如果这些人［指北方人］是为了黑鬼而来的，让他们把黑鬼带走好了，真是求之不得呢。我这辈子没有拥有过黑鬼，而且再说了，我没见过有哪个黑鬼值得拥有。”（323）皮恩托普显然并没有把自己的社会地位与黑奴制联系起来，但他的话透露出他对黑人的歧视无异于亚伯瞧不起“白人垃圾”（139，239），反映了南方社会的种族矛盾。正如丹对亚伯的态度一样，开始时他对皮恩托普也视而不见。不过，随着战争的深入，他也在正视亚伯的同时开始改变对皮恩托普的看法。当他发现皮恩托普私下在看《儿童初级识字读本》时（442），他才“平生第一次直面”皮恩托普这样的下层人物的生存状态，才把这样的生存状态与他自己所代表的南方贵族生活联系起来：“在认识皮恩托普之前，他处于自己那高傲而与世隔绝的阶级之中，把平民视作这方热土的外来者，而不是他所在的这个温情脉脉的社会的受害者。这个社会产生了免费的劳动力，而免费的劳动力使得白人劳动者沦落到农奴的地位。”他意识到自己虽然对“奴隶制的幽灵”不无了解，却“忽视了与黑人一样遭受社会不公的白人”（442–443）。在丹的反省中，皮恩托普所代表的白人垃圾的社会地位并不是孤立于黑奴制之外的经济问题，而是与黑奴制密切相关的社会问题；皮恩托普的问题不仅在于他的社会地位与黑人一样低下，而且还在于它本身就是黑奴制造成的。在丹/格拉斯哥看来，黑奴制提供的免费劳动力挤压了处于社会下层的白人的生存空间，使得这些白人实际上成了农奴。

丹通过战争的洗礼所获得的并不是什么荣耀。即使他在战场上保护军旗的英勇之举也没有给他这样的南方军队的败将带来英雄的光环。对于丹来说，真正有意义的是战争使他面对南方社会的现实，把他从那个高傲而又与世隔绝的贵族传统中分离出来，使之与黑人和白人垃圾为伍，通过认识他们而认识他自己，回归本色的自我。当他最后不得不自食其力，不得不一路行乞回到切里科克去，不得不依靠贝蒂恢复被战争毁掉的身躯时，他又回到了生活的原点，回到了作品之初靠着行乞投奔莱特福特少校的本真状态。那时的丹无依无靠，既不属于莱特福特家族，又不属于其父亲的蒙乔家族，是一个游离于传统之外的个人。其后，少年丹很快融入了以黑奴制为基础的南方贵族传统，在一定意义上成了莱特福特少校一样依靠黑奴制而生存的人物，但要去除这一传统，使之回归本真，则需要经过漫漫的四年战争岁月的磨炼。在战争之前，贝蒂就对丹说："当你既非莱特福特又非蒙乔家族的人时，你才是你自己。说到底，那才是我最喜欢的你。"（189）战争结束时，丹无疑完成了其去传统的过程，回到了作品开始时那个真实的自我。就此而言，丹的成长历程就是在他与贝蒂、亚伯、皮恩托普这三个人的交往中回归本我的去传统的过程，而黑奴制就是这一传统的核心。只有去除了南方传统中黑奴制这一核心，丹才会在感情、种族和经济上取得独立。

《战场》为从种族源头上解决南方社会的矛盾描绘了一个理想的结局和路径。虽然丹、亚伯以及皮恩托普在战争之后还要回到故乡去，但此时三者之间的关系已经发生了根本变化，理论上应当是三个平等的个人。丹知道他和亚伯从此以后应该自食其力，而在作品倒数第二章《再踏征程》中，皮恩托普和亚伯这两个相互瞧不起的白人和黑人在分别之前也已经握手言和："接着，[皮恩托普]与亚伯握过手之后，阔步穿过田野，朝一座小火车站走去，而这时丹也步履缓慢地上了路，与他并肩而行的是黑人。"（488–489）皮恩托普与亚伯握手以及丹与亚伯并肩而行，意味着南方在战后新的征程上将在平等的基础上重新定义阶级和种族关系。

然而，格拉斯哥十分清楚重新定义这两个关系并非易事。这一点，我们可以从《人民的声音》中有所感悟。这部作品发表于1900年，比《战场》还要早两年，因此在时间顺序上是格拉斯哥的第一部"联邦小说"。在回忆这部作品的创作时，她认为作品主人公尼古拉斯·布尔是"《后代》中那个原始人物的文明后代"，因为她意识到其"对抗传统的激烈程度可能有所削弱"（*Woman* 48）。其实，如果把它与《战场》相比，特别是就南方传统之中的种族问题而言，《人民的声音》对抗传统的激烈程度并不算太弱。这部以1870年至1898年的弗吉尼亚为历史背景的作品可以说是对《战场》结尾所想象的南方阶级和种族关系的再想象和重新定义。在《战场》所设计的结局中，在经历了战争的洗礼之后，所有的人，不管他们是白人还是黑人，也不管他们是贵族还是贫民，都从南方传统的阶级和种族结构之中剥离了出来，回归到了其本真的自我。在《人民的声音》中，格拉斯哥再次把白人贵族、白人贫民和黑人置于同一个故事框架之中。在此，格拉斯哥的想象至少在阶级的层面上部分地实现了。尽管贵族与贫民之间的矛盾并未完全消失，但我们在作品中看到皮恩托普式的贫民尼古拉斯·布尔有机会成为弗吉尼亚州州长。然而，种族问题并没有随着战争的结束而得到彻底的解决。虽然黑奴制已经废除，但《战场》中丹所谓的“奴隶制的幽灵”不仅没有消散，而且仍然与白人的社会生活紧紧地纠缠在一起，并最终导致布尔的毁灭。在《战场》中，皮恩托普想象不出战争之后他与丹这样的贵族公子还会有什么交集，更想不到有朝一日他或他的子孙会因为黑人而丧命，而这恰恰是《人民的声音》通过布尔的故事所要展现的内容。

《人民的声音》的地理背景是弗吉尼亚小城金斯伯勒，讲述的则是尼古拉斯·布尔从一个穷人家的孩子成长为弗吉尼亚政坛明星的艰难历程。故事围绕尼古拉斯以及小城的几个贵族家庭而展开。一个是巴塞特法官和他的儿子汤姆，一个是巴特尔将军和他的女儿尤金尼亚，还有一个是韦伯夫人和她的儿子达德利。尼古拉斯的母亲已经过世，其父亲阿摩斯·布尔靠种花生为生，继母马西·布尔原来是尼古拉斯的姨妈。故事开始时，阿摩斯带着12岁的尼古拉斯在小镇法庭门前遇见了刚刚结束庭审的乔治·巴塞特法官。巴塞特法官注意到光脚、红头发的尼古拉斯，认为要不了多久他就会长成“像他父亲一样的庄稼汉”，但尼古拉斯却说他“宁愿做一名法官”，因为“种花生没什么出息”（5，7）。随后，尼古拉斯尾随巴塞特法官回到家里，从他那里借了一本亨利·萨姆奈·梅因（Henry James Sumner Maine 1822–1888）的《古代法》。出于同情，巴塞特法官决定让尼古拉斯加入他为几个贵族子弟开办的私学，于是尼古拉斯成为了汤姆、尤金尼亚和达德利的同学。尼古拉斯的学业困难重重。他既要起早贪黑帮父亲干活，又不受他那些贵族出身的同学的待见，但他精力充沛，意志坚强，不仅受到巴塞特法官的器重，也得到了尤金尼亚的青睐。由于要挣钱为父亲还债，他拒绝了巴塞特法官让他跟其学习法律的建议，到城里一家杂货店打工。其后，他在巴塞特法官的推荐下成了弗吉尼亚大学一位教授的秘书，并很快开始了自己的律师生涯。同时，他与尤金尼亚的感情也进展顺利。不过，好景不长，尤金尼亚听信传言，相信尼古拉斯致使杂货店老板的女儿贝西·波拉德怀孕，而尼古拉斯气愤之下则告诉她真正的罪魁祸首是其哥哥伯纳德，这最终导致两者关系破裂。15年之后，尼古拉斯因为为人朴实、坦诚，被称为“有良知之人”（345，346），并受到民主党提名成功当选弗吉尼亚州州长，且有望竞选参议院议员。不过，由于他秉公办事，为平民和企业说话，疏远了许多支持者，特别是遭到了贵族阶层的抵抗。在这期间，尤金尼亚在孤独之中投入了达德利的怀抱，而达德利也成了政坛明星，准备在参议员的竞选中与尼古拉斯一决高低。在尤金尼亚和其家人的周旋下，尼古拉斯很不情愿地签发了特赦令，同意流放在外的伯纳德重返弗吉尼亚。在竞选的关键时刻，达德利的团队翻出了贝西·波拉德未婚先孕的老账，准备在报纸上公开，希望以此在竞选中打败尼古拉斯，但尼古拉斯却无暇顾及竞选之事，因为他要回到金斯伯勒去，去阻止一起白人平民针对黑人的暴力行动。回到金斯伯勒的当天晚上，尼古拉斯发现有暴民向监狱聚集，蓄谋吊死一个黑人囚犯。于是，他匆忙赶往监狱制止，结果在混乱之中被暴民的流弹击中身亡。

尼古拉斯的平民身份及其悲剧性结局与《单打独斗的人》中同样出身平民的州长吉迪恩·维奇的结局不无相似之处，但《人民的声音》把更多的笔墨放在了尼古拉斯的奋斗历程上，展示的是其成长历程中平民与贵族之间的阶级矛盾以及这一矛盾背后隐藏的种族矛盾。在《战场》的结局中，一方面丹与皮恩托普道别时让后者有事可以找他，而皮恩托普也对丹说万一遇上麻烦他会挺身而出；另一方面，丹还想象着战争结束之后，他与大个子亚伯都要自食其力了，而这两个方面似乎说明内战解决了南方的阶级和种族问题。与丹相比，皮恩托普与亚伯似乎更为现实。对于丹的说法，皮恩托普的回答是："我看，你走你的路，我走我的路。……因为如果有什么可以肯定的话，那就是我们的路走不到一起。"（488）亚伯的回答更简单直接，但也更到位："我看还是老样子。"（487）两者的话实际已经透露出格拉斯哥自己的怀疑。其实，如果我们考虑到作品是格拉斯哥在战争结束之后近40年写的，我们就可以看到丹的想象之中的不现实成分了。虽然《人民的声音》的人物和故事情节与《战场》没有任何关系，并且颠倒了贵族和平民的位置，同时还把种族问题隐藏到了作品的背景上，但它在一定意义上延续了《战场》结尾中留下的主题线索，着力探索战后阶级和种族关系的变化及其所带来的冲突。这其中，无论是阶级的问题还是种族的问题都有了一定程度的缓解，但并没有得到根本的解决。

如果说在《战场》中皮恩托普还在吃力地啃着初级识字课本，那么《人民的声音》中战后成长起来的白人垃圾尼古拉斯到12岁时还光着脚，还在费力地拼读从巴塞特法官那里借来的《古代法》。表面上看，从初级识字课本到《古代法》这样的法学经典著作似乎是一个质的飞跃，但对尼古拉斯而言，《古代法》不过是另外一种识字课本而已。他之所以选择了这本书，并不是因为他能读懂它，而是此前他已经对巴塞特法官说过他也要做法官。其实，因为要帮父亲干农活，他仅仅上过“差不多三个冬天”的学，所以不太可能知道书中所讲的内容。作品中，巴塞特法官发现尼古拉斯躺在墓地里的一块大理石墓碑上读书，而所读的内容是《古代法》第一章的前两句：“世界上最——著——名的一个法——律学制——度从一部法典开始，也随着它而结束。……——从一部法典开始。从罗——马法历史的开始到结束，它的释——义——者一——贯地在其使——用的语——言中暗示，他们制——度的实体是建立在十二铜——表——法，十二铜——表——法的基础上的。”（21-22）按照莱柏的分析，格拉斯哥有意在作品中安排尼古拉斯朗读《古代法》的这两句话，一方面是意在借此说明“罗马平民的崛起是第一次通过确定其权利来对抗靠习俗和特许而成为统治阶级的寡头政治”，而这正是“弗吉尼亚白人贫民崛起的主题”；另一方面，“由于罗马法是罗马文明的基石”，作品中引用的《古代法》内容强调了“尚未成文的‘行为典律’之于弗吉尼亚文化的重要性”。（Raper，“Glasgow and Darwinism”220）从主题内容上来说，莱柏的分析，特别其中的第一个方面把《古代法》的内容与作品中平民和贵族之间的冲突这一主题揭示出来，无疑很有见地。不过，从形式上来看，尼古拉斯把这两句话读得有点破碎，还说明了两个方面内涵：一、引文的词语超出了他的理解范围，所以他才会把“著名的”（celebrated）、“制度”（system）、“法学”（jurisprudence）、“一贯地”（consistently）、“使用”（employed）、“语言”（language）、“铜表法”（Decemviral Tables）等词读得结结巴巴；二、尼古拉斯之所以有时重复引文中的内容，原因在于他不是在朗读，而是在背诵《古代法》。实际上，他不仅直接把“法学”这个词逐个字母拼读出来，问巴塞特法官这个词是什么，而且还告诉法官他是在背书：“我是在背诵，先生，要是——要是——你不介意的话，先生，j-u-r-i-s-p-r-u-d-e-n-c-e是什么意思？”当巴塞特法官问他是否理解他所背诵的内容时，他的回答是：“不懂，先生。……我现在只是背诵。等我长大了就知道它的意思了。[背过的东西] 我是从来不会忘记的。”（22）由此可见，作品通过尼古拉斯背诵《古代法》的情节传达了两层含义。一、至少在受教育程度上，白人贫民尼古拉斯与其前辈皮恩托普一样仍然处于社会的底层。与此相关的是作品对尼古拉斯学习情况的描写。在学校里，十二岁的尼古拉斯成了尤金尼亚这样七八岁的孩子的同学，但他发现自己“求知的道路”充满了“不可逾越的”“困难”，而与此同时其他同学的优异表现却让他感到“惊愕”（44）。二、尽管尼古拉斯面临着重重困难，但既然他有毅力、有能力背诵《古代法》，说明他具有冲破阶级障碍的潜力。尽管在作品之初，无论是其父亲阿摩斯，还是巴塞特法官，都认为尼古拉斯应当满足于做一个庄稼汉，但他们不得不承认尼古拉斯“充满勇气”，“十分不同寻常”，是“一个聪慧、勤奋的男孩”（5，46，117），而背诵《古代法》不仅象征着尼古拉斯在冲破阶级障碍过程中的重重困难，更象征着他具有克服困难所需要的勇气、毅力和潜力。

然而格拉斯哥通过尼古拉斯的故事表明，无论是冲破阶级的障碍，还是解决黑奴制遗留下来的种族问题，都不是轻而易举的事。当尼古拉斯宣称他要当法官时，巴塞特法官其实并不以为然，但他还是出于南方绅士的礼貌答应给予帮助：“坚守土地，孩子，……坚守土地。这最好不过了。但是如果你做了次好的选择，而我又能帮上忙的话，我一定帮忙，一定帮忙，我保证。”（7）至于尼古拉斯能够跨出冲破阶级屏障的第一步，进入巴塞特法官的私人学习班，很大程度上是因为他的执着和毅力赢得了巴塞特法官的同情。不可否认，巴塞特法官在尼古拉斯跨越阶级界限的过程中起到了积极的作用，但这并不表明他放弃了阶级观念，无条件地接受了尼古拉斯。在格拉斯哥的描写中，巴塞特法官“既是法官又是弗吉尼亚巴塞特家族的一员”，是“其职业和种族传统”的守护者。（4）当他发现尼古拉斯对他的许诺信以为真、随他回家向他借书时，他立即为自己与尼古拉斯搭讪而后悔，并下决心“今后绝不会再犯这样言语不慎的错误了”。他不明白书对尼古拉斯来说有什么用，为什么尼古拉斯要的不是“食物、钱或一件他最好的带有波纹的皇家伍斯特瓷器”（11）。换言之，他愿意做一个施舍者，但他不能理解尼古拉斯意在通过读书跨越阶级边界的欲望。当尼古拉斯在作品结束之前为了阻止平民的暴力行为而回到金斯伯勒时，已经神志不清的巴塞特法官错把前来看望他的尼古拉斯当作了自己的儿子汤姆而对他说：“是啊，尼古拉斯，我记得，他要什么来着？阿摩斯·布尔的儿子——我们一定得给他一次机会。”（434）巴塞特法官的话典型地反映了其心态；其中不乏民主平等的姿态，但也明显地透露出居高临下的心态以及心中固化的阶级差别。在他眼里，即使身为州长，尼古拉斯还是平民，还是“阿摩斯·布尔的儿子”；“我们”与“他”之间的关系并不平等，仍然还是施舍与接受施舍的关系。

与巴塞特法官相比，作品中的韦伯夫人以及她的儿子达德利·韦伯更是传统与阶级地位的坚定维护者。韦伯夫人出身名门，无视现实，完全生活在过去之中，“靠着重要的过去而支撑着不可能的现实”，而她眼里的过去“关乎种族，而与个人无关”（111），被巴塞特法官不无讽刺地称为“千里挑一的女人”（116）。她不顾父亲的反对，执意嫁给了一个名叫朱利叶斯·韦伯的浪子。此人是“一个乐哉优哉的公子哥儿，整天只知道玩牌、喝酒，三句话不到就跟人动手”。内战中，朱利叶斯只是为了保卫家乡而战，而“对双方的理想漠不关心”（112）。在他战死沙场之后，韦伯夫人带着儿子达德利过着困顿的生活，连达德利的教育费用都是巴塞特法官和巴特尔将军为她负担的。按理说，韦伯夫人的处境应当使其成为一个同情弱者的女性，但事实上她却成了一个缺乏同情心的旧时代和旧观念的守护者。当她听说尼古拉斯成了儿子达德利的同窗时，立即赶去找巴塞特法官提出抗议，因为她儿子是出身贵族的“绅士”，“不能屈尊与低他一等的人为伍”；按照她的说法，“通过教育让人超越其地位是愚蠢的做法”（117–118）。由于巴塞特法官拒绝让步，她转而求助于巴特尔将军和伯韦尔先生，试图通过他们让巴塞特法官改变初衷。同样，尼古拉斯在巴塞特法官的学校的第一天就遭到同学的嘲笑，原因主要还在于他的穷人出身。巴塞特法官的儿子拿尼古拉斯的红头发开玩笑，戏称他为“胡萝卜头”，还把他的头发与其家人或穷人联系起来，问他“你来的那地方是不是都是头上着了火的人？”巴特尔将军的儿子伯纳德也同样把尼古拉斯与其父亲阿摩斯相联系，称之为“阿摩斯·布尔的孩子”，讥讽他脸上的“雀斑足以铺满一整张羊皮”（45）。尼古拉斯遇到的最大挑战来自“小事大方而大事自私”（117）的达德利。达德利的阶级观念和行为准则明显地受到韦伯夫人的影响。在上上下下仔细打量了尼古拉斯一番之后，他得出结论说：“他是平民……一个如尘土一样下贱的平民。我听妈妈这么说——”他“毅然”决定不和尼古拉斯一起玩，因为在他眼里“反正［尼古拉斯］是老阿摩斯·布尔的儿子，一辈子都没穿过一件完整的衬衫”（46）。达德利侮辱尼古拉斯的话涉及其父亲，激起了尼古拉斯的愤怒。幸亏有尤金尼亚的干预，两者才没有打起来："你就别惹他了！……你就别惹他了。如果你称他为平民，我就打你，而——而你还不能还手！……他没怎么你，你就别惹他。我让他帮我拿书，你不得碰他。我想，我与你们一样知道谁是平民——而他不是——他不是平民。"（47）尼古拉斯为此对尤金尼亚尤为感激，因为"这是他平生第一回有人在危难之中故意站在他的一边"（48）。不过，当尼古拉斯在感激之中怯生生地拉住尤金尼亚的手的时候，她却抽回了手，并告诉尼古拉斯他"不能这么做"，因为在她眼里，他就是平民："我说你不是平民的时候，你知道，我的意思并不是说你真的不是，因为你当然就是平民。我只是不愿他们这么说而已。"（49）在此，尤金尼亚一方面表现出对尼古拉斯的同情，另一方面又守着固有的阶级观念。莱柏认为，格拉斯哥通过尤金尼亚这一"反常行为"意在说明同情是尤金尼亚与生俱来的品质，是"先于其阶级观念"的品质，而"平民"这样的观念则是她从家庭环境中习得的。（Raper，"Glasgow and Darwinism" 226–227）从这一解读来看，尤金尼亚与达德利并没有本质区别。不过，从现实的角度看，格拉斯哥并没有作品中尼古拉斯那么乐观。恰恰相反，她通过这一场景刻意表达的正是内战并没有一劳永逸地解决阶级和种族的问题，即使是尤金尼亚这样战后出生的年轻一代也没有放弃南方原有的阶级观念。毕竟，尼古拉斯不是《战场》中的丹，尤金尼亚也不是贝蒂·安布勒；虽然尤金尼亚像巴塞特法官一样对尼古拉斯出手相救，表现出她对平民阶层的同情，但她也与巴塞特法官一样并没有放弃其阶级观念。

尼古拉斯第一天上学的经历，特别是尤金尼亚对他的反常行为，实际上就是尼古拉斯和尤金尼亚之间感情故事的缩影和伏笔。作品中尼古拉斯与尤金尼亚之间的感情之所以没有修成正果，原因在于两者都无法逾越他们之间的阶级鸿沟。他们之间之所以能够逐步建立起感情，与原始的性选择不无关系，同时也与两者都具有同情心相关。就尤金尼亚而言，尼古拉斯作为一个平民，单枪匹马“开辟其人生道路”，说好听了是“有点死板”，说得不好听则是“有教条化的倾向”，但也正是其中反映出来的“几乎坚定不移且阳刚十足”的“男性气概”“吸引”了她。此外，尤金尼亚对尼古拉斯的感情之中还夹杂着她自己的情感需求，其中既有“类似母爱的情感”，又有在尼古拉斯“受挫的童年”之中她“作为监护人身份的记忆”，而这显然是怜悯的表现。用作品中的话来说，“如果她对他的想法没有受到怜悯的触动，她可能就不会那么爱他”（236）。就如她当初出手阻止同学们侮辱尼古拉斯一样，尤金尼亚对尼古拉斯的感情在很大程度上忽视了阶级差异，但这并不意味着她无视阶级差异。在两者分手之前不久，她信誓旦旦对尼古拉斯说“我——爱——你——布尔”（242），但当她在路上偶遇阿摩斯时，她才“第一次充满恐怖地意识到”这个“毛发浓密，样子凶恶、粗野”的人是尼古拉斯的父亲这一事实。在此之前，她总把尼古拉斯与她自己的童年时光以及巴塞特法官联系在一起，看到的不是“他的贫困及其家人”，而是他试图“从中解放出来”的“英雄之举”。她意识到，“要是当初看到他与其父亲肩并肩在一起的话，她就不会爱上他了”（244）。在此，尤金尼亚把尼古拉斯与阿摩斯联系在一起，把父亲作为衡量儿子的标准，并在此基础上把这样的标准作为自己爱情的尺度，实际上重复和再现了巴塞特法官、韦伯夫人以及达德利等同学的观念，突出的是尼古拉斯是阿摩斯·布尔的儿子这一事实之中所隐含的阶级观念。与《战场》中贝蒂始终如一的阶级观念不同，尤金尼亚的成长过程体现出来的是她越来越强烈的阶级观念，而这导致她最终与尼古拉斯分手，回归自己的阶级阵营，并嫁给了这一阵营中的成员达德利。

作品中真正考验尤金尼亚阶级观念的是与其哥哥伯纳德相关的两件事：一者导致了两者分手，一者使得尤金尼亚再去找尼古拉斯。在他们分手之前，尼古拉斯清楚地意识到他们之间的婚姻意味着逾越阶级之间的差异："恐怕你将不得不正视它……如果你成为我的妻子，不幸的是，你将面临许多问题，而嫁给你自己阶级的人你就能逃避这样的问题。你知道，我不是你那个阶级的人。"此时，尤金尼亚希望自己能够回避现实——"你至少可以允许我忘掉它"（245），但当她听到尼古拉斯致使贝西·波拉德怀孕的传闻时，她选择了站在自己的阶级立场上。她并不愿相信这是尼古拉斯所为，但当他在无奈之下指出致使贝西怀孕的其实是伯纳德时，"种族的愤怒"促使她相信伯纳德的清白而怀疑尼古拉斯的诚实："岂有此理！……因为他设法保护你——他设法保护你——他会的，如果他能做到。"（251）尤金尼亚在此表现出来的阶级立场激怒了尼古拉斯，使得他断然决定与她分手。其实，就情感而言，或者至少就她所说的"幸福"而论，尤金尼亚对尼古拉斯还是一片真心的。然而，在她的意识深处，她知道毁了其幸福的并不是"愤怒或怀疑"，而是阶级之间那道"巨大的鸿沟"（251）。尽管她后来声称自己"生来就没有阶级本能"（375），但无论从格拉斯哥的角度看，还是从尤金尼亚与尼古拉斯分手的直接原因分析，阶级之分无疑是最为根本的原因："毕竟，他们的理论是在阶级冲突之中分崩离析的"。按照尤金尼亚的理解，她伤了尼古拉斯那个"阶层的自尊心"，而她更是坚守自己的阶级立场不放："她最为强烈的本能——那个塑造了其身上血统的本能——在他的指责的攻击下颤动了，但还没有屈服。无论这样的斗争何时何地出现，她都会像巴特尔族人一样站在宗族的立场上。对也罢，错也罢，她是这个宗族的人，必须支持宗族的立场。”（251-252）不过，正如莱柏注意到的那样，尤金尼亚的阶级意识和种族意识是在其成长过程中培养起来的。[1] 因此，她所谓的“生来就没有阶级本能”与后来表现出来的强烈的阶级意识之间并没有矛盾，是一个发展的过程，只是因为伯纳德的原因而在她和尼古拉斯的感情中爆发了出来。

在另一与伯纳德相关的情节中，尤金尼亚同样表现出强烈的阶级和宗族意识。尼古拉斯当上州长之后，尤金尼亚和姑妈克里丝小姐请求他签署特赦令，让被流放出弗吉尼亚的伯纳德重回其妻儿身边。不出尤金尼亚所料，这事勾起了尼古拉斯的仇恨，但让她没有料到的是，尼古拉斯签署了特赦令之后，伯纳德的妻子洛蒂竟然拒绝亲自去接伯纳德回家，结果引来她不顾情面的指责：“别说了……你是我们的一员，没有权利抛弃我们。你是他的妻子，因为这我的家才是你和你孩子的家。我不过是他的妹妹而已，但我都跟他患难与共走过了这一切。难道你认为他的罪恶再大二十倍我就会离弃他了吗？”在此，尤金尼亚就像当初对待尼古拉斯一样，为了家族和亲情，不顾事情的曲直是非，把自己的家族情感强加给洛蒂，指责她的无情，而丝毫没有考虑洛蒂作为伯纳德这么一个流氓恶棍的妻子的痛苦，没有想到在洛蒂眼里“巴特尔族人的罪恶”与她无关，更没有意识到她和她的族人实际上把洛蒂禁锢了起来，使之失去了自由，成了家族和传统的受害者。（372）具有讽刺意味的是，当她要求洛蒂这个外族人无条件地忠诚于巴特尔家族时，尤金尼亚似乎并

---

1. 莱柏认为，尤金尼亚小时候的同情心“既没显示出种族意识，也没显示出阶级意识”，但她的“家庭情感和阶级意识随着她的成长而增长”，经历了一个“越来越冷漠无情的过程”。(Raper, "Ellen Glasgow and Darwinism" 226–232)

没意识到她自己把洛蒂看作外族人的无情与自私。

与作品通过尤金尼亚所揭露的阶级意识相关的是种族问题。本质上，作品中的宗族、阶级、种族是一个相互重叠和联系的大问题，三者由小到大——从宗族到阶级再到种族——是“种族”一词内涵不断向外扩大的过程，都属于“race”的范畴，是一个相互牵扯、相互影响的问题。不过，当我们把种族问题限制到白人和黑人之间时，就会发现作品虽然在表面上把种族问题主要限定在与白人相关的阶级和宗族层面上，而把白人和黑人之间的冲突几乎逐出了文本，使之成为了文本背景。这样一来，作品就失去了《战场》中与黑奴制相关的战争场面，更没有大个子亚伯这样重要的黑人人物形象。然而，这样的缺失并不意味着黑人种族问题真的在作品中销声匿迹了。事实上，虽然黑人问题很大程度上退到了作品的背景上，但黑奴制的影响并没有随内战而结束，而是继续以不同的方式反映到作品描写的弗吉尼亚社会，影响到作品中白人和黑人的经济状况和生活。

格拉斯哥主要通过巴特尔这个贵族家族反映了战后白人贵族与黑人之间的状况。巴特尔将军在黑人问题上典型地体现了矛盾性。一方面，他在内战前就给予其黑人奴隶以自由，另一方面又参加南方军队，为保护黑奴制而战。巴特尔将军在此体现出来的矛盾性令人想起《战场》中的皮恩托普。正如他对巴塞特法官所说：“可以把黑人给他们啊，求之不得呢。……难道你认为我会为了该死的黑鬼去打仗？我为的是原则，先生，是原则！”（52）。由于他在内战中从普通士兵晋升为上校，战后乡亲们尊称他为巴特尔将军。战争结束之后，巴特尔将军失去了黑人劳动力，其农场和庄园呈现出一派衰败的景象，而其妻子没过几年也离开了人世。黑人们虽然获得了自由，但他们似乎并没有真正开始独立的生活。他们有的留在了巴特尔将军的农场上，有的虽然搬离了农场，但很快又回到了农场。这样，巴特尔将军一方面失去了免费的黑人劳动力，另一方面又因为莱柏所谓的“骑士传统”（Raper，“Glasgow and Darwinism” 225）而接济从前的黑奴。他不断地抱怨农场上自由了的黑人会“让他破产”，“把［他］赶出家园”，“不给［他］留下一口吃的”（57–58），“总有一天会毁了［他］”（74），把他吃穷到“进救济院”。他声称情况“还不如战前了”，并扬言要“把［那些黑人］连人带家当都赶走”（75）。尽管如此，他还是经常出手帮助黑人。当战争之初就离开了农场的桑博老头的儿子克劳狄亚斯回到农场、住进黑人工棚时，巴特尔将军一边骂他是“世上最无用的流氓”，一边又让人给他送去粮食（57–58）。当他听到老黑奴以实玛利由于担心“回到奴隶制去”而搬离他的农场时，巴特尔将军十分恼火，但最后还是让两个黑人孩子给以实玛利送去了“克里丝小组所捐赠的东西”（59–60）。当他发现黑人摩西的奶牛死了，并且家里又刚刚生了一个婴儿时，他一面抱怨“添了一张吃白饭的嘴”，一面又私下里让尤金尼亚带口信，告诉摩西可以给他“一条火腿”，因为用他的话来说，“不能让这恶棍饿死了”（74–75）。如果说巴特尔将军管理下的农场因为失去了黑人劳动力而衰败的话，其姐姐克里丝小姐的到来则使得农场在一定程度上恢复了往日的繁荣。她一到农场就开始行使“权威的权利”，整肃家务和农活，使农场和家园焕然一新，而做到这一切的法宝就是她擅长支配和管理黑人。在她的指挥下，那些“四处寻衅滋事的黑人孩子”开始清除草坪上的杂草，仆人们也“突然间奇迹般地热情高涨”，两周时间里就把花园、篱笆、草坪清理干净，小麦的脱粒也在她的监视下由“黑人人口”完成了，甚至于谁都管不住的黑人厨子弗伯妮也被她管得服服帖帖。（53–55）克里丝之所以能够让农场旧貌换新颜，关键在于她以新的形式恢复了黑人劳动，重建了白人贵族与黑人之间的主仆关系和经济秩序，说到底与战前一样，依靠的是黑人劳动。客观地说，有关这一切的描写，特别是有关巴特尔将军对黑人的矛盾心态的描写以及黑人人物的刻画，显示出格拉斯哥笔触之中带有讽刺、幽默、调侃的成分，显得过分轻松，结果一定程度上掩盖了现实的残酷程度。不过，透过轻松的表层，格拉斯哥也清楚地揭示了南方经济对黑人劳动的依赖，内战之后黑人依然如故的生存状态以及黑奴制的罪恶对南方社会——特别是白人社会本身——的负面影响。

与《战场》相比，《人民的声音》在作品结局的安排上则显示出格拉斯哥在战后南方种族问题上毫不妥协的批评态度。在参选参议员的关键时刻，尼古拉斯却无暇顾及前程，不得不赶回家乡金斯伯勒去阻止一起动用私刑处死黑人罪犯的暴力行为。考虑到《人民的声音》出版于1900年这一时间节点，格拉斯哥把私刑（lynching）问题引入到作品之中应当具有相当的勇气。内战之后，特别是1877年南方重建结束之后到20世纪初这一阶段，私刑成了美国南方支持种族平等的黑人和白人所面临的最严重威胁。塔斯基吉学院提供的数据显示，1882年至1900年期间，美国发生的针对白人和黑人的私刑死刑高达2858起，其中涉及黑人的有1751起，且大部分发生在南方。[1] 作品对涉及黑人的私刑案件并没有过多的描写，甚至于连涉案的黑人的姓名和罪行也没有交代。我们只是从尼古拉斯的口中得知传闻中的一部分内容："我不了解细节情况，但他们说证据对他不利，足以把他吊死20回。"据此，尼古拉斯认为这个黑人死定了，

1．参阅"Lynchings，by Year and Race"<http://faculty.berea.edu/browners/chesnutt/classroom/lynching_table_year.html>以及"Lynchings:By State and Race,1882–1968"<http://law2.umkc.edu/faculty/projects/ftrials/shipp/lynchingsstate.html>。

但在他这个律师出身的州长眼里，这个黑人的死不能由暴民说了算，而“必须由法律决定”（423）。在此，作品故意用“他们说”模糊了涉案黑人的犯罪事实，这一点与有关尼古拉斯与波拉德之间的传闻不无相似之处，都是所谓的“人民的声音”。在某种意义上来说，格拉斯哥关心的并不是这个黑人具体犯了什么罪，而是南方白人的命运如何与黑人以及种族问题交织在一起，影响着南方社会和政治。就此而言，格拉斯哥在情节安排上让尼古拉斯死于暴民的枪下，表达了其鲜明的政治和种族态度。作品通过尼古拉斯的视角观察到的针对黑人罪犯的私刑并不是简单的“暴民”的暴力行为，而是“精心策划、组织良好的策略”和“付诸行动的复仇”（440）。这一说法当然可以理解为这起事件并非偶然事件，而是当事一方针对肇事者有组织有计划的复仇行为。同时，由于复仇者与肇事者正好是白人和黑人，事件也就变成了没有受到法律约束的种族冲突，成为“付诸行动的”种族冲突的体现。在这一意义上来说，尼古拉斯可以在自己的政治前途上相信人民，可以对来自反对派的政治阴谋置之不理，却不能对涉及黑人的私刑不闻不问，因为这一事件所代表的种族矛盾远比阶级矛盾更为关键，也更为致命。在此，重要的并非尼古拉斯作为一州之长和参议员人选为了法律的公正和一个黑人的性命而丧生（当然这一点已经相当可圈可点了），[1] 而是尼古拉斯之死的警示意义。格拉斯哥在作品中相当理想化地构想了一个白人平民走进南方权力中心的政治蓝图，尽管这一过程并非一帆风顺，特别是阶级的鸿沟致使尼古

---

1. 佩恩（William Morton Payne）在1910年7月1日发表在《日晷》（*Dial*）杂志上的书评中赞扬格拉斯哥对这一场景的描写，认为虽然枪杀尼古拉斯的行为令人震惊，但与对罪犯处以私刑相比，就“没有那么震惊，也没有那么永久地令人沮丧了”。在他看来，这一场景的描写“达到了这一情景应有的崇高境界”，传递出“其严肃程度无以复加的务实的理想主义信息”。详见 Scura 44–45。

拉斯到最后仍然孑然一身，甚至还威胁到他的政治前程，但也正是在阶级差别的层面上尼古拉斯取得了成功。然而，尼古拉到头来却因为种族矛盾而葬送了政治生命，成为黑奴制遗毒的牺牲品。这意味着南方社会白人的进步不可能独立于种族问题之外；如果不解决黑人的问题，白人也不可能独善其身。[1]

不过，正如古德曼指出的那样，格拉斯哥的"南方问题"既与种族相关，又与性别相关。（Goodman 127）如果说《人民的声音》和《战场》着重探讨了种族问题与阶级问题之间的关系的话，《弗吉尼亚》等一系列作品则把焦点指向了种族与性别之间的关系。在论及《弗吉尼亚》的历史语境时，格拉斯哥曾经说南方女性"承受着古老奴隶制最沉重的负担"（*Woman* 97）。不过，这话只涉及了问题的一个方面，因为格拉斯哥所谓的南方女性指的似乎主要是作品中弗吉尼亚这样的白人，特别是那些坚守"躲躲闪闪的理想主义"、过着"庇护之下生活"的女性，而没有把种族与性别的另外一方面——那些不受庇护的黑人女性——包括其中。尽管如此，格拉斯哥在实际创作中并没有把黑人女性完全排斥在种族与性别的关系之外。实际上，白人女性躲躲闪闪的理想主义往往与黑人女性的问题相伴而行；这一点，我们可以从经常出现在作品中的混血儿——特别是混血女性——中看出来。

关于格拉斯哥笔下的混血儿，我们需要从两个方面考察：一是作为生物学现象的混血儿；二是作为南方种族和性别关系现象的混血儿。在美国文学史上，有些少数族裔作家把种族通婚和混血儿视为解决种族冲

1. 尼古拉斯并非格拉斯哥作品中唯一因为黑人而丧命的白人。在《弗吉尼亚》中，弗吉尼亚的父亲加布里埃尔牧师就是为了制止白人暴力残害无辜的黑人而丧命的。

突的可行途径。与格拉斯哥同时代的欧亚裔北美混血作家水仙花就认为“总有一天世界的一大部分将是欧亚裔的世界”（Sui 224），[1] 而在小说《灵感女孩》（*The Hundred Secret Senses*，1995）中，当代美国华裔作家谭恩美则通过作品叙事人奥利维亚之口说“种族通婚是消除种族主义的唯一长久之计”（75）。与这些所不同的是，对格拉斯哥以及当时的美国主流社会而言，混血和通婚却是个问题。尤其是对格拉斯哥而言，南方的混血儿问题甚至与通婚没有太多的关系，不过是白人男性对黑人女性的性奴役。

格拉斯哥作品中对作为生物学现象的通婚问题的考察首先是20世纪初美国主流社会有关优生学讨论的一部分。综观格拉斯哥的作品，其中最明显地介入这一讨论的作品是短篇小说《乔丹庄园》（“Jordan's End”）。乔丹庄园的成员出于家族自傲，一直近亲结婚，而拒绝与外族通婚，结果一代又一代的男性家族成员都得了精神疾病，而女性成员一个个头脑不清。最后，这一家族的年轻一代爱伦·乔丹终于从“亚德利田地”娶来了一位名叫朱迪思的异族姑娘，生了一个男孩。这篇小说是1923年出版的短篇小说集《影子般的第三个以及其他故事》（*The Shadowy Third and Other Stories*）中唯一没有发表过的鬼故事之一。故事发生时，乔丹庄园已经破败不堪，爱伦的四位男性长辈都精神错乱了，其中有一位已经去世，还有三位进了疯人院，而家里剩下的三位年迈的老妇也一个个头脑呆滞。爱伦自己也在三年前开始精神错乱。这样，家里精神正常的人就剩下几个黑人仆人、朱迪思及其九岁的儿子。到故事结束时，爱伦神秘地死了，他的儿子也准备托付给巴尔的摩的精神病专家卡斯泰

1. 水仙花的母亲是中国人，父亲是英国人，但她的作品大多在美国创作和出版。

尔斯，而这似乎预示着最后一代的乔丹仍然将重复其前辈精神错乱的命运。

不过，这篇小说也有它极其现实的一面。首先，格拉斯哥的中后期作品明显地受到心理分析学说的影响，而《乔丹庄园》有着鲜明的心理分析内涵。其次，作品受到生物学、进化论以及优生学的影响。作品中的卡斯泰尔斯医生对乔丹家族疾病的诊断是“这一种族［家族］退化得相当严重”，当地更年轻的一代医生的判断则是“遗传、近亲结婚、疯狂”，而庄园附近的居民则说“乔丹与乔丹合不到一起”（212，209，205）。更为重要的是，这部作品发表于1924年移民法的前一年，是对20世纪初美国主流社会关于移民、种族通婚以及优生学讨论的回应。如果说美国主流社会担心的是移民以及种族通婚会造成白人种族的消亡，格拉斯哥在这篇作品中则颠倒了论题，通过乔丹家族的故事说明了白人的种族优越论/自傲到头来只会造成白人种族的退化。

格拉斯哥对白人和黑人结合产生的混血儿现象的关注远早于《乔丹庄园》，只是观点上显得摇摆不定。《人民的声音》第一次描写了两个混血女子：一个是巴特尔将军家原来的黑奴黛尔菲，另一个是尼古拉斯竞选州长成功之后在回金斯伯勒的火车上见到的一个混血女子：“在他前面的座位上坐着一个没精打采的新时期混血儿，这是结合到一起只会退化的两个种族的衰败的后代。”（309）作品中对这个混血儿只有这么一句简单的交代，但其中的信息很丰富。所谓“新时期混血儿”一说与黛尔菲那样老一代的混血儿相对，表明了格拉斯哥意识到混血儿现象是南方历史中由来已久的种族问题，是战前和战后都存在的问题。同时，“新时期混血儿”也可以理解为内战之后出生的第二代或第三代混血儿。如果这样理解，那么新一代混血儿有别于老一代混血儿之处——“没精打采”、

“衰败的后代”——则代表着格拉斯哥接受了美国主流社会有关种族通婚的理论，那就是种族通婚会导致多代之后种族活力的退化。与这个新一代混血儿相比，作品中的黛尔菲无疑是战前白人和黑人相结合的产物。她是巴特尔将军府上的洗衣女工，是“一个身材魁梧的混血儿，胸膛宽阔扁平，双手巨大，看上去像是被热水浸泡成了铅蓝色”（72）。格拉斯哥对黛尔菲的描写总体上比较正面。克里丝小姐整顿家务时威胁厨子弗伯妮，如果她再私吞农场的鸡的话，就要让黛尔菲做厨子。尤金尼亚与黛尔菲保持着比较亲密的关系，把黛尔菲的女儿苏克当作“知心朋友”，并受到她们的影响讲话时夹杂着黑人英语。当巴特尔将军嘲笑尤金尼亚交了“一个黑得像黑桃A一样的知心朋友”时，她又在无意之中道出了黛尔菲及其女儿的混血儿出身：“爸爸，她不黑；她只是黄棕色。”（62）不同于新一代混血儿，黛尔菲精力充沛，在其女婿摩西面前表现得很强势，甚至最终还顺应时代变化，在里士满开了一间洗发店。不过，她似乎内化了白人的种族观念，不喜欢其女儿贝齐刚刚出生的婴儿，因为这个婴儿“黑得像乌鸦脚一般”（73）。值得注意的是，格拉斯哥通过作品中对黛尔菲的女儿贝齐和马哈丽的描写回应了美国主流社会有关优生学和种族自杀的问题。贝齐和摩西生了十几个孩子，多得连他们自己都数不过来了，甚至于尤金尼亚在离家上学前让尼古拉斯猜要发生什么时，后者都能把这当作一种可能：“贝齐又生孩子了？”（129）。与留守乡村的贝齐不同，马哈丽那样进了城的人则认为“质量不再靠孩子的数量了”，因为“[城里人家]人越少，家长的头昂得越高”（104）。其中，贝齐作为混血儿后代的女子的旺盛的生育能力正好回应了当时优生学有关混血儿后代会丧失生育能力的观点，而马哈丽的观点则从另一个侧面回应了同一个问题，意思是时代变了，更重要的是人口的质量，生育已经不是女性最主要的任务。

在《人民的声音》之后，格拉斯哥刻画了一系列的混血儿形象，其中包括《战场》开篇时在马车上领唱的那个“身材高大、胸部丰满、在同类中长相标致”且“颇有艺术家激情”的混血女子（5）;《救赎》中布莱克庄园为卡拉韦律师开门的“围着肮脏围裙的一个大个子混血妇女”（16）;《古老法则》中的三个混血儿：化名为丹尼尔·奥德威的刑满释放的主人公丹尼尔·史密斯在弗吉尼亚南方小城塔帕汉诺克见到的一个用“刺耳的女高音”唱歌的混血妇女（15），他的房东所雇用的一个“头发编成一打细辫子的”“混血小女孩”（54），以及他回家为父亲奔丧时在家里遇见的一个“机灵的年轻混血男子”（294）；在以内战十多年之后的里士满为背景的《一个贫民的罗曼司》中，年幼的主人公本·斯塔尔看到“巷子里钻出一群吵吵嚷嚷的少年混血儿”（24），而他少年时又注意到“一位白人掌柜在人行道上与一位混血女子争吵”（113）；在《老教堂的磨坊主》中，农场主的儿子乔纳森·盖伊回到农庄时，帮他把马牵走的是“一位还未完全发育的混血男孩”（31）；在《生活与加布里埃拉》中，加布里埃拉在等待昔日恋人亚瑟时，看到“一个衣着整洁的混血女仆的身影”穿过门厅去为亚瑟开门（514）;《浪漫的喜剧演员》中，63岁的鳏夫霍尼威尔法官走进自己房间时看到一个名叫阿尔伯塔的“亮丽混血姑娘”，突然间感到“非得抚摸其手臂不可的欲望”（45）；在《她们委曲求全》中，利特尔佩奇律师觉得男性有了孩子之后更应对婚姻负责，但他的马克叔叔则另当别论，因为那涉及的是“混血孩子的事例”（259）;《铁的气质》中，芬卡斯尔一家进城之后雇了一个名叫蒂莉的“肤色不深的混血女仆”做饭，但在大萧条期间因为经济紧张而不得不把她解雇了（317）。以上这些混血儿形象大多在作品中一闪而过，对情节的发展没有多大影响，却是作品所描写的南方社会背景上不可或缺的点缀。从总体上看，这些混血儿形象已经不再是生物学现象，而是社会现象，折射出南方社会的种族、阶级、性别的关系。

与以上这些闪现的混血儿形象不同，《弗吉尼亚》、《贫瘠之地》、《庇护下的生活》以及《今生今世》这四部作品中的混血儿形象不仅所占的篇幅更多，而且还直接影响到作品情节的发展或作品人物的命运，反映出种族问题对南方社会广泛而又深刻的影响。从时间上看，这些混血儿的形象贯穿了1884年到1939年间的弗吉尼亚社会和历史。从主题上看，这些作品涉及的混血儿形象与南方社会的阶级关系、种族冲突、经济结构、性别矛盾、公平正义等一系列社会问题紧密相关。

《弗吉尼亚》是第一部较多地反映混血儿问题的作品。作品中躲躲闪闪的理想主义很大程度上也是对“南方的问题”——种族问题——的视而不见。格拉斯哥把作品分为《梦想》、《现实》和《调节》三个部分，并为《现实》的最后一章取名为《南方的问题》。按照古德曼的分析，格拉斯哥所谓的“南方的问题”既是种族问题又是性别问题。这话不是没有道理。在论及当时的历史语境时，格拉斯哥曾经说南方女性“承受着古老奴隶制最最沉重的负担”（*Woman* 97）。在古德曼看来，年轻的弗吉尼亚看着旧时的奴隶市场竟然能“无动于衷”，是躲躲闪闪的理想主义使得人们漠视“女性的地位、南方黑人的困境以及弗吉尼亚州的状态”（Goodman 127）。作品中的南方实业家塞勒斯·特雷德韦尔对其黑人情妇曼蒂的冷漠、偏见，对其私生子枪杀警察一事的不闻不问，以及作品中弗吉尼亚的父亲、牧师加布里埃尔为了制止白人残害无辜黑人的暴行而身亡，这些都是作者对奴隶制罪孽深刻但又并不激烈的批判。

从总体上看，《弗吉尼亚》主要通过混血儿现象揭示了南方种族问题的核心。作品中的混血儿包括通过少女时代的弗吉尼亚的眼睛看到的早晨街头"一个卖蔬菜的混血小贩"(52),透过实业家塞勒斯·特雷德韦尔的视线所看到的黑人居住区里"成群结队的混血孩子"(82),弗吉尼亚参加的一场舞会上"激情"演奏音乐的"混血乐手们"(151),弗吉尼亚孩子们的保姆马西——一个"无知的混血女孩"(354),弗吉尼亚和丈夫奥利弗·特雷德韦尔乔迁新居时雇用的一个"傲慢的混血管家"(410)。不过,格拉斯哥在作品中着重刻画的是塞勒斯和黑人洗衣工曼蒂所生的朱贝尔,一个用曼蒂的话说"白得好像属于白人"的混血儿(367)。内战结束后不久,塞勒斯与还不满15岁的曼蒂私通,结果被妻子发现,把曼蒂扫地出门。一个月之后,曼蒂生下了混血儿朱贝尔。18年之后,朱贝尔因为枪杀警察而被捕。因为担心白人会用私刑吊死朱贝尔,曼蒂求助于塞勒斯,希望他出手相助。塞勒斯仅仅用50美元打发了曼蒂,而拒绝出面相救,因为用他对曼蒂所说的话来说:"他这是罪有应得。你的种族应当知道,犯了法就该付出代价。"(366)塞勒斯根本没有把朱贝尔看成自己的骨肉。与之形成对照的是,尽管其家道中落的侄子奥利弗·特雷德韦尔对他的意志违抗不遵,但仍然被他视为亲人,愿意给予帮助:"就算这孩子是个蠢蛋,我也不是那种让自己家人缺衣少食的人。"(175)塞勒斯是一个企业家的形象,但他更多地代表的却是其女儿苏珊眼中的"男权专制"(362)。他与曼蒂的亲密关系暴露出来当然是白人的种族专制。他玩弄曼蒂,对朱贝尔不闻不问,拒绝为曼蒂加工资。在他眼里,曼蒂加工资的要求是"彻头彻尾的敲诈",并庆幸自己没有让步。他认为这样做不是把问题扼杀在摇篮里,而是"扼杀在了根上"。值得注意的是,格拉斯哥在揭露塞勒斯的种族专制的同时,还通过曼蒂的视角揭示了塞勒斯种族压制背后的逻辑悖谬。曼蒂在塞勒斯面前表现出来的是“动物般的言听计从”，但这并非黑人的种族天性，而是白人强权压制的结果：“我不懂，但我不懂就屈从了。我这样子难道不是你逼的？我这样子难道不是你想要的？你把我逼成这个样子却又鄙视我。”（174–175）显然，黑人问题以及与之相关的种族间的亲密关系并不像塞勒斯想象的那样可以轻易根治或撇清关系。对此，格拉斯哥十分清楚。塞勒斯并没有因为他与曼蒂之间的亲密关系而受到惩罚，但这并不意味着格拉斯哥默许这种行为，对此坐视不管。实际上，格拉斯哥不仅在情节设计上让弗吉尼亚的父亲加布里埃尔在阻止白人对黑人的私刑中丧命，而且还在作品的场外情节之中设计了朱贝尔枪杀白人警察的事件，而这起到了——用古德曼的话来说——“警告的作用”（Goodman 128），尽管两者实际上没有真正引起作品中那些抱着躲躲闪闪的理想主义的人物的关注。虽然作品并没有把种族问题作为作品的核心主题，但钳制作品核心主题的恰恰是种族问题，特别是处于情节边缘的种族间亲密交往所体现的诸多与种族问题相关的性别、经济、正义等问题。在作品描写的弗吉尼亚的故事周边，我们看到的确实是对种族问题的漠视可能带来的问题。这其中，不仅有因犯谋杀罪而终将受到法律惩罚的混血儿朱贝尔，有弗吉尼亚及其母亲对种族问题的视而不见，其父亲内心深处对黑人的偏见，塞勒斯与曼蒂之间的关系对其妻子及夫妻关系的可能毒害，加布里埃尔为阻止对黑人的私刑而丧命，甚至于还有情节边缘被朱贝尔谋杀的那位不知姓名的白人警察。尽管作品并没有交代逃脱私刑的那个黑人和混血儿朱贝尔的命运，但两者在作品中的闪现所牵涉的一切已经足以说明作品所描写的南方问题之所以成为问题，其根本原因还在于黑奴制的流毒。在南方这个特定的社会语境中，无论是经济问题，还是性别问题、阶级问题或者家族问题，都无法逃脱黑奴制流毒的困扰和侵害。实际上，无视作品借混血儿问题所前置的种族问题，正是躲躲闪闪的理想主义的表现，而这样的表现模糊了“罗曼司与现实之间的边界线”（376），最终造成了南方社会诸多的问题。

如果说《弗吉尼亚》中处于情节边缘的混血儿朱贝尔主要是作品故事的南方背景，仅仅间接地影响到主人公弗吉尼亚的故事的话，那么在以20世纪之交（1894–1924）的弗吉尼亚为历史背景的《贫瘠之地》中，主人公多琳达的爱情故事和创业历程则与混血儿有着密切的关系。作品的这一历史背景尤其重要，因为正如莱西格（Matthew Lessig）所指出的那样，《贫瘠之地》的创作时间“1923年夏至1925年4月”与“美国文化和政治之中本土主义和优生学影响的高峰期相一致”，而格拉斯哥自己不仅“一辈子对后达尔文时代的进化论感兴趣”，而且还与这一时期参与弗吉尼亚种族关系争论的一些“社会和政治精英们”“关系密切”。在莱西格看来，格拉斯哥通过多琳达的故事，用“资本主义的劳动伦理”取代了“其贫穷白人传统”，同时又放逐了“其游手好闲的弟弟”，以“严密监管下的黑人劳动者”取而代之，借此“整治传统的共和精神，维护农耕的白人性，维护［进步时代通向现代化］农业阶梯的种族化逻辑”。按照莱西格的分析，格拉斯哥不仅在情节设计上依赖黑人劳动力支撑多琳达的农场经济，而且还通过其黑人人物“强调多琳达更为理性的行为”，标示她的“成熟”（238–240，266，265）。这样的诠释毫无疑问切中了问题的要害。实际上，通过多琳达及其“对历史所作的生物学阐释”（447），格拉斯哥在一定程度上回应了那个历史语境中美国社会对优生学及与之相关的种族问题的主流话语，而其中最集中的体现则是作品中的混血儿问题。

不同于《弗吉尼亚》中几乎处于缺场状态的混血儿朱贝尔，《贫瘠之地》中的混血儿与作品人物如影随形，其中包括杰森的父亲与伊德贝拉所生养的一堆混血儿以及多琳达奶牛农场上雇用的混血儿。莱西格认为格拉斯哥在作品中脱离了当时弗吉尼亚城市的种族现实，刻画的是她自己童年时期的“种族和谐”。在他看来，多琳达过分依赖黑人劳动力，从而威胁到“小说中的农业改革和乡村现代化工程”（Lessig 241–242）。多琳达奶牛农场的成功以及它所体现的性别经济与诸多原因相关，涉及资本、技术、性别、经济、战争等因素，但其中一个最为核心的问题是劳动力，特别是黑人劳动力。就此而言，多琳达的农业经济虽然在农耕模式上变化巨大，但它实际上又以重构的劳资关系恢复了内战前南方农场的经济秩序，回到了依赖黑人劳动力的时代。虽然混血儿问题与多琳达和杰森之间的情感并没有太大的关系，但老格雷洛克医生的“五棵橡树”农场及农场上那些他与伊德贝拉所生的混血儿错时空地把战前的黑奴制置于20世纪之交的弗吉尼亚乡村，象征着黑奴制之恶和传统的性别关系，体现了落后、衰败且堕落的经济模式，因而也是多琳达需要躲避和抛弃的种族、性别关系和经济模式。早在开篇伊始，小说就交代了“五棵橡树”是一个“11月到6月间在烂泥里挣扎”的“破败农场”（6）。格雷洛克医生为“土地以及缺少劳动力而伤透脑筋，天天酗酒，渐渐走向死亡”（7），而与他相伴的则是一窝混血子女。其后，作品又通过多琳达父亲之口交代了格雷洛克医生的吝啬与冷酷，说他“甚至在妻子去世之前，就养着那个艳俗的黄皮肤女孩伊德贝拉”（124）。在得知自己被杰森抛弃之前，多琳达因为避雨而来到“五棵橡树”。她所见到的是黑暗之中闪烁的房间、房间里的灰尘和蜘蛛网、燃烧着的松树发出的蓝色火焰、火焰前阴险的格雷洛克医生。这一切与噼啪的雨点、雷鸣电闪一起构成了一幅恐怖的“噩梦”景色。（146）当她从老格雷洛克医生口中得知杰森已经抛弃她而与邻近农场的吉尼娃结婚时，多琳达冲出“五棵橡树”，结果在路上遇上了混血儿伊德贝拉。作品把伊德贝拉描述为“一个高个、大胸、穿着华丽、无拘无束、长相端庄的混血女人”，说她身上“混血女子所具有的气派有时是对人种学的公然挑战”（150）。按照莱西格的说法，格雷洛克家族成员是作品中“唯一与南方奴隶制传统和异族通婚有着直接关联的人物”（Lessig 245），而阿蒙斯则把老格雷洛克医生视为“南方传承而来的白人男性权力结构”的象征。在阿蒙斯看来，老格雷洛克医生养黑人情妇和私生子，拿着马鞭寻找鞭打对象，这些行为实际上“沿袭了奴隶制”（Ammons，*Conflicting Stories* 172–173）。由于伊德贝拉自己就是混血女子，而且其黄色的皮肤还说明她可能并不是第一代混血后代，因此作品就很自然地把南方的混血儿现象追溯到内战之前。同时，伊德贝拉与老格雷洛克医生的混血子女又把混血儿现象所象征的种族和性别关系延续到20世纪之交，使之成为现实中“社会明暗交界线之外”的奴隶制的再现和复制。（7）就此而言，多琳达因为杰森的背叛而没有成为“五棵橡树”种族和性别关系牺牲品，反而是因祸得福。

多琳达奶牛农场雇用的混血儿在其经济成功中起到了重要作用。不同于“五棵橡树”农场的混血儿，多琳达雇用的混血儿与历史的关系不大，更多地象征着南方农业经济的出路和未来，反映的是新的资本主义劳资和伦理关系。在描写“五棵橡树”农场的混血儿时，格拉斯哥总是不失时机地把他们置于作品的前景上，以突显他们的混血身份及其问题：“一窝无名无姓的混血儿后代”（7）、“一窝混血儿在家里乱跑尖叫着［躲避老格雷洛克医生的鞭子］”（62）、“好几个混血婴儿像又小又淘气的动物在原木堆上爬来爬去”（131）、“还有好多伊德贝拉的混血孩子们在‘五棵橡树’农场徘徊不去”（476）。这些描写透露出来的混血儿的生存状态、社会地位以及数量之多，有着明显的夸张成分，给人的感觉是格拉斯哥似乎不惜牺牲现实主义的写作手法，想把黑奴制下混血儿的问题都展现在作品之中。与之不同，在描写多琳达奶牛农场所雇用的混血儿时，格拉斯哥显得有所顾忌，欲言又止，好像有意要深藏、隐藏他们的混血儿身份。事实上，其中唯一被明确点明混血儿身份的是混血女工玛丽·乔·格林。玛丽·乔最初是多琳达请来养鸡的，而多琳达的这一想法也得到了其母亲奥克利夫人的支持，因为在后者看来，玛丽·乔是“一个聪明的姑娘”（277）。后来，当多琳达开始经营奶牛农场时，她又分配玛丽·乔帮助她的主要助手弗卢万娜负责养奶牛的工作。不过，直到作品第2部第16章玛丽·乔在作品中最后一次出现时，格拉斯哥才在多琳达说她绝不允许男性介入她的工作时，顺带交代了玛丽·乔是混血儿：“玛丽·乔勒住马，咯咯地笑起来；她是一个迷人的混血姑娘，对碍事绊脚的男性可谓无所不知。”（371）与玛丽·乔相比，作品对多琳达奶牛农场上另外两个雇工——埃比尼泽·格林和弗卢万娜·穆迪——可能的混血儿身份则不着一字。埃比尼泽是玛丽·乔的兄弟，多琳达正是通过他雇用了当时才十四五岁的玛丽·乔的。因此，尽管作品并没有说明埃比尼泽的身份，按常理判断，他的混血儿身份应当是没有问题的。至于弗卢万娜，尽管她是多琳达经营奶牛农场的过程中最主要的帮手，但格拉斯哥并没有明确说明其身份。不过，有证据表明她很可能是混血儿。首先，作品第一次提及弗卢万娜家族时说，“与穆迪家族和普朗特雷家族一起，格林家族代表着佩德勒磨坊的有色贵族”（76）。在此，格拉斯哥把格林家族和穆迪家族相提并论，而且并没有说这两个家族是黑人，而是说“有色”。由此判断，如果格林家族是混血家族，那么穆迪家族很可能也是混血家族（按照这一推理，作品中多琳达雇用的另一个人物彼得·普朗特雷也可能是混血儿）。其次，作品虽然没有对弗卢万娜的家人作细致的交代，却提到了其儿子朱贝尔一战中“在一家法国医院里去世”（448）。由于“朱贝尔”正是《弗吉尼亚》中塞勒斯和其黑人情妇曼蒂所生的混血儿的名字，它很可能也暗示着穆迪家族或弗卢万娜的混血儿身份。再者，格拉斯哥还有可能通过“弗卢万娜”这一名字本身暗示她是混血儿。“弗卢万娜”（Fluvanna）这个词可能有两个来源：一是弗吉尼亚中部弗卢万纳县的县名，其来源是该县附近的詹姆斯河的古称“弗卢万纳河”；[1] 二是可能源于1921年曾经获得美国赛马冠军的一匹良种马的名字。“良种马”（thoroughbred）原意指纯种马，但现代所谓的纯种马实际上都是英国母马与阿拉伯马、北非马和土库曼马杂交的后代；因此，“thoroughbred”一词从物种上来说本来就是一个矛盾的集合体，既指纯种马，但实际上又是杂交马。由于《贫瘠之地》创作于1923年至1924年间，所以格拉斯哥也许把那匹名叫弗卢万娜的杂交母马的名字用到弗卢万娜身上，以暗示其混血儿身份。

格拉斯哥之所以对以上两类混血儿态度不同，对前一类不吐不快，对后一类遮遮掩掩，可能与作品的创作年代和历史背景有着密切关系。《贫瘠之地》的创作与1924年的移民法案同处一个时期，而这时正是种族主义话语在美国政治和学术领域较为盛行的时期。1924年移民法的通过在某种程度上说明了科学主义种族话语最终在美国占据了上风，而科学主义种族话语有两个相互关联的核心内容。第一个核心是随着19世纪末20世纪初大量的移民——特别是南欧移民和亚洲移民的涌入，同时也随着美国白人女性生育率的下降，美国主流社会担心少数族裔人口的大幅

1. “Fluvanna”意为“安妮的河”，得名于英国安妮女王的名字。(Gannett 128)

增长会导致北欧白人种族最终消亡。这一点，我们可以从罗斯福的一系讲话、格兰特的著作《伟大种族的消亡》（*The Passing of the Great Race*, 1916）以及斯托达德（Lothrop Stoddard）的《对抗白人优越的有色人种兴起之潮流》（*The Rising Tide of Color Against White World-Supremacy*, 1920）中看到。与第一个核心内容密切相关的是美国社会对种族通婚和优生学的关注。1904年，美国优生学的主要研究者达文波特（Charles Benedict Davenport）成为冷泉港实验室主任，并于1910年成立了美国优生学纪录办公室，聘请劳克林（Harry H. Laughlin）为该办公室主管。在达文波特和劳克林的影响下，20世纪20年代美国开设优生学课程的高校达到350家，而其最重大的影响则是1924年的移民法。[1] 如果说控制移民意在从外部控制少数族裔人口数量，从而保证白人人口数量的绝对优势的话，那么优生学则试图在内部确保美国白人人口的质量，使之不致消亡。为了达到这一目标，劳克林等人一方面提倡政府让劣等公民绝育，另一方面又禁止种族通婚。达尔文曾经在《物种起源》中说过，如果差距较大的"有机生命"之间杂交，那么其杂交产生的后代"通常在一定程度上会不育"（280）。[2] 无论从哪一方面讲，劳格林等人把禁止种族通婚——特别是白人和黑人之间的通婚——视作了优生学事业的重要内容，从而既保证白人种族的纯洁性，又保证白人不因为与黑人通婚而导致不育，走向种族灭亡的命运。事实上，为了推动各州实施禁止种族通婚，劳格林在《美国的优生绝育》（*Eugenical Sterilization in the United*

1. 关于罗斯福、格兰特、斯托达德、劳格林等人的种族主义或科学主义种族观念，参见潘志明：《作为策略的罗曼司》，第152–155页。
2. 不过，在达尔文看来，人类种族并非不同的物种。由此判断，不同种族之间的通婚并不会像20世纪初的一些优生学家所担心的那样会导致混血儿后代的不育。

States，1922）一书的第十五章中对此提出了一整套完备的原则和法律范本（146–152）。在劳格林等的推动下，格拉斯哥所在的弗吉尼亚州于1924年通过了《种族健全法案》，禁止种族通婚。此外，种族通婚问题也在民间引起关注和讨论。例如，安德森（Sherwood Anderson）和福克纳（William Faulkner）两人就在20世纪20年代为混血儿是否天生就是不育的问题争论过（Blotner 179–180）。

由于格拉斯哥本人对进化论的遗传理论颇为关注，并且对优生学和种族通婚的讨论不无了解，[1] 加之《贫瘠之地》正好创作于美国移民问题以及有关优生学和种族通婚问题的讨论极为敏感的时期，作品在混血儿的处理上也就显得尤为谨慎。也正因为如此，作品中才会出现两种大不相同的处理混血儿问题的方法。在描写“五棵橡树”农场的混血儿时，格拉斯哥在一定程度上错置了时代背景，把老格雷洛克医生描写为黑奴制时代农场主的形象，同时又突显其混血后代的动物性，从而既使之呈现出黑奴制时代的特点，达到鞭挞黑奴制之恶的目的，又借此把多琳达的爱情故事以及她所代表的性别经济和现代农业制度与之区分开来。因此，这一处理在表面上迎合优生学有关种族通婚的观念的同时，实际上又正好与多琳达故事所要表达的主题相一致。与之相反，格拉斯哥在处理多琳达奶牛农场雇用的混血儿时显得低调得多，对他们的混血儿身份不愿意或不敢加以渲染，似有难言之隐。

不过，如果我们参透其中的奥秘，就不难发现这样的处理背后很可

---

1. 根据莱西格的研究，格拉斯哥与当时关注种族通婚问题的一些弗吉尼亚精英和政治家关系密切，其中特别还包括与她长期保持婚约关系的亨利·安德森（Lessig 240），所以她应该熟悉当时有关优生学和种族通婚问题的争论。

能隐藏着格拉斯哥自己与优生学相冲突的混血儿观念和种族通婚观念。多琳达在经营奶牛农场的过程中尽量不使用白人雇工，而是依赖黑人，特别是混血儿，其中固然与当时人口向城市转移、乡村劳动力稀缺这一特定的历史原因有关，但更重要的是，格拉斯哥/多琳达对白人贵族和贫穷白人不信任。因其遗传而来的“坏血统”（464）、“骨子里的懒惰”以及醉酒的习性（286），格雷洛克家族——老格雷洛克医生及其儿子杰森——代表着格拉斯哥所谓的“正在消亡的文化”和“日渐衰亡的贵族阶层”，而多琳达的弟弟，游手好闲、不务正业的鲁夫斯所代表的“‘贫穷白人’的杂交品种”说明了格拉斯哥所说的“更为落后的乡村”已经“堕落到了道德惰性状态”（*Measure* 155）。从这方面考虑，多琳达雇用混血儿的做法也反映出她对白人贵族和贫穷白人的不信任，而这样的不信任构成了格拉斯哥自己对优生学和种族通婚问题的回应，隐含着她对当时相关主流观点的质疑。作品中白人贵族的衰败以及贫穷白人的堕落分明是对美国优生学家所谓白人种族纯洁性理论的挑战，而多琳达雇用混血劳动者则揭示了禁止种族通婚观念的荒谬逻辑。

其实，除了以上这些对优生学的质疑之外，格拉斯哥还在作品中设置了其他一些相关的细节以对抗以优生学为理论基础的种族观念，其中之一是作品对多琳达的堂姐阿尔迈拉的描写。阿尔迈拉和其丈夫每年生一个孩子，这在表面上迎合了罗斯福要求白人女性多生孩子、防止白人种族消亡的号召，甚至于还与优生学要求禁止道德不健全者结婚生育的理论有着不谋而合之处，但格拉斯哥实际上把阿尔迈拉刻画成一个“不负责”的负面人物，认为“‘贫穷白人’的所有美德和恶习都在她身上集中绽放”，嘲讽她与其丈夫“心满意足地住在一处两居室的原木小屋里”，而她的丈夫则是一个“爱喝威士忌，讨厌劳动”的人。尽管阿尔迈拉怀疑其丈夫是否记得住“这么为数众多的孩子的名字”，阿尔迈拉“仍然带着野兔一般平静如水的道德心态，欢迎一年一度新增的孩子”（92–93）。这样的描写把阿尔迈拉比作急速繁殖的野兔，无论从女性意识的角度来看，还是从种族繁衍的角度来看，都是对美国优生学家和罗斯福这样的政客的回击。值得注意的是，尽管批评家对作品中有关黑人和混血儿的描写多有微词，特别是诟病作品中多琳达对弗卢万娜的偏见，但如果我们考虑到作品创作的特殊时间节点，考虑到作品整体上传递出来的种族观念，我们似乎不应当以今天的种族观念要求格拉斯哥，而应当看到作品中她对如日中天的优生学和禁止种族通婚的主流话语的质疑，欣赏她批评白人、赞扬黑人和混血儿的勇气。其实，从象征意义上来说，“老农场”之所以不再是贫瘠之地，之所以能够焕发勃勃生机，富饶丰产，正是因为多琳达摆脱了单一的作物种植模式，引入了混血劳动者，而这毫无疑问是对优生学种族纯洁性逻辑的批判。就此而言，格拉斯哥在作品设计上把弗卢万娜作为多琳达最信任的劳动者和伙伴，有其至关重要的意义。批评者往往忽视多琳达对弗卢万娜的依赖和友情，只看到她对弗卢万娜的种族偏见，甚至于不切实际地希冀她超越时代，超越资本主义劳资关系。作品中，在鲁夫斯杀人之后，弗卢万娜确实在多琳达最需要她的时候“想方设法来迟了”（319），而且多琳达也并不是十分信任她雇用的黑人和混血儿，担心他们“怠慢工作”，影响到牛奶的产量。其实，在多琳达看来，弗卢万娜“优于大多数无知的白人女性”，而“怠慢［工作］的本能”并非黑人或混血儿的天性，而是“南方这块土地上固有的”本能，有时连多琳达自己都感到这种惰性的“诱惑”（302）。就多琳达与弗卢万娜的关系而言，两者虽然是主仆关系，但弗卢万娜逐渐成了多琳达最信赖的人。她与多琳达生活在同一个屋檐之下，是唯一一个与多琳达常相伴的人物，并且两者之间的关系最终超越了主仆关系——“两个妇人之间的感情发展超越了主仆之间并不牢靠的联系，已经变得牢固而游刃有余，就好像是把亲人们连接在一起的感情纽带”（340）——甚至于胜过后来成为多琳达丈夫的白人内森。两者之间的这种亲密关系当然可以解释为女性之间的友情或姐妹情，是多琳达性别经济的重要组成部分，但同时也可以理解为种族之间的亲密交往，是南方农业变革的支柱和新型的劳资关系的体现。

格拉斯哥对混血儿的态度还可以从《庇护下的生活》和《今生今世》中看出来。在格拉斯哥的作品中，把《贫瘠之地》、《庇护下的生活》、《今生今世》联结在一起的主题之一是法律正义问题。多琳达的弟弟鲁夫斯杀人之后，其母亲出于亲情关系提供了他不在场的证据，从而使之逃脱了法律的制裁，而这使其母亲一蹶不振，很快就离开了人世。在《庇护下的生活》中，爱娃因为看到丈夫乔治与阿奇博德将军的孙女珍妮·布莱尔调情而枪杀了乔治，但阿奇博德以南方虚伪的传统为准则，对作品中爱娃枪杀其丈夫的事实置之不理，宣称“爱娃无意朝她丈夫开枪。珍妮是清白的”。在《今生今世》中，白人女性斯坦利驾车撞死人之后，与其母亲的叔叔一起策划，把肇事逃逸的责任推到不在现场的混血儿帕里·克莱身上。不同于前一部作品的是，后两部作品——从作者格拉斯哥的角度来看——更公开地直面混血儿问题。虽然两者所关注的焦点并不是混血儿，但作品中讲述的白人的故事与混血儿有着直接的关系。

《庇护下的生活》在一定程度上延续了格拉斯哥对遗传问题的关注。古德曼认为格拉斯哥在作品中“通过梅莫里亚这个人物为黑人女性的历史树碑立传”。在她看来，梅莫里亚这个混血儿的名字“代表着记忆”，而这样的记忆与作品中的珍妮·布莱尔、伊娃等白人女性难分难解。（Goodman 190–191）作品主人公珍妮·布莱尔对乔治·伯德松的迷恋体现了阿奇博德家族“本性之中不时闪现的光芒”，[1] 但真正把作品中伯德松家族和阿奇博德家族联系在一起，并使之代表南方社会的关键人物则是混血女子梅莫里亚。原文梅莫里亚的名字—Memoria—所象征的记忆与忘却正是作品所要探讨的南方社会历史的重要组成部分。[2] 作品中，阿奇博德将军及其所代表的南方传统选择忘记历史，甚至无视现实。通过展示作品人物对历史的失忆和对现实的漠视，格拉斯哥试图揭示的是庇护下的生活之外的真实历史与现实，而不是像作品中的老一辈白人教会珍妮·布莱尔的那样，“按照她想要看到的方式看待生活”，“在永恒地逃避现实之中生存”。作品中两个家族的人大多采用选择性的记忆方式，以构建他们所愿意看到的“外在模样”，逃避真相，其中特别是阿奇博德将军。（*Measure* 201，203）为了“面子”，他娶了一个与他一起困在暴风雪中一夜的姑娘；同样是为了“面子”，两者婚后相敬如宾，各守其职，生了三个孩子。当妻子去世之后，阿奇博德有意与一位“修女一般的”年轻女子再续姻缘，但考虑到他的两个没有出嫁的女儿以及儿媳妇母女两个，他最终放弃了这一念头。（32）他更愿意记住自己对妻子的忠诚，而把他在英国时与一位有夫之妇的恋情抛于脑后。在现实生活中，

---

1. 格拉斯哥认为本书的主人公不是珍妮·布莱尔，而是其祖父阿奇博德将军。她在1932年9月22日写给艾伦·泰特（Allen Tate）的信中说：“在阿奇博德这个真正的主人公身上，我所描写的是受教化之人的命运；在他的世界里，我们所缔造的种种文明还没有开化。”（*Letters* 124）后来，她在《某种程度》中重复了这一说法：“正如至少一位评论家看出来的那样，老人［阿奇博德］……是书的中心人物。”（*Measure* 204）不过，就其核心情节而言，作品讲述的毕竟是珍妮·布莱尔的故事，描写的是珍妮如何在阿奇博德等长辈所代表的躲躲闪闪的理想主义影响下，逐步从一个纯真的少女变成了一个生活在庇护之下的南方女性的过程。
2. 古德曼把这部作品与库柏（James Fenimore Cooper）、华顿、凯瑟、福克纳、莫里森（Toni Morrison）等人的作品一起归入“位列美国伟大的记忆小说”之列。（Goodman 192）

他与他的家人一道选择推崇伯德松夫人爱娃，视之为南方女性传统美德的象征，而漠视其丈夫一再背叛她的事实。爱娃自己对乔治的背叛也视而不见，而只记住其儿时从火灾中救出三岁的梅莫里亚时的英勇之举。珍妮·布莱尔在作品开篇时确实是一个纯真女孩，但在周围人躲躲闪闪的理想主义的熏陶和庇护下，其纯真只落得徒有其表。她既无视周围的现实，又不能正视自己的行为，更不知道自己的行为可能造成的严重后果。十岁的珍妮·布莱尔骑着滑轮闯入黑人居住区，结果因为受伤而来到梅莫里亚家。她在梅莫里亚的家里碰上了后者的情夫乔治，并与之达成保守秘密的协议，从此也就开始了她无视现实的经历。其结果是，珍妮·布莱尔无视现实中爱娃、乔治、梅莫里亚的真实关系，并且还不断美化其眼中的爱娃和乔治，对爱娃产生依恋，对乔治更是爱慕得不能自拔，从而不仅导致她自己爱上了不该爱上的人，而且还导致了爱娃愤怒之下枪杀乔治的悲剧。可以说，如果珍妮·布莱尔身边的任何人——无论是阿奇博德将军，还是其母亲阿奇博德夫人，或者是乔治或爱娃——让她知道乔治和梅莫里亚的真实关系，如果她正视她自己的所见所闻，那么她或乔治的悲剧就不至于发生。值得注意的是，格拉斯哥把梅莫里亚置于一切矛盾的中心，既使之成为衡量南方种族和社会历史记忆的标尺，又使之成为作品人物所要回避和漠视的记忆，因而成为了检验躲躲闪闪的理想主义的标尺。在梅莫里亚的身上，我们看到的不仅是南方社会对历史和现实的失忆，而且其混血儿身份本身无疑就是南方白人和黑人之间经济和性别关系的结果和延续。作品中对梅莫里亚的家庭背景语焉不详。我们只知道其祖母是爱娃家的奶妈，而送梅莫里亚上学的是她的“白人家人”——乔治的父母。除此以外，作品从头至尾没有提及其家族的男性成员，而她的大儿子——一个“肤色很浅的十岁男孩”——

显然没有合法的父亲。（51）这一切说明梅莫里亚及其儿子都是白人和黑人之间亲密交往的见证。

除了其社会意义之外，格拉斯哥还在描写的过程中赋予梅莫里亚的混血身份以生物学含义。作品虽然只指名道姓描写了梅莫里亚这么一个混血儿，但她很显然代表着作品中昆伯勒这个城市中众多的混血儿。作品在珍妮·布莱尔的母亲阿奇博德夫人和姑姑埃塔之间的对话中透露，梅莫里亚“好不容易把她的三个孩子带大”——这三个孩子显然没有合法的父亲，而由于梅莫里亚自己是混血儿，所以不管其孩子们的父亲是黑人还是白人，他们都是混血儿。事实上，由于作品交代了其大儿子肤色很浅，他的混血儿身份可以说是确定无疑的。除此以外，作品虽然没有再交代其他混血儿，但作品在描写珍妮·布莱尔踩着滑轮进入黑人居住区时，格拉斯哥故意通过她的眼睛注意到窗帘在微风吹拂下飘动，从黑人居住的屋子窗口露出来的“说不清肤色的女人们”在“操着一种[她]觉得激奋而又不熟悉的语言讲话”（49）。这些犹抱琵琶半遮面的女人们肤色之所以“说不清”，原因很显然在于她们是混血儿，而作者之所以说这些混血女人们在微风吹拂之下才露出真容，目的分明是要把她们当作白人与黑人之间亲密交往的不可言说的秘密。不过，作品通过对梅莫里亚的零星交代及相关对照细节，十分明确地透露出格拉斯哥对混血儿及其作为生物学现象的态度和观点。梅莫里亚虽然只是处于社会底层的洗衣女工，但作品和作品人物对她的评价主要是正面的。在与埃塔的交谈中，阿奇博德夫人坚持认为“梅莫里亚身上不乏美德”，因为她不仅含辛茹苦把三个孩子拉扯大，而且还“一如既往地悉心照料瘫痪的母亲”。不管主人是谁，她“干活都不辞辛劳”，是阿奇博德夫人眼里“最好的洗衣女工”。正因为如此，每当其衬衫不是梅莫里亚所洗时，阿奇博德将军“总会抱怨”。更重要的是，对于阿奇博德夫人来说，梅莫里亚不仅仅是一个个人，而且还是混血女性的代表。在论及乔治与梅莫里亚的关系时，阿奇博德夫人认为“怪罪于有色妇女是没有道理的，尤其是……当她们肤色几乎与白人一样白的时候”。从今天的角度来看，阿奇博德夫人把美德与肤色相联系，显然犯了本质主义的错误。不过，她的话中也透露出对混血女性的好感，而把混血女性身上反映出来的种族亲密之恶归咎于白人。埃塔并没对阿奇博德夫人的观点作出积极的回应，因为她顾影自怜，想到的是自己因为长相而没有男性眷顾的处境：“我就不明白，为什么那些混血女子长得这么漂亮……这似乎不合情理。”（29）“不合情理”一说再一次流露出白人的种族歧视和本质主义种族观念，但其中也透露出一个具有生物学意义的现象，那就是混血儿的美貌。随后，作品通过珍妮·布莱尔闯入黑人居住区受伤的事件进一步展示和突出梅莫里亚的能干、自尊、美德、美貌。在梅莫里亚家里，珍妮·布莱尔发现梅莫里亚是一个“显得有自尊的有色女子”，“步伐大而优雅”，这让珍妮·布莱尔感到“有点敬畏”，觉得她是“她妈妈所说的上等黑人”（50–51）。梅莫里亚对她讲话时态度“和蔼”，拿樟脑给她闻，为她包扎伤口，并且为了帮她止痛，还给她吃了一个用白兰地泡过的桃子。这一切使珍妮·布莱尔觉得梅莫里亚“非常亲切”，甚至天真地认为她和乔治在梅莫里亚门口受伤是“一件幸事”（55）。也许由于作品创作出版于1932年，其历史语境有别于《贫瘠之地》创作和出版时的种族和优生学话语的高峰期，所以格拉斯哥在《庇护下的生活》中有可能通过以上人物之口，公开颂扬梅莫里亚为代表的混血儿。由此，不难发现，作品中梅莫里亚的形象对抗了禁止种族通婚的优生学话语，是对优生学有关堕落的混血儿观念直接的回应和质疑。其实，这样的回应和质疑也隐含和体现在作品的情节设计和细节描写上。例如，梅莫里亚的大儿子肤色几乎与白人无异，实际上反映了当时有些学者认为黑人将因为与白人的种族通婚而消失的观点。此外，乔治和爱娃夫妇结婚多年没有子女，而与之相对照，混血儿梅莫里亚与其白人情人却育有三个孩子。这一对照毫无疑问驳斥了种族通婚可能造成后代不育的优生学观点。

《今生今世》延续了《庇护下的生活》对混血儿这一生物学现象的关注。在该书出版前，格拉斯哥在致泰勒的信中论及该书的广告宣传时强调作品有关混血儿的主题意义。在她看来，虽然“有色人物”——混血儿——“本身就是一个主题”，虽然这“或许”只是“一个次要主题”，但它“仍然是一个与该作品的主要主题紧密结合的主题”（*Letters* 273）。按照她的说法，作品的“主要主题是人类与人性的冲突，也即文明与生物学的冲突”，而要展示这一主题，就“需要三代人的思维过程”，并且“还需要对两个相互分离的种族作细致而真实的处理，其中包括与之相关的肤色和种族特征的渐变”（*Measure* 250–251）。格拉斯哥非常在意作品中对混血儿家庭克莱一家的描写。她声称她对这一家人的描写与“现实中的人物肖像相差无几”；她曾经与作品中的亚贝尔·克莱“在他的后院里一起散过步”，而他的妻子密涅瓦“150年来一直属于［格拉斯哥］母亲家族”。至于克莱夫妇的儿子帕里·克莱这一人物，其中想象的成分更多，但格拉斯哥声称她“至少认识一个他这样的人”，且帕里这一人物形象“与类型的个体变异理论相吻合”（*Measure* 257–258）。为了真实地刻画作品中帕里在监狱里的情况，她专门请人陪她去看过监狱里的黑人区，而作品中斯坦利肇事逃逸之后又嫁祸于帕里的情节其实也并不完全是虚构，因为它取材于格拉斯哥的外甥驾车撞死一个黑人行人的事件（Goodman 233–234）。由于格拉斯哥在刻画黑人人物形象上的努力，特别是其个人情感上的投入，她在作品中——用古德曼的话来说——“实现了她把黑人人物从刻板印象中解放出来的目标”（Goodman 232）。这一点在帕里这个人物身上尤为明显。在作品中，帕里是一个有抱负的黑人形象，一心想要学习法律，做一名律师，而不是那种安于现状的黑人。不过，事情也并非就这么简单。格拉斯哥所谓帕里“与类型的个体变异理论相吻合”，肯定的不仅仅是帕里这个人物身上所反映的类型变异，而且也肯定了类型本身的变异。换言之，她在强调帕里这一人物的真实性以及他不同于其他黑人的同时，还强调了其他黑人所代表的类型的真实性。当然，这么说并不意味着格拉斯哥对帕里以外的黑人或混血儿的种族偏见。这里有两个相互联系的原因。其一，在很大程度上，格拉斯哥作品中包含和呈现的种族偏见并非专门针对黑人或混血儿的偏见；事实上，如果我们客观地审视格拉斯哥的整个小说作品，我们就会发现其中包含的对白人的刻板印象更多。其二，格拉斯哥作品中之所以会出现原因一中所说的种族偏见，根本原因还在于其作品所关注的种族其实并非我们今天所说的人种学或生物学意义上的种族，而是家族、阶级、经济意义上的血统和传统。这也就是为什么格拉斯哥强调理解其作品的主题需要了解“肤色和种族特征的渐变”。值得注意的是，“渐变”一说与达尔文在《人类的由来》中对人类种族的看法不谋而合，是对人种学或生物学意义上的种族概念和种族特征的否定。就此而言，从格拉斯哥的角度看，作品中帕里这一人物形象所要摆脱的刻板印象很大程度上与家庭、阶级、经济相关，而不完全是种族或种族偏见问题。

与作者不同，作品人物对黑人/混血儿的观念却受制于种族话语的纠缠。帕里第一次出现时，作品通过主要人物之一的阿萨·汀布莱克的眼睛和心理交代了帕里的混血儿身份和白人对黑人/混血儿的看法。帕里母亲的家族曾经属于汀布莱克家族，其外祖母马托埃卡身上有印第安人血统，其母亲密涅瓦是“有着八分之一黑人血统的人”。密涅瓦“长相标致”，“是一个肤色浅黄，且有着女性高贵的举止”的女人。在阿萨的眼里，帕里“长相文静”，“肤色很浅”，“几乎就是白皮肤”。令阿萨感到不解的是，帕里“不满足于其命运，拼命想通过教育出人头地”。类似地，阿萨的妻子拉维妮亚认为“混血儿——特别是那些曾经受惠于白人血统的混血儿——应当被牢牢地置于适得其所的低下地位上”。阿萨觉得帕里的眼睛里流露出“印第安人的眼神”，并由此展开他对黑人/混血儿的种族特征的思考：

> 奇怪的是，他沉思道，我们对黑人种族实在不了解。我们的仆人对我们无所不知，而我们对他们一无所知。他们与我们的日常生活难解难分，出现在每一次亲密交往的危机之中，清楚或怀疑我们的秘密动机，我们却根本不了解他们的生活方式、他们对我们或任何其他范本的想法和感觉。他们的肤色越浅，就越令人捉摸不透。当他们像这个名叫帕里的男孩一样，几乎跨越了种族分界线的时候，他们似乎说的几乎就是另一种语言，且属于另一个完全不同于我们的物种。

正如阿萨自己所意识到的那样，他并非“不信任受教育程度更高的黑人”，而是帕里这样的混血儿跨越了种族界线，有别于传统上“老一代的黑人奴隶”，模糊了种族之间的主仆关系。（25-28）由于作品的历史背景是1938-1939年间，[1] 年近六旬的阿萨其实并不了解身处奴隶制之中的黑人，

---

1. 格拉斯哥在《某种程度》中把《今生今世》作为其“联邦小说”的最后一部，并把其时间背景定位于1938年至1939年间。（*Measure* 4）

所以他的种族观念所反映的并非现实，而是战前种族观念在现实中的遗留。与之相类似，作品中的另外一些白人也没有直面混血儿所带来的模糊的种族界线，仍然以刻板印象为依据，用传统的种族观念考虑和处理问题。当斯坦利的亲人们为了保护家族/种族的利益而牺牲道德底线，[1]密谋把她肇事逃逸的责任嫁祸到帕里身上的时候，他们方便地以刻板印象和种族特征为借口，想当然地认为“有色人种［混血儿］不会有我们［白人］那样对事物的感觉”（415），因为有色人种已经“习惯于那种错误了”（421）。不过，格拉斯哥并没有对此听之任之。通过描写斯坦利及其家人陷害帕里的过程，她揭示了事实的真相。同时，她还借阿萨到监狱黑人区探视帕里的机会，通过他的眼睛发现帕里在这一事件的打击下重拾黑人的语言、丧失信心和信念的情况，注意到帕里“浅色的脸皮之下更为古老的非洲特性”（402）。阿萨的观察之中暴露出本质主义的种族观。他把经过牢狱之灾的帕里称为“天生的宿命论者”，认为他“接受了失败［的现实］”，以为这样就解释了为何帕里这样一个“几乎有着白人肤色的男孩”何以因为24小时的牢狱之灾就丧失了斗志。（464）很显然，阿萨观念中的白人及其白色的肤色似乎代表着白人种族的优越性，而帕里之所以屈从于命运的捉弄，问题出在其遗传之中的黑人血液。

然而，格拉斯哥并不认可阿萨的观点。在她看来，阿萨的解释“还是没能回答其问题”。阿萨显然站在白人的立场上，同时也以他自己为中心考虑问题，而忽视了种族问题的影响。在他的眼里，帕里放弃接受教育、做律师的志向，辜负了自己对他的期望和为他所作的努力。在他看

1．此处使用了古德曼的观念。在古德曼看来，帕里之所以蒙冤是因为“南方白人为了自我保护而牺牲了道德。”(Goodman 233)

来，帕里的遭遇不过是“一个孤立的司法失误”而已，更何况“这个世界上公平比怜悯还稀罕”（464）。尽管格拉斯哥并没有在作品中提供真正的答案，但作品通过描写帕里的不公遭遇，毫不含糊地揭露了南方社会公平正义背后的种族内涵。帕里的遭遇根植于种族偏见的体制性，而非一个孤立的司法失误。更为重要的是，通过帕里的遭遇，特别是对身处监狱黑人区中的帕里的描写，格拉斯哥在作品中呼应了《弗吉尼亚》中塞勒斯的黑人情妇曼蒂的观点：黑人的奴性是白人塑造的。在《今生今世》中，阿萨把帕里的问题归结于黑人的天性，而格拉斯哥则以与帕里相关的情节表明白人及其监狱所代表的社会规训机构如何抹杀了黑人的文明行为，塑造了黑人的奴性，迫使其回归人的原始本性。

结　论

进化论对20世纪之交美国女性小说的影响并不局限于本书考察的三位作家。除了朱厄特、华顿、格拉斯哥之外，我们还可以在吉尔曼、凯特·肖邦、温妮弗蕾德·伊顿、凯瑟等美国女性作家的作品中看到各种进化理论的影响。[1] 考虑到现有的研究成果，本书重点考察的仅仅是朱厄特、华顿、格拉斯哥三位作家的作品。

进化论为朱厄特、华顿、格拉斯哥提供了观察和审视她们所关心的

1．吉尔曼作品的女性主义内涵与其社会学理论密不可分，而她的社会学理论与她对达尔文进化理论的改造相关。与朱厄特相类似，肖邦总体上接受了达尔文的进化理论，但在她并不认可《人类的由来》中有关女性不如男性的论述，也不同意书中有关女性在性选择中的地位的观点。伊顿对进化论的广泛关注主要通过其作品对20世纪之交美国主流话语的质疑体现出来，其中特别是其作品对美国人类学、社会学、优生学等学术话语的批判。进化论对凯瑟作品的影响很少受到研究者的关注，但近年来的研究表明，她的《啊，拓荒者！》(*O Pioneers!*，1913)、《云雀之歌》(*The Song of the Lark*，1915)、《我的安东尼亚》(*My Ántonia*，1918) 等作品与进化论有着难分难解的联系。关于肖邦作品对达尔文进化论的回应，参见Bender，*The Descent of Love*，197–229；关于伊顿作品对达尔文进化论的回应，参见潘志明：《作为策略的罗曼司》；关于凯瑟作品中的进化论内涵，参见Reynolds，*Willa Cather in Context: Progress, Race, Empire*；Bender，*Evolution and "the Sex Problem"* 163–188。

社会问题的视角。达尔文的遗传和变异理论为朱厄特对新英格兰人情、风俗的描写提供了切入点，华顿对老纽约风尚变迁的描写则依赖于自然选择法则的非道德寓意和达尔文对人类道德起源的考察，而达尔文进化论的社会和经济寓意则被格拉斯哥用于剖析内战之后南方社会的种种问题。通过进化论的棱镜，朱厄特展现的是新英格兰地区的人性的文献，华顿看到的是华尔街商业道德取代华盛顿广场道德秩序的必然趋势，格拉斯哥揭示的则是南方社会躲躲闪闪的理想主义背后无法回避的人性。

三位作家作品中的进化论视角都是进化论与具体的美国社会历史语境相结合的产物。朱厄特中后期作品中的种族化遗传内容或多或少反映了美国内战之后的主流种族话语。《战争孽债》试图从种族遗传的角度审视和解决由种族问题造成的破坏，而《尖枞树之乡》所描写的伯顿家族聚会则借助于家族遗传和种族遗传温和地反映了19世纪末美国的种族主义情绪。其中，《战争孽债》的两个不同结局一定程度上反映了作者朱厄特在种族问题上的摇摆态度，而《尖枞树之乡》中的伯顿家族聚会也通过外来者叙事人的加入揭示了超越聚会本身所强调的血浓于水的观念的可能性。华顿通过进化论道德观的视角反映的则是从19世纪70年代到20世纪初纽约上流社会道德风尚的变迁。以19世纪70年代为历史背景的《纯真年代》中，纽兰·阿契尔终究没有放弃上流社会的道德观念，但其儿子达拉斯最终还是在19世纪90年代娶了暴发户博福特的女儿；以19世纪90年代为背景的《欢乐之家》则透过莉莉的故事反映了美国社会严重的反犹情绪；以20世纪初为背景的《国家风俗》则通过温迪·斯普拉格的故事，反映了处于鼎盛时期的华尔街商业道德对纽约上流社会道德秩序的致命打击。格拉斯哥在一系列作品中通过进化论的视角——特别是进化论遗传理论的视角——反映了她所关心的南方在内战之后所面临的问题。《单打独斗的人》中的政治问题,《战场》中的阶级问题,《弗吉尼亚》中的性别问题,《贫瘠之地》中的性别与农业经济问题,《庇护下的生活》中的混血儿问题，无不与进化论的视角相关。

除了视角之外，遗传、变异、本能等人的生物学属性有时也转化为作品的内容和主题。在《乡村医生》中，朱厄特把进化论的遗传和变异理论化解在南的成长之中，把南的成长变成了遗传和变异的个案研究。在《劣等星球相位》中，格拉斯哥把玛丽安娜·穆辛和安东尼·阿尔加西夫分别置于人性和人类的位置上，检视作为生物的人与作为文明产物的人在现实中所面临的困境。没有经济的支撑，代表人性的玛丽安娜终究无以自立，而阿尔加西夫的文明也不得不屈从于人性。在《欢乐之家》中，华顿把莉莉这个生物体置于纽约上流社会的生存竞争之中，既考察了缺乏部落道德情感和恒定道德情感的危害，又揭示了拒绝适应变化了的生存环境的危险性。

当然，三位作家作品中的进化论视角或内容并不意味着她们无条件认同进化论。实际上，她们往往通过作品对进化论及其推论作出回应，而这样的回应有时也是对进化论本身的挑战和质疑。尽管朱厄特在《乡村医生》中使用了进化论的遗传和变异理论，但她也通过南的故事质疑了达尔文在《人类的由来》中有关女性不如男性的表述。类似地，华顿虽然赞成达尔文的理论，但她并不支持以进化论为理论基础的优生学和美国社会的主流种族话语。格拉斯哥的作品虽然有着鲜明的进化论特征，但从第一部作品《后代》开始，她所提倡的本质上并非人性，而是人类和文明。

参考文献

Agassiz, Louis. "The Diversity of Origin of the Human Races." *Christian Examiner* 49 (July 1850): 110–145.

—. "Evolution and Permanence of Type." *The Atlantic Monthly* 33.195 (Jan. 1874): 92–101.

Altgeld, John Peter. "Memorial Address on Henry George." *Live Question*. By John Peter Altgeld. Chicago: Geo. S. Bowen & On, 1899: 776–781.

Ammons, Elizabeth. *Conflicting Stories: American Women Writers at the Turn into the Twentieth Century*. New York: Oxford UP, 1991.

—. "Edith Wharton and the Issue of Race." Bell 68–86.

—. *Edith Wharton's Argument with America*. Athens: U of Georgia P, 1980.

—. "Gender and Fiction." *The Columbia History of the American Novel*. Ed. Emory Elliott. New York: Columbia UP, 1991: 267–284.

—. Introduction. *Summer*. By Edith Wharton. New York: Penguin, 1993: vii-xxvi.

—. "Material Culture, Empire, and Jewett's *Country of the Pointed Firs*." Howard 81–99.

Auchincloss, Louis. *Ellen Glasgow*. Minneapolis: U of Minnesota P, 1964.

Baker, Lee D. *From Savage to Negro: Anthropology and the Construction of Race, 1896–1954*. Berkeley: U of California P, 1998.

Bauer, Dale M. *Edith Wharton's Brave New Politics*. Madison: U of Wisconsin P, 1994.

Beals, Charles Edward, Jr. *Passaconaway in the White Mountains*. Boston: Richard G. Badger, 1916.

Bell, Millicent, ed. *The Cambridge Companion to Edith Wharton*. Cambrdige: Cambridge UP, 1995.

Bender, Bert. "Darwin, Science, and Narrative." *A Companion to American Fiction 1865–1914*. Ed. Robert Paul Lamb and G. R. Thompson. Malden, MA: Blackwell, 2005: 377–394.

—. *The Descent of Love: Darwin and the Theory of Sexual Selection in American Fiction*, 1871–1926. Philadelphia: U of Pennsylvania P, 1996.

—. *Evolution and "the Sex Problem": American Narratives during the Eclipse of Darwinism*. Kent: Kent State UP, 2004.

Benstock, Shari. *No Gifts from Chance: A Biography of Edith Wharton*. New York: Scribner's, 1994.

Berthoff, Warner. "The Art of Jewett's *Pointed Firs*." *New England Quarterly* 32.1 (Mar. 1959): 31–53.

Birchall, Diana. *Onoto Watanna: The Story of Winnifred Eaton*. Urbana and Chicago: U of Illinois P, 2001.

Bishop, Ferman. "Sarah Orne Jewett's Ideas of Race." *The New England Quarterly* 30.2 (June 1957): 243–249.

Blotner, Joseph. *Faulkner: A Biography*. 1 vol. edition. Jackson: U of Mississippi P, 2005.

Bourget, Paul. *Outre-Mer: Impressions of America*. New York: Scribner's, 1896.

Bruccoli, Matthew J., ed. *F. Scott Fitzgerald*: The Great Gatsby. Cambridge: Cambridge UP, 1991.

Buckle, Henry Thomas. "The Influence of Women on the Progress of Knowledge." *The Miscellaneous and Posthumous Works of Henry Thomas Buckle*. 3 vols. Ed. Helen Taylor. London: Longmans, Green, and Co., 1872. vol. 1:1–19.

Buell, Lawrence. *The Dream of the Great American Novel*. Cambridge: Harvard UP, 2014.

Campbell, Donna. "'Where are the ladies?' Wharton, Glasgow, and American Women Naturalists." *Studies in American Naturalism* 1.1/2 (Summer/Winter 2006): 152–169.

Cary, Richard. "Some Bibliographic Ghosts of Sarah Orne Jewett." *Colby Quarterly* 8.3 (1968): 139–145.

Cather, Willa. Preface. *The Best Stories of Sarah Orne Jewett*, 2 vols. By Sarah Orne Jewett. Ed. Willa Cather. Boston: Houghton Mifflin Company, 1925: ix-xix.

Coffey, David W. "Ellen Glasgow's *In This Our Life*: The Novel and the Film." Taylor and Longest 117–126.

Colguitt, Clare, and others, eds. *A Forward Glance: New Essays on Edith Wharton*. Newark: U of Delaware P, 1999.

Cowley, Malcolm. "Naturalism in American Literature." *American Naturalism*. Ed. Harold Bloom. Philadelphia: Chelsea House, 2004: 49–79.

Darwin, Charles. *The Descent of Man and Selection in Relation to Sex*. 2 vols. London: John Murray, 1871.

—. *Journal of Researches into the Natural History and Geology of the Countries Visited during the Voyage of H. M. S. Beagle Round the World, under the Command of Capt. Fitz Roy, R. N.* 2nd ed. London: John Murray, 1845.

—. *The Life and Letters of Charles Darwin: Including an Autobiographical Chapter*. 3 vols. Ed. Francis Darwin. London: John Murray, 1887.

—. *On the Origin of Species by Means of Natural Selection or the Preservation of Favoured Races in the Struggle for Life*. London: John Murray, 1859.

—. *On the Origin of Species by Means of Natural Selection, or the Preservation of Favoured Races in the Struggle for Life*. 5th ed. London: Murray, 1869.

—. *The Variation of Animals and Plants Under Domestication*, 2 vols. London: John Murray, 1868.

Davis, Cynthia. *Charlotte Perkins Gilman: A Biography*. Standford: Stanford UP, 2010.

Dixon, Roslyn. "Reflecting Vision in *The House of Mirth*." *Twentieth Century Literature* 33.2 (Summer 1987): 211–222.

Donovan, Josephine. *After the Fall: The Demeter-Persephone Myth in Wharton, Gather and Glasgow*. University Park: Pennsylvania State UP, 1989.

—. "Jewett on Race, Class, Ethnicity, and Imperialism: A Reply to Her Critics." *Colby Quarterly* 38.4 (Dec. 2002): 403–416.

Duggan, Margaret M. "Edith Wharton's Gatsby Letter." *Fitzgerald / Hemingway Annual* (1972): 85–87.

"Extended Notes on Characters in *The Tory Lover*." 6 May 2015 <http: / / www. public.coe.edu / ~theller / soj / ttl / extend.html>.

Ferris, Greenslet. *The Life of Thomas Bailey Aldrich*. Cambridge: Riverside, 1908.

Frederic, Harold. *The Damnation of Theron Ware or Illumination*. New York: Stone

& Kimball, 1896.

Fiske, John. "Charles Darwin." *The Atlantic Monthly* 49.296 (June 1882): 835–852.

Fitzgerald, F. Scott. *The Crack-Up*. Ed. Edmund Wilson. New York: New Directions, 1945.

—. "Fitzgerald's Trimalchio." 20 Mar. 2016 <http://pudl.princeton.edu/objects/qz903115m>.

—. *The Great Gatsby*. New York: Scribner's, 1925.

—. "The Great Gatsby" [manuscripts]. 20 Mar. 2016 <http://pudl. princeton.edu/objects/fq977w07f>.

Gannett, Henry. *The Origin of Certain Place Names in the United States*. 2nd ed. Washington: Government Printing Office, 1905.

George, Henry. *Progress and Poverty*. New York: D. Appleton, 1879.

Gilman, Charlotte Perkins. *Women and Economics: A Study of the Economic Relation Between Men and Women as a Factor in Social Evolution*. Boston: Small, Maynard & Company, 1898.

Gilman, Susan. "Regionalism and Nationalism in Jewett's *Country of the Pointed Firs*." Howard 101–117.

Glasgow, Ellen. *The Ancient Law*. New York: Doubleday, 1908.

—. *Barren Ground*. New York: Grosset & Dunlap, 1925.

—. *The Battle-Ground*. New York: Doubleday, 1902.

—. *Beyond Defeat: An Epilogue to an Era*. Ed. Luther Y. Gore. Charlottesville: UP of Virginia, 1966.

—. *The Builders*. New York: Doubleday, 1919.

—. *A Certain Measure: An Interpretation of Prose Fiction*. New York: Harcourt,

Brace and Company, 1943.

—. *The Collected Stories of Ellen Glasgow*. Ed. Richard K. Meeker. Baton Rouge: Louisiana State UP, 1963.

—. *The Descendant*. New York: Harper, 1897.

—. *The Deliverance: A Romance of the Virginia Tobacco Fields*. New York: Doubleday, 1904.

—. *In This Our Life*. New York: Harcourt, Brace and Company, 1941.

—. *Ellen Glasgow's Reasonable Doubts: A Collection of Her Writings*. Ed. Julius Rowan Raper. Baton Rouge: Louisiana State UP, 1988.

—. "'Evasive Idealism' in Literature: An Interview by Joyce Kilmer. Glasgow, *Ellen Glasgow's Reasonale Doubts* 122–129.

—. "Jordan's End." Glasgow, *Collected Stories of Ellen Glasgow* 203–216.

—. *Letters of Ellen Glasgow*. Ed. Blair Rouse. Harcourt, Brace and Company, 1958.

—. *Life and Gabriella*. New York: Doubleday, 1916.

—. "Literary Realism and Nominalism: An Imaginary Conversation." Glasgow, *Ellen Glasgow's Reasonable Doubts* 129–137.

—. *The Miller of Old Church*. New York: Doubleday, 1911.

—. "My Fellow Virginians." Glasgow, *Ellen Glasgow's Reasonable Doubts* 53–67.

—. *One Man in His Time*. New York: Doubleday, 1922.

—. "The Novel in the South." Glasgow, *Ellen Glasgow's Reasonable Doubts* 68–83.

—. *Phases of an Inferior Planet*. New York: Harper, 1898.

—. *The Romance of a Plain Man*. New York: Doubleday, 1909.

—. *The Romantic Comedians*. New York: Doubleday, 1926.

—. *The Shadowy Third and Other Stories*. New York: Doubleday, 1923.

—. *The Sheltered Life*. New York: Doubleday, 1932.

—. *They Stooped to Folly*. New York: Doubleday, 1929.

—. *Vein of Iron*. New York: Harcourt, Brace and Company, 1935.

—. *Virginia*. New York: Doubleday, 1913.

—. *The Voice of the People*. New York: Doubleday, 1900.

—. *The Woman Within: An Autobiography*. 1954. Charlottesville: UP of Virginia, 1994.

Gleason, Patrick. "Sarah Orne Jewett's 'The Foreigner' and the Transamerican Routes of New England Regionalism." *Legacy* 28:1 (2011): 25–27.

Goldman, Irene C. "The *Perfect* Jew and *The House of Mirth*: A Study in Point of View." *Modern Language Studies* 23.2 (1993): 25–36.

Goodman, Susan. *Ellen Glasgow: A Biography*. Baltimore: The Johns Hopkins UP, 1998.

Grant, Madison. *The Passing of a Great Race: or the Racial Basis of European History*. New York: Charles Scribner's, 1916.

Greenslet, Ferris. *The Life of Thomas Bailey Aldrich*. Cambridge: Riverside, 1908.

Griffis, William Elliot. *Matthew Calbraith Perry: A Typical American Naval Officer*. Boston: Cupples and Hurd, 1887.

Haeckel, Ernst. *The Evolution of Man: A Popular Exposition of the Principle Points of the Human Ontogeny and Phylogeny*. vol. 2. New York: D. Appleton, 1879.

Harvey, William. *Exercitationes de Generatione Animalium*. London, 1651.

Hawks, Francis L. *Narrative of the Expedition of an American Squadron to the China Seas and Japan*. Washington: A.O.P. Nicholson, 1856.

Hawthorne, Nathaniel. *The English Notebooks*, 1853–1856. Centenary Edition of the Works of Nathaniel Hawthorne. Ed. Thomas Woodson and Bill Ellis. Columbus: Ohio State UP, 1997.

—. "Rappaccini's Daughter." *Mosses from an Old Manse*. The Centenary Edition of the Works of Nathaniel Hawthorne. Ed. William Charvat and others. Columbus: Ohio State UP, 1974. 91–128.

Heller, Terry. "Jewett's Argument in *The Story of the Normans*." 15 April 2016 <http://www.public.coe.edu/~theller/soj/nor/nor-argument.html>.

Hoeller, Hildegard. "'The Impossible Rosedale': 'Race' and the Reading of Edith Wharton's *The House of Mirth*." *Studies in American Jewish Literature* 13 (1994): 14-20.

Hollibaugh, Lisa. "'The Civilized Uses of Irony': Darwinism, Calvinism, and Motherhood in Ellen Glasgow's *Barren Ground*." *The Mississippi Quarterly* 59.1–2 (Winter 2005): 31–63.

Holstein, Michael E. "Art and Archetype: Jewett's Pointed Firs and the Dunnet Landing Stories," *Nineteenth-Century Literature* 42.2 (Sept. 1987): 188–202.

Howard, June, ed. *New Essays on* The Country of the Pointed Firs. Cambridge: Cambridge UP, 1994.

Howe, M. A. DeWolfe. *Memories of a Hostess: A Chronicle of Eminent Friendships Drawn Chiefly from the Diaries of Mrs. James Fields*. Boston: The Atlantic Press, 1922.

Howells, William Dean. *A Chance Acquaintance*. Boston: James R. Osgood and Company, 1873.

—. *A Modern Instance*. Boston: James R. Osgood and Company, 1881.

Huxley, Thomas Henry. *Evolution & Ethics, and Other Essays*. London: Macmillan, 1894.

"Image Archive on American Eugenics Movement." 3 May 2016 <http://www.

eugenicsarchive.org/html/eugenics/essay8text.html>

Jackson, John P., Jr., and Nadine M. Weidman. *Race, Racism, and Science: Social Impact and Interaction*. Santa Barbara: Abc-Clio, 2004.

James, Henry. *Literary Criticism: French Writers, Other European Writers*. The Prefaces to the New York Edition. New York: The Library of America, 1984.

Jewett, Frederic Clarke. *History and Genealogy of the Jewetts of America*. 3 vols. New York: The Grafton Press, 1908.

Jewett, Sarah Orne. "Birds' Nests." *The Tonic* 11 June 1873: 3. 4 Mar. 2016 <http://www.public.coe.edu/~theller/soj/una/nests.html>.

—. "A Business Man." Jewett, *A White Heron and Other Stories* 151–179.

—. *A Country Doctor*. Boston: Houghton, Mifflin and Company, 1884.

—. *The Country of the Pointed Firs*. Boston: Houghton Mifflin, 1896.

—. "A Dark Carpet." *The Uncollected Short Stories of Sarah Orne Jewett*. Ed. Richard Cary. Waterville, ME: Colby College Press, 1971. 59–65.

—. *Deephaven*. 1877. Boston: Houghton, Mifflin and Company, 1886.

—. "Doctors and Patients." *The Tonic*. 12 June 1873: 3. 4 Mar. 2016 <http://www.public.coe.edu/~theller/soj/una/doctors.html>.

—. "The Dulham Ladies." Jewett, *A White Heron and Other Stories* 124–150.

—. "England After the Norman Conquest," *The Chautauquan* 12 (January, February, March 1891): 438–442, 574–578, 707–711.

[—.]["A Good Inheritance"]. "Contributor's Club." *Atlantic Monthly* 52.314 (1883): 855–856.

—. Introduction. *Human Documents: Portraits and Biographies of Eminent Men*. New York: McClure, 1895: v-vi.

—. *The King of Folly Island and Other People*. Boston: Houghton, Mifflin And Company, 1885.

—. "Lady Ferry." Jewett, *Old Friends and New* 176–227.

—. "The Landscape Chamber." Jewett, *The King of Folly Island and Other People* 81–114.

—. *Letters of Sarah Orne Jewett*. Ed. Annie Fields. Boston: Houghton Mifflin, 1911.

—. "The Life of Nancy." Jewett, *The Life of Nancy* 1–42.

—. *The Life of Nancy*. Boston: Houghton Mifflin, 1895.

—. "A Little Captive Maid." Jewett, *A Native of Winby and Other Tales* 253–309.

—. "Looking Back on Girlhood." *Novels and Stories*. By Sarah Orne Jewett. Ed. Michael Davitt Bell. New York: The Library of America, 1994: 754–760.

—. *A Marsh Island*. Boston: Houghton, Mifflin And Company, 1885.

—. "Martha's Lady." Jewett, *The Queen's Twin and Other Tales*, 135–169.

—. "Mrs. Osgood of Bar Mills." *Portland Transcript* 56:51, March 22, 1893. 8 Sept. 2015 <http://www.public.coe.edu/~theller/soj/una/osgood.htm>.

—. *A Native of Winby and Other Tales*. Boston: Houghton, Mifflin And Company, 1893.

—. "The New Methuselah." *Scribner's Magazine* 7.4 (April 1890): 514–524.

—. *The Normans, Told Chiefly in Relation to their Conquest of England*. London: T. Fisher Unwin, 1891.

—. *Old Friends and New*. Boston: Houghton, Osgood and Company, 1879.

—. "The Old Town of Berwick." *The New England Magazine* 16.5 (July 1894): 585–611.

—. "The Old Town of Berwick." Ed. Marion Rust. *New England Quarterly* (March 2000): 122–158.

—. *Sarah Orne Jewett Letters*. Ed. Richard Cary. Waterville, ME: Colby College

Press, 1956.

—. "Sarah Orne Jewett Letters." Ed. Richard Cary. 17 Jan. 2013 <http://www.public.coe.edu/ ~theller/soj/let/cary2.html>.

—. *Sarah Orne Jewett Letters*. Ed. Richard Cary. Waterville, ME.: Colby College P, 1967. 17 Jan. 2013 <http://www.public.coe.edu/~theller/ soj/let/cary2.html>.

—. *The Story of the Normans, Told Chiefly in Relation to their Conquest of England*. New York: G. P. Putnam's Sons, 1887.

[—.] "Theodore Herman Jewett, M.D. of South Berwick." *Transactions of the* Maine *Medical Association*, 1877–1879. vol. 6. Portland, ME: Stephen Berry, 1879: 680–684.

—. *The Tory Lover*. Boston: Houghton, Mifflin and Company, 1901.

—. "Two Browns." Jewett, *A White Heron and Other Stories* 211–254.

—. *The Queen's Twin and Other Tales*. Boston: Houghton, Mifflin and Company, 1899.

—. *The Uncollected Stories of Sarah Orne Jewett*. Ed. Richard Cary. Waterville, ME: Colby College Press, 1971.

—. "A War Debt." *Harper's Monthly* 90 (Jan. 1895):227–237.

—. "A War Debt." Jewett, *The Life of Nancy* 60–96.

—. "Where's Nora." Jewett, *The Queen's Twin and Other Tales* 73–117.

—. *A White Heron and Other Stories*. Boston: Houghton, Mifflin and Company, 1886.

"John Hone is Dead; Long an Invalid." *The New York Times*, 22 Mar. 23 Aug. 2015 <http://query.nytimes.com/mem/archive-free/pdf?res=F10A11F839 5C13738DDDAB0A94B405B858DF1D3>.

Kassanoff, Jennie A. *Edith Wharton and the Politics of Race*. Cambridge: Cambridge UP, 2004.

Kellogg, Vernon L. *Darwinism To-day*. New York: Henry Holt and Company, 1907.

Knights, Pamela. "Forms of Disembodiment: The Social Subject in *The Age of Innocence*." Bell 20–46.

Laughlin, Harry H. *Eugenical Sterilization in the United States*. Chicago: Psychopathic Laboratory of the Municipal Court of Chicago, 1922.

Lee, Herminone. *Edith Wharton*. London: Vintage, 2008.

Leupp, Gary P. *Interracial Intimacy in Japan: Western Men and Japanese Women, 1543–1900*. London: Continuum, 2003.

Lessig, Matthew. "Mongrel Virginia: Ellen Glasgow's *Barren Ground* and the Curse of Tenancy." *Mississippi Quarterly* 64.1–2 (2011): 235–269.

Lewis, R. B. W. *Edith Wharton: A Biography*. New York: Harper & Row, 1975.

Ling, Amy. *Between Worlds: Women Writers of Chinese Ancestry*. New York: Pergamon, 1990.

—. "Winnifred Eaton: Ethnic Chameleon and Popular Success." *MELUS* 11 (Fall 1984): 5–15.

Luedtke, Luther S. *Nathaniel Hawthorne and the Romance of the Orient*. Bloomington and Indianapolis: Indiana UP, 1989.

Lusk, Alice Freeman. *A Woman's Answer to Roosevelt: A Story on Race Suicide*. Los Angeles: Commercial Printing House, 1908.

"Lynchings: By State and Race, 1882–1968." 4 Dec. 2015 <http://law2.umkc.edu/faculty/projects/ftrials/shipp/lynchingsstate. html>.

"Lynchings, by Year and Race." 4 Dec. 2015 <http://faculty.berea. edu/browners/chesnutt/classroom/lynching_table_year.html>.

Macmaster, Anne. "Wharton, Race, and *The Age of Innocence*: Three Historical

Contexts." Colquitt and others 188–205.

Martí, José. *José Martí: Selected Writings*. New York: Penguin Books, 2002.

Mayr, Ernst. *One Long Argument: Charles Darwin and the Genesis of Modern Evolutionary Thought*. Cambridge: Harvard UP, 1991.

McDougall, William. *The Group Mind*. New York: G. P. Putnam's Sons, 1920.

Melville, Herman. *Mardi: And a Voyage Thither*. 2 vols. New York: Harper, 1849.

—. *Moby-Dick; or, the Whale*. New York: Harper, 1851.

—. *Omoo: A Narrative of Adventures in the South Seas*. New York: Harper, 1847.

—. *Typee: A Peep at Polynesian Life*. New York: Wiley and Putman, 1846.

Mencken, H. L. "As H. L. M. Sees It." *Baltimore Evening Sun* 2 May 1925: 9.

Mill, John Stuart. *Principles of Political Economy: With Some of Their Applications to Social Philosophy*. 2 vols. Boston: Charles C. Little & James Brown, 1848.

—. *The Subjection of Women*. London: Longmans, Green, Reader, and Dyer, 1869.

Milligan, Joseph. *Vocabulary of Dialects of Aboriginal Tribes of Tasmania*. 1866.

Mivart, St. George Jackson. *On the Genesis of Species*, 2 ed. London and New York: MacMillan, 1871.

Morris, Charles. *The Aryan Race: Its Origin and Its Achievements*. Chicago: S. C. Griggs and Company, 1888.

Naylor, Simon. *Regionalizing Science: Placing Knowledge in Victorian England*. London: Pickering & Chatto, 2010.

Norton, Charles Eliot. *Letters of Charles Eliot Norton*, vol. 2. Ed. Sara Norton and M. A. DeWolfe Howe. Boston: Houghton Mifflin, 1913.

Oken, Lorenz. *Die Zeugung*. Bamberg–Würzburg: Goebhardt, 1805.

Oakes, Karen. "'All that lay deepest in her hear': Reflections on Jewett, Gender and Genre." *Colby Quarterly* 26.3 (Sept. 1990): 152–160.

Ohler, Paul J. *Edith Wharton's "Evolutionary Conception": Darwinian Allegory in Her Major Novels*. New York: Routledge, 2006.

Paley, William. *Natural Theology: or, Evidences of the Existence and Attributes of the Deity, Collected from the Appearances of Nature*. Boston: Gould and Lincoln, 1860.

Raper, Julius Rowan. "Ellen Glasgow and Darwinism." Dissertation. Northwestern University, 1966.

—. "Ellen Glasgow: Gaps in the Record." Taylor and Longest 127–137.

—. *From the Sunken Garden: The Fiction of Ellen Glasgow*, 1916–1945. Baton Rouge: Louisiana State UP, 1980.

Rattray, Laura. Introduction. Rattray *Edith Wharton's* The Custom of the Country: *An Assessment* 1–13.

—. ed. *Edith Wharton's* The Custom of the Country: *An Assessment*. London: Pickering & Chatto, 2010.

Reynolds, Guy. *Willa Cather in Context: Progress, Race, Empire*. London: Macmillan, 1996.

Russ, Elizabeth. "Intersections of Race and Romance in the Americas: Teresa de la Parra's *Ifigenia* and Ellen Glasgow's *The Sheltered Life*." Mississippi Quarterly 58.3/4 (2005): 737–759.

Scura, Dorothy M., ed. *Ellen Glasgow: The Contemporary Reviews*. Cambridge: Cambridge UP, 1992.

Schopenhauer, Arthur. *Studies in Pessimism: A Series of Essays*. Trans. T. Bailey Saunders. 4th ed. London: Swan Sonnenschein & Co., 1893.

Sensibar, Judith L. "Edith Wharton as Propagandist and Novelist: Competing

Visions of 'The Great War.'" Colquitt and others 149–171.

Shaw, B. Neil. *The Crossover People: An Incredible Journey through Darkness into the Light*. Bloomington, IN: WestBow Press, 2014.

Singley, Carl J. *Edith Wharton: Matters of Mind and Spirit*. Cambridge: Cambridge UP, 1998.

Singley, Carol J. "Worst Parents Ever: Cultures of Childhood in *The Custom of the Country*." Rattray, *Edith Wharton's* The Custom of the Country 59–70.

Slotten, Ross A. *The Heretic in Darwin's Court: The Life of Alfred Russel Wallace*. New York: Columbia UP, 2004.

Stoddard, Lothrop. *The Rising Tide of Color Against White World-Supremacy*. New York: Scribner's 1920.

Sui Sin Far [Edith Maude Eaton] , "Leaves from the Mental Portfolio of an Eurasian." *Mrs. Spring Fragrance and Other Writings*. By Sui Sin Far. Ed. Amy Ling and Annette White-Parks. Urbana and Chicago: U of Illinois P, 1995. 218–230.

Tan, Amy. *The Hundred Secret Senses*. New York: G. P. Putnam, 1995.

Taylor, Welford Dunaway, and George C. Longest, eds. *Regarding Ellen Glasgow: Essays for Contemporary Readers*. Richmond: Library of Virginia, 2001.

Tichi, Cecelia. "Emerson, Darwin and *The Custom of the Country*." *A Historical Guide to Edith Wharton*. Ed. Carol J. Singley. Oxford: Oxford UP, 2003. 89–114.

"Tilley Higgins 1771 Tax Valuation." Old Berwick Historical Society. 12 May 2015 <http://www.oldberwick.org/index.php?option=com_content&view=article&id=135:tilley-higgins-1771-tax-valuation&catid=43:people&Itemid=115>.

Trilling, Diana. "*The House of Mirth* Revisited." *Edith Wharton: A Collection of Critical Essays*. Ed. Irving Howe. Englewood Cliffs: Prentice-Hall, 1962.

Wagner, Linda W. *Ellen Glasgow: Beyond Convention*. Austin: U of Texas P, 1982.

—. Rev. of *Regarding Ellen Glasgow: Essays for Contemporary Readers*, ed. by Welford Dunaway Taylor and George C. Longest. *The Virginia Magazine of History and Biography* 110.1 (2002): 116–117.

Walker, Nancy. "Women Writers and Literary Naturalism: The Case of Ellen Glasgow." *American Literary Realism*, 1870–1910 18.1/2 (Spring-Autumn 1985): 133–146.

Wallace, Alfred Russel. "The Philosophy of Birds' Nests." *Intellectual Observer* 11.6 (July 1867): 413–420.

Watanna, Onoto [Winnifred Eaton]. *"A Half Caste" and Other Writings*. Eds. Linda Trinh Moser and Elizabeth Rooney. Urbana and Chicago: U of Illinois P, 2003. 3–10.

Wegener, Frederick. "'Rabid Imperialist': Edith Wharton and the Obligations to Empire in Modern American Fiction." *American Literature* 72.4 (Dec. 2000): 783–812.

Weinbaum, Alys Eve. "Writing Feminist Genealogy: Charlotte Perkins Gilman, Racial Nationalism, and the Reproduction of Maternalist Feminism." *Feminist Studies* 27.2 (Summer 2001): 271–302.

Weismann, August. *Essays upon Heredity and Kindred Biological Problems*. Oxford: Clarendon, 1889.

—. *Das Keimplasma: eine Theorie der Vererbung*. Jena: Fischer, 1892.

Wharton, Edith. *The Age of Innocence*. New York: D. Appleton, 1920.

—. *A Backward Glance*. New York: D. Appleton, 1934.

—. "The Blond Beast." Wharton, *Tales of Man and Ghosts* 275–319.

—. *The Buccaneers*. New York: D. Appleton, 1938.

—. *The Children*. New York: D. Appleton, 1928.

—. *The Custom of the Country*. New York: Charles Scribner's, 1913.

—. "The Debt." Wharton, *Tales of Man and Ghosts* 125–150.

—. "The Descent of Man." Wharton, *The Descent of Man and Other Stories* 1–34.

—. *The Descent of Man and Other Stories*. New York: Scribner's, 1904.

—. "The Fullness of Life." *Scribner's Magazine* 14.6 (1893): 699–704.

—. "George Eliot." Wharton, *The Uncollected Critical Writings* 71–78.

—. *The Gods Arrive*. New York: D. Appleton, 1932.

—. "The Great American Novel." Wharton, *The Uncollected Critical Writings* 151–158.

—. *The Greater Inclination*. New York: Scribner's, 1899.

—. "Henry James in His Letters." Wharton, *The Uncollected Critical Writings* 137–151.

—. *The Hermit and the Wild Woman; and Other Stories*. New York: Scribner's, 1908.

—. *The House of Mirth*. New York: Scribner's, 1905.

—. *Hudson River Bracketed*. New York: D. Appleton, 1929.

—. "In Trust." Wharton, *The Hermit and the Wild Woman; and Other Stories* 97–126.

—. "Introduction to *The House of Mirth*." Wharton, *The Uncollected Critical Writings* 264–270.

—. *The Letters of Edith Wharton*. Ed. R. W. B. Lewis and Nancy Lewis. New York: Macmillan, 1988.

—. "Literature." Wharton, *The Unpublished Writerings of Edith Wharton*. vol. 2. 133–181.

—. *In Morocco*. New York: Scribner's, 1920.

—. "The Pelican." Wharton, *The Greater Inclination* 49–80.

—. *Summer*. New York: D. Appleton, 1917.

—. *Tales of Men and Ghosts*. New York: Scribner's, 1910.

—. "The Triumph of Night." Wharton, *Xingu, and Other Stories* 239–280.

—. *The Uncollected Critical Writings*. Ed. Frederick Wegener. Princeton: Princeton UP, 1996.

—. *The Unpublished Writerings of Edith Wharton*. vol. 2. Ed. Laura Rattray. London: Pickering & Chatto, 2009.

—. *The Writing of Fiction*. New York: Scribner's, 1925.

—. *Xingu, and Other Stories*. New York: Scribner's, 1916.

White, Barbara A. *Edith Wharton: A Study of the Short Fiction*. New York: Twayne, 1991.

Wilson, Jeremy, and Peter Dominiczak. "David Cameron embroiled in race row over Tottenham Hotspur 'Yid' chant." *The Telegraph*. 17 September 2013 <http://www.telegraph.co.uk/sport/football/teams/tottenham-hotspur/10315105/David-Cameron-embroiled-in-race-row-over-Tottenham-Hotspur-Yid-chant.html>.

Zagarell, Sandra A. "*Country*'s Portrayal of Community and the Exclusion of Difference." Howard 39–60.

Zola, Émile. *The Experimental Novel*. Trans. Bell B. Sherman. New York: The Cassel Publishing Co., 1893.

潘志明:《薇拉·凯瑟〈尖枞树之乡〉评价之流变考》，载《国外文学》2011年第2期，第103–111页。

潘志明:《作为策略的罗曼司》，外语教学与研究出版社，2008。